역사 선생님도 믿고 보는——

이인석 한국사

일러두기

- 인명과 지명은 국립국어원 표준국어대사전과 외래어 표기법을 따르되 이미 굳어진 고유 명사의 경우 관례에 따라 표기했습니다.
- 잡지, 신문 등의 간행물과 단행본은 『 』로 묶고, 기사, 논문, 권 등은 「 」로, 기타 문헌 외 그림 등 예술 작품은 〈 〉로 묶었습니다.
- 원 소재지가 불분명한 유물이나 해당 화가가 그렸다고 추정하는 작품을 표시할 때에는 각각 추정 소재지·화가 명 앞에 '전'이라는 글자를 덧붙였습니다. '전'은 전하여 일컫는다는 의미의 '전칭(傳稱)'을 표기한 말입니다.

역사 선생님도 믿고 보는
이인석 한국사 1

ⓒ 이인석, 2020

초판 1쇄 발행일 2020년 3월 20일

지은이 이인석
책임편집 박혜리·신준수   **디자인** 디자인수·정현주   **지도·일러스트** 홍지연
펴낸이 김혜선   **펴낸곳** 서유재   **등록** 제2015-000217호
주소 (우)04034 서울 마포구 잔다리로7길 18(서교동 377-20) 501호
전화 070-5135-1866   **팩스** 0505-116-1866   **대표메일** outdoorlamp@hanmail.net
종이 엔페이퍼   **인쇄** 성광인쇄

ISBN 1권 979-11-89034-27-6 04910
      979-11-89034-26-9(세트)

이 도서의 국립중앙도서관 출판예정도서목록(CIP)은 서지정보유통지원시스템 홈페이지(http://seoji.nl.go.kr)와 국가자료공동목록시스템(http://www.nl.go.kr/kolisnet)에서 이용하실 수 있습니다.
(CIP제어번호: CIP2020007235)

역사 선생님도 믿고 보는

이인석 한국사

1

선사 시대부터
조선 전기까지

이인석 지음

서유재

역사의 '주인공'이 되어
만나는 한국사

역사를 다룬 드라마나 영화, 소설은 끊임없이 나옵니다. 역사적인 사건이 주는 감동을 사람들과 함께 느끼기 위해서이기도 하고, 애국심을 심어 주기 위해, 때로는 정치적 의도에서 역사를 소재로 한 다양한 작품이 만들어져 오고 있지요.

그러나 가장 큰 이유는 역시 '역사가 재미있는 이야기'이기 때문일 것입니다. 역사에서 재미를 느낄 수 없었다면, 사람들이 흥미를 가지고 보지 않았다면 그 많은 작품이 나올 수가 없었겠지요.

왜 사람들은 역사를 재미있어 할까요?

사람들이 살아온 삶이 그대로 녹아 있기 때문이 아닐까 생각해 봅니다. 역사는 나와 내 이웃이 살아왔고 살아갈 모습을 볼 수 있는 이야기, 바로 여러분이 주인공인 이야기입니다.

그런데 성적을 올리기 위해, 합격을 위해 읽은 역사 교재도 재미가 있나요? 역사 교과서를 읽으면 졸음이 달아난다는 학생이 과연 있을까요?

이유가 뭘까요? TV 사극에도, 역사 소설에도 사람이 있는데 교재와 교과서에는 사람은 없고 사실만 늘어놓고 있기 때문은 아닐까요?

그래서 저는 독자들이 이 책에서 사람이 살아 있음을 느꼈으면 합니다. 한 발짝 뒤에서 역사를 바라보는 구경꾼이 아니라 함께 부딪치고 뒹구는 주인공으로서 이 책을 보면 정말 기쁘겠습니다.

내가 지구에 처음 나타난 인류라면 거친 자연 환경을 어떻게 견뎌 냈을지, 내가 정도전이라면 권문세족에 맞서 새로운 나라를 만드는 꿈을 어떻게 이뤄 냈을지, 안중근이라면 이토 히로부미를 죽이기 위해 얼마나 고민했을지, 여운 형이었다면 목숨을 아끼지 않고 새 나라를 만들기 위해 얼마나 노력했을지를 주인공의 마음으로 함께 슬퍼하고 기뻐했으면 합니다.

외우고 배우는 역사에서
흥미를 살리며 읽어 나가는 역사로!

분명 한국사를 배웠는데, 그렇게 달달 외웠는데, 왜 아직도 모르는 것이 있을까요? 흥미를 갖고 스스로 찾아서 공부한 것이 아니라 점수를 받기 위해 무조건 외웠기 때문은 아닐까요? 한국사를 배우며 왜 이 사건이 일어났고, 왜 이 사람은 그 순간에 이런 선택을 하였는지 생각해 본 적이 없기 때문은 아닐까요?

이 책은 여러분이 무조건 외웠던 그 많은 한국사 지식을 그저 되짚기보다는 흥미를 살리며 스스로 읽어 나가도록 초점을 맞추었습니다.

그동안 교과서를 만들면서 가장 아쉬웠던 것은 교과서 한 권으로는 혼자 읽고 이해하기 힘들다는 점이었습니다. 검정 교과서는 국정 교과서에 비해 본문 서술은 물론 다양한 사진과 자료 등을 이용하여 수준을 한 단계 높였습니다. 그렇지만 검정이라는 한계 때문에 여전히 어렵습니다.

그래서 저에게는 한국사 교과서를 마음껏 쓰고 싶은 꿈이 있었습니다. 검정을 의식하지 않고, 그렇다고 교과서라는 틀을 완전히 부수지는 말고, 교사가 설명을 하지 않아도 아이들이 읽고 이해할 수 있는 교과서. 의무가 아니라 재미로 읽고 싶은 교과서. 스스로 생각하고 자기만의 눈을 가지는 데 도움이 되는 교과서. 꿈 같지만 이런 교과서를 만들고 싶었습니다. 이런 꿈을 얼마나 이루었는지는 여러분이 책을 읽고 평가해 주시기 바랍니다.

다양한 사료로 여러 관점을 조명하는
역사 프리즘

이 책에는 '정답'이 없습니다. 사람에 따라서 삼국 통일을 보는 관점이 다른데, 태종에 대한 평가가 같을 수 없는데…… 어떻게 '정답'이 있을 수 있나요? 다른 것이 잘못된 것일까요? 다름이 더 자연스러운 것이 아닐까요? 저는 이 책을 읽는 독자들이 '정답'을 찾으려 하지 말고 저 사람은 '왜 저렇게 생각하고 주장하지?'라고 생각해 볼 수 있게 되길 바랍니다.

이 책에는 자료와 사진은 물론 다양한 코너와 칼럼이 있습니다. 본문을 이해하고 스스로 공부할 수 있게 하기 위함입니다.

이를 통해 '내가 알고 있는 역사가 아니라 다른 주장, 다른 생각도 있을 수도 있음을 알게 되기를 바랍니다.

이 책을 내기까지 많은 사람들로부터 도움을 받았습니다.

제일 먼저 전국역사교사모임 선생님들께 깊은 감사를 드립니다. 그분들이 없었다면 이 책은 나오지 못했을 것입니다. 함께 고민하며 조언을 아끼지 않은 역사넷 신준수 선생께도 깊은 감사를 드립니다. 끝으로 재미없는 남편과 아빠를 늘 곁에서 응원해 준 우리 가족에게 고맙다는 이야기를 하고 싶습니다.

2020년 봄,

이인석

차례

머리말 · 4

1장

**국가의
성립과 발전**

선사 시대부터 남북국 시대까지

1 한반도에 아침이 열리다   14
떼석기 제작 기술의 발전 · 22

2 최초의 국가, 고조선이 나타나다   24
고조선 사회의 모습 · 31

3 여러 나라가 나타나다   32
대동강에 나라가 없는 까닭 · 42

4 삼국, 중앙 집권 국가로 성장하다   44
호우명 그릇이 말하는 진실 · 53

5 삼국, 서로 경쟁하면서 발전하다   54

6 신라, 고구려와 백제를 무너뜨리다   60
동아시아 최초의 세계 대전 · 70

7 삼국 시대 사람들은 이렇게 살았다   72
삼국 시대의 생활을 보여 주는 무덤 · 84

8 통일 신라, 사회가 안정되고 경제가 발전하다   86
한창때 경주는 어느 정도 규모였을까? · 94
신라의 사찰과 불상은 누가 만들었을까? · 95

9 통일 신라, 민족 문화의 토대를 마련하다   96
불교 융성에 힘쓴 통일 신라의 두 승려 · 101
석탑의 나라 · 102

10 발해, 해동성국으로 발전하다   104
대조영은 고구려 사람일까, 말갈족일까 · 112
두 공주의 무덤으로 보는 발해 사회상 · 113

11 삼국 남북국, 주변 나라와 교류를 이루다   114
국경을 넘나든 사람들 · 124

고려 시대

1 고려, 후삼국을 통일하고 새 시대를 열다   128
최승로가 광종을 나쁘게 평가한 까닭 · 139

2 통치 조직을 정비하다   140

3 고려, 거란의 침략을 물리치다   148
운두산성에는 송 황제 무덤이 있다 · 159

4 지배 세력이 교체되다   160

5 몽골과 전쟁하다   170
세조 구제가 고려에 미친 영향 · 175

6 원의 내정 간섭과 권문세족   176

7 새로운 세금과 토지 제도를 마련하다   184

8 고려, 경제를 발전시키다   192
신안 앞바다의 보물선 · 201

9 신분 질서를 다시 세우다   202
향리에서 귀족으로 · 207

10 사회 정책과 생활 모습   208
고려 시대의 차 문화 · 213

11 유학과 불교   214
동아시아 불교 문화의 척도, 대장경 · 226

12 고려의 문화와 과학 기술   228
기능과 미를 두루 갖춘 고려의 건축 기술 · 240
고려 시대의 뛰어난 도자기 기술 · 242
자랑스러운 우리 문화유산, 금속 활자 · 244

13 고려 시대의 대외 교류   246
소식의 상소문으로 본 고려와 송, 요의 관계 · 255
다양한 문화가 공존한 고려 · 256

2장

민족 통합과 자주 외교

3장

성 리 학 과
한　　　글

조선 건국부터 조선 전기까지

1 신진 사대부, 새 나라를 세우다　　　　　　　　260

2 통치 체제를 정비하다　　　　　　　　　　　268
　조선의 국정을 담당한 사람들은 어떻게 생활했을까? · 279

3 사림, 중앙 정계에 진출하다　　　　　　　　280
　사림의 성장과 위기 · 285

4 조선 왕조, 경제 체제를 정비하다　　　　　　286
　'의적' 임꺽정과 소설 『임꺽정』 · 293

5 조선 정부, 농업을 경제 중심으로 삼다　　　294
　한우는 어떻게 탄생하였나? · 299

6 다른 신분, 다른 삶　　　　　　　　　　　300
　아버지를 아버지라 부르지 못하고…… · 307

7 조선 전기 사회 제도와 생활 모습　　　　　308

8 민족 문화를 꽃피우다　　　　　　　　　　316
　자연을 담은 조선의 그림들 · 328

9 성리학이 뿌리내리다　　　　　　　　　　330

10　조선, 여러 나라와 교류하다　　　　　　　340

2권

임진왜란부터
3·1운동까지

 1장

통치 체제의 재정비와 서민 문화의 성장

– 임진왜란부터 조선 후기까지

 2장

제국주의와 근대화를 위한 노력

– 흥선 대원군 집권부터 국권 침탈까지

 3장

자주 독립을 향한 꿈과 3·1운동

– 의병 투쟁에서 3·1운동까지

3권

임시 정부
수립부터
오늘날까지

 1장

일제의 탄압과 독립 투쟁

– 통합 임시 정부 수립부터 해방까지

 2장

냉전 체제를 넘어 민주화와 산업화로

– 냉전 시대부터 오늘날까지

• 한국사 · 세계사 연표   346

• 찾아보기   353

• 참고 자료 · 이미지 제공처   360

약 70만 년 전 **━**	**━** 구석기 문화							
약 8000년경 **━**	**━** 신석기 문화							
기원전 2000~1500년경 **━**	**━** 청동기 문화							
기원전 400년경 **━**	**━** 철기 문화							
기원전 108년	고조선(위만 조선) 멸망	고구려 진대법 실시	백제 16관등과 공복 제정	고구려 낙랑군 몰아냄	신라 내물 마립간 즉위	백제 황해도 차지 평양성 공격	고구려, 불교 수용, 태학 설립	백제 불교 수
		194년	260년	313년	356년	371년	372년	384년

788년	771년	751년	732년	722년	698년	685년	676년	67
신라 독서삼품과 실시	신라 성덕대왕 신종 주조	신라, 불국사 중창 석굴암 착공	발해, 중국 산둥 지방 공격	신라 정전 지급	발해 건국	신라 9주 5소경 설치	신라, 기벌포 전투 승리 (삼국 통일)	신 매소성

818년	822년	828년	872년	874년	889년	900년	901년	926년	신
발해 해동성국으로 발전	신라 김헌창의 난	장보고 청해진 설치	발해 오소가 당 빈공과 수석 합격	신라 최치원이 당 빈공과 수석 합격	원종과 애노의 난	견훤 후백제 건국	궁예 후고구려 건국	발해 멸망	신

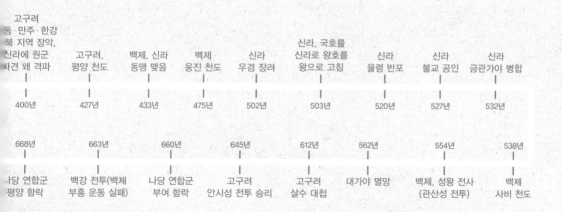

1

국가의 성립과 발전

선사 시대부터 남북국 시대까지

❶ 한반도에 아침이 열리다 ❷ 최초의 국가, 고조선이 나타나다 ❸ 여러 나라가 나타나다 ❹ 삼국, 중앙 집권 국가로 성장하다 ❺ 삼국, 서로 경쟁하면서 발전하다 ❻ 신라, 고구려와 백제를 무너뜨리다 ❼ 삼국 시대 사람들은 이렇게 살았다 ❽ 통일 신라, 사회가 안정되고 경제가 발전하다 ❾ 통일 신라, 민족 문화의 토대를 마련하다 ❿ 발해, 해동성국으로 발전하다 ⓫ 삼국 남북국, 주변 나라와 교류를 이루다

고구려
동·만주·한강
북 지역 장악,
신라에 원군
파견 왜 격파

400년

고구려,
평양 천도

427년

백제, 신라
동맹 맺음

433년

백제
웅진 천도

475년

신라
우경 장려

502년

신라, 국호를
신라로 왕호를
왕으로 고침

503년

신라
율령 반포

520년

신라
불교 공인

527년

신라
금관가야 병합

532년

668년
나당 연합군
평양 함락

663년
백강 전투(백제
부흥 운동 실패)

660년
나당 연합군
부여 함락

645년
고구려
안시성 전투 승리

612년
고구려
살수 대첩

562년
대가야 멸망

554년
백제, 성왕 전사
(관산성 전투)

538년
백제
사비 천도

한반도에
아침이 열리다

두 발로 걷는 원숭이가 나타났다

수백만 년 전 아프리카에 엉거주춤 두 발로 걷는 원숭이가 나타났다. 인류가 출현한 것이다. 이들은 종에 따라 조금씩 달랐으나 얼굴 모양이나 두개골 크기가 유인원과 크게 다르지 않았다. 하지만 직립 보행으로 손이 자유로워져 도구를 만들어 사용하면서 인류는 갈수록 유인원과 달라졌다. 200만 년 전 무렵 허리를 더욱 꼿꼿이 세운 호모 에렉투스^{선 사람}가 나타났다.

이들은 다른 동물과 달리 불을 사용하여 추위를 피하고 맹수를 물리쳤다. 불로 구운 고기는 훨씬 부드럽고 소화도 잘되었다. 더는 강력한 턱과 이빨이 필요 없게 된 것이다. 대신 구강이 넓어지고 이마가 튀어나오고 턱은 작아졌다. 특히 뇌 용량이 두세 배나 커졌다. 지금으로부터 약 20만 년 전에는 호모 사피엔스^{슬기로운 사람}라 불리는 현생 인류의 조상이 아프리카에 등장했다. 이들이 전 세계로 퍼져 나가면서 사람은 '만물의 영장'이 되어 갔다.

이들이 살았던 수백만 년을 구석기 시대라 부른다. 이 기간 지구에는

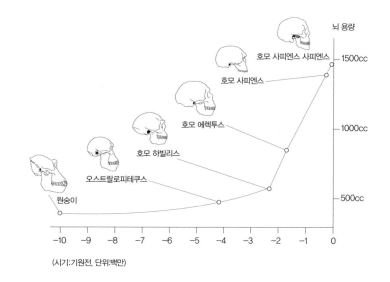

뇌 용량

호모 사피엔스 사피엔스

— 1500cc

호모 사피엔스

호모 에렉투스

— 1000cc

호모 하빌리스

오스트랄로피테쿠스

— 500cc

원숭이

-10 -9 -8 -7 -6 -5 -4 -3 -2 -1 0

(시기:기원전, 단위:백만)

인류는 진화하면서 자세와 머리 모양이 점점 달라졌고 뇌 용량도 커졌다. 오스트랄로피테쿠스는 약 500cc, 호모 하빌리스는 약 600cc였다. 호모 에렉투스는 850~1100cc, 호모 사피엔스는 평균 1350cc이다. 물론 인류는 그래프처럼 일직선으로 진화하지 않았다. 유인원에 원숭이, 오랑우탄, 침팬지 등이 있듯이 오스트랄로피테쿠스도 여러 계통이 있었다. 호모 속에도 하빌리스, 에렉투스 등이 있었고, 에렉투스에서 진화한 네안데르탈인, 사피엔스 등이 있었다.

추운 빙기와 따뜻한 간빙기가 번갈아 나타났다. 추운 빙기가 되면 빙하는 북반부 대륙을 덮었고 바다도 얼어붙었다. 남부 유럽은 빙하로 덮이지 않았지만 알프스산맥에서 강하고 차가운 바람이 불어왔다. 알프스 북쪽 유럽 대륙은 대부분 툰드라 지대이거나 메마른 사막이었다. 툰드라 지역은 가장 더운 달이 평균 0~10℃ 사이로 이끼와 작은 나무가 듬성듬성 있을 뿐이었다. 사향소와 순록이 이끼를 찾아서 여기저기 다니며 주인 노릇을 했다.

반면 북아프리카와 아라비아반도는 풍요로운 땅이었다. 삼나무, 물푸레나무, 쐐기풀, 오리나무가 빽빽한 숲 사이를 코끼리, 영양, 타조, 사자, 코뿔소 등이 뛰놀았다. 호수와 강에는 물이 넘쳐흘렀고 하마와 악어를 비롯하여 온갖 물고기들이 살았다.

구석기 시대 사람은 어떻게 살았을까

빙기가 되면 중국 대륙과 한반도, 일본은 육지로 연결되었다. 황해

는 없었고 동해는 거대한 호수였다. 거친 자연 환경에서 살아가던 구석기 시대 사람들은 혈연적으로 가까운 사람끼리 무리 지어 살았다. 이들은 나무, 동물 뿔이나 뼈, 돌로 만든 도구로 짐승과 물고기를 잡고 식물 열매와 뿌리 등을 먹었다. 먹잇감을 찾아 떠돌아다니던 이들은 동굴이나 바위 그늘, 때로는 막집에서 비바람과 추위를 피했다.

사람들은 도구를 만들 때 흔히 돌을 사용했는데, 주변에서 쉽게 얻을 수 있고 단단한 재료였기 때문이다. 하지만 단단하고 날카로운 도구를 만들려면 알맞은 돌을 찾아야 했다.

오랜 경험으로 사람들은 차돌, 흑요석, 현무암 등이 좋은 재료임을 알았다. 이 돌을 깨 찍개, 주먹 도끼, 찌르개 등을 만들어 동물과 물고기를 잡고 나무를 다듬었다. 이렇게 만든 석기를 뗀석기라 한다. 사람들은 뗀석기 만드는 방법을 꾸준히 발전시켰다. 크기도 점점 작아지고, 쓰임새에 따라 따로 제작해 사용했다. 마침내 돌날처럼 일정한 모양을 한 도구를 대량으로 만드는 기술을 발명했다. 작고 날카로운 석기를 나무나 뼈에 묶거나 홈을 파서 끼워 사용하는 방법도 개발했다. 슴베찌르개나 화살 같은 이음 도구로 사람들은 짐승을 더 쉽게 사냥할 수 있게 되었다. 톱이나 칼 같은 도구도 만들 수 있었다.

자연 환경이 바뀌자 생활 모습도 달라졌다

기원전 1만 년 무렵 마지막 빙하기가 끝나면서 지구가 따뜻해졌다. 해수면이 높아져 황해가 생기고 일본은 섬이 되었다. 산과 들에는 침엽수보다 활엽수가 많아졌다. 도토리, 밤 같은 활엽수 열매는 잣, 은행 같은 침엽수 열매에 비해 맛이 좋고 영양분도 풍부했다. 뿐만 아니라 두릅나무, 가죽나무 등 활엽수 대부분의 어린잎을 먹을 수 있었다. 달래, 냉이, 씀바귀, 쑥, 상추, 시금치 등 먹을 수 있는 풀도 흔해졌다.

침엽수와 함께 매머드, 순록 등 덩치 큰 한대 동물이 사라졌다. 대신

울창한 활엽수 숲은 노루, 멧돼지, 토끼 같은 작고 빠른 짐승들이 차지했다. 꿩, 산비둘기, 오리 등 새들도 늘어나고 종류도 다양해졌다. 메뚜기, 매미, 나비, 벌 등 수많은 곤충이 산과 들을 날아다녔다. 불어난 강과 바다에는 재첩, 굴을 비롯한 각종 조개와 붕어, 참돔, 방어 등 물고기가 넘쳐났다.

덕분에 사람들은 멀리 돌아다니지 않아도 먹을거리를 구할 수 있었다. 특히 물고기와 조개를 비롯하여 동물과 곤충이 모여드는 강가는 식량을 확보하기 좋은 곳이었다. 울창한 숲 사이에서 날쌘 짐승을 잡는 것보다는 강가에서 기다리는 편이 훨씬 효과적이었기 때문이다.

강가와 함께 해안가도 살기에 좋은 곳이었다. 사람들은 방어, 다랑어, 참돔 등 물고기를 잡았고 굴, 홍합, 소라, 전복 등 각종 조개류를 채취했다. 특히 조개류는 가장 손쉽게 확보할 수 있는 중요한 식량 자원이었다.

이제 사람들은 떠돌지 않고 강가나 바닷가에 움집을 짓고 한곳에 오랫동안 머물기 시작했다. 정착 생활을 하면서 신석기 시대 사람들은 주변

한반도의 해안선 변화
지구는 태어난 뒤 끊임없이 환경이 바뀌었다. 지축이 지금보다 더 기울거나 똑바로 서기도 했고, 태양을 한 바퀴 도는 데 400일이 넘기도 했다. 빙하기가 오면 황해는 육지가 되었고 많은 동식물이 사라지거나 이동했다. '홍적세'와 '충적세'는 지질 시대를 구분하는 말로 홍적세는 200만 년 전~1만 년 전인 대빙하 시대, 충적세는 지질 시대 마지막인 현세로, 빙하기가 지난 후에 기온이 상승되는 시기이다.

| 홍적세 전기 | 홍적세 중기 | 홍적세 후기 | 충적세 초기 |

움집은 0.5~1m 정도 구덩이를 파고 바닥에 점토를 깔아 다져 세웠다. 불로 구워 단단하게 만들기도 했다. 가운데에는 돌이나 점토로 테를 둘러 화덕을 만들었다. 네 귀퉁이에 기둥을 세우고 도리를 건 다음 서까래를 비스듬히 걸치고 억새나 짚으로 덮어 지붕을 만들었다.

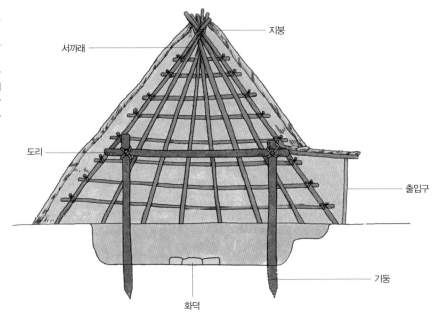

산골짜기에서 농사를 짓기 시작했다. 이들은 원시적이기는 하나 목축도 시작했다. 하지만 여전히 채집과 사냥이 주요 생계 수단이었다.

신석기 사람들, 새로운 기술을 개발하다

자연환경과 생활 모습이 달라지면서 사람들은 새로운 기술을 개발했다. 먼저 도구^{석기}를 만들 때 돌을 깨지 않고 갈아서 만들었다. 이렇게 만든 석기를 간석기라 한다. 간석기는 뗀석기에 비해 쓰임새에 맞춰 다양하게 만들 수 있었다. 특히 물고기를 잡거나 농사를 짓는 도구가 크게 발전하였다.

돌도끼, 홈자귀 등은 나무를 베고 다듬는 데 아주 쓸모가 있었다. 낚싯바늘과 작살, 돌그물추를 매단 그물은 물고기를 효율적으로 잡을 수 있었다. 창이나 활과 화살은 먼 거리에서도 작고 빠른 짐승을 사냥할 수 있었다. 땅을 일구어 농사를 지을 때는 돌보습과 돌괭이, 돌도끼 등을 이용했고, 돌낫과 돌칼로 농작물을 거둬들였다. 가락바퀴로 실을 뽑고, 조개나 뼈, 뿔로 만든 장신구로 몸을 꾸몄다.

한곳에 오래 머물게 되면서 식량과 물을 저장할 그릇이 필요했다. 나뭇잎이나 껍데기 등을 이용하던 사람들은 마침내 흙을 빚어 불에 구워 물이 스며들지 않는 토기를 만들었다. 가을에 주워 온 도토리, 밤 등을 이 토기에 넣어 두면 두고두고 먹을 수 있었다. 조, 피, 수수 같은 흩어지기 쉽고 자칫하면 썩어 버리는 곡물을 보관하는 데에도 토기가 제격이었다.

토기는 음식을 조리할 때도 쓸모가 있었다. 신석기 시대 사람들이 가장 즐겨 먹던 먹을거리는 도토리였다. 도토리는 주변에서 쉽게 구할 수 있었고 저장도 쉬웠지만 떫어서 그냥 먹기 힘들었다. 이 문제를 해결한 것이 토기였다. 물을 부은 토기에 도토리 껍질을 까서 하루 이틀 담가 놓

돌보습
보습은 쟁기 끝에 끼워 땅을 갈아 흙덩이를 일으키는 데 쓰는 신바닥처럼 생긴 도구이다. 신석기 시대에는 돌을 갈아 보습을 만들었다.

• '정착'이 먼저일까? '농사'가 먼저일까?

정착한 다음 농사를 지었는가, 아니면 농사가 사람들을 한 지역에 머무르게 했는가? 오래된 이 논쟁에 마침표를 찍은 것은 다름 아닌 생쥐였다. 개나 고양이처럼 생쥐도 사람과 함께 사는 집쥐와 야생 쥐는 생김새와 습성이 다르다. 만약 어떤 집단이 정착 생활을 했다면 유적지에는 집쥐 화석이, 이동 생활을 했다면 야생 쥐 화석이 많을 것이다.

여기에 착안하여 영국의 고고학자 토머스 쿠키 박사는 시리아, 요르단 일대 유적지에서 야생 쥐와 집쥐의 이빨 분포를 분석했다. 분석 결과 야생 쥐 이빨만 나오던 유적지에서 15,000년 전부터 집쥐 이빨이 점점 많아지더니 야생 쥐 이빨을 찾기 어려워졌다. 그런데 이 지역 사람들이 농경을 시작한 때는 만 년 전 무렵이었다. 그렇다면 농경이 먼저가 아니라 정착이 먼저인 셈이 된다.

으면 떫은맛이 없어졌다. 저장해 둔 도토리를 갈돌과 갈판에 갈아 가루를 만들어 토기에 넣고 끓여 굳히면 묵이 되었다.

토기를 사용하면 끓이고 데치고 삶는 등 다양한 조리를 할 수 있었다. 먹을 수 있는 재료가 많아졌고 영양분도 더 많이 섭취할 수 있었다. 토기로 음식과 물을 손쉽게 저장하고 운반할 수 있게 되자 활동 공간도 넓어졌다.

신석기 사회는 지배자가 없었다

신석기 시대 사람들은 혈연 중심의 씨족 공동체 사회를 이루고 살았다. 시간이 지나면서 집단 규모가 커져 씨족이 몇 개씩 모여 부족을 형성했지만 아직 지배자는 나오지 않았다. 연장자나 지혜로운 사람이 우두머리가 되어 부족을 이끌었다. 농경을 시작했다고 해도 낮은 생산력 때문에 형편은 그다지 나아지지 않았다. 구성원들 모두가 힘을 합쳐야 살아갈 수 있었고, 사유 재산이나 계급, 남녀 차별은 있을 수 없었다.

• 신석기 혁명

신석기 시대에 시작된 농경과 목축은 인류 역사를 크게 바꾸었다. 사람들은 자연이 주는 먹을거리가 아니라 스스로 노동을 해 먹고살았다. 자연이 주는 대로 기다리지 않고 식량을 생산하기 시작한 것이다. 이제 사람들은 훨씬 안정된 생활을 하면서 앞날을 내다볼 수 있게 되었다. 이를 신석기 혁명이라 한다.

구석기 시대에는 한 사람이 먹고살기 위해 여의도보다 넓은 약 10km²의 땅이 필요했다. 수렵 채집을 하며 봄부터 겨울까지 필요한 양식을 해결하기 위해서는 열매와 풀, 짐승을 찾아서 돌아다녀야 했기 때문이다. 아프리카 세렝게티 국립공원에서 누우 떼가 충청남북도를 합친 면적과 비슷한 지역을 1년에 한 번 도는 것처럼 말이다. 그런데 농사를 시작하면서 그 면적이 약 500m² 정도로 확 줄어들었다.

처음 신석기 혁명이 시작된 곳은 서아시아 지역이었다. 이 지역에서는 기원전 8000년 무렵 보리와 밀을 재배하기 시작했다. 중국 황허강 유역은 기원전 6500년 무렵 조와 기장을 재배했고, 양쯔강 유역에서는 기원전 5000년경 벼를 재배했다. 한반도는 기원전 3000년 무렵 조와 기장을 재배했다. 신석기 혁명과 함께 인구가 늘어나고 문화 발전 속도도 빨라졌다.

신석기 시대 사람들은 필요한 물건을 대부분 집단 안에서 해결했다. 하지만 때로는 이웃 집단과 교환을 하기도 하고 뺏어 오기도 했다. 교류는 주로 가까운 지역과 했지만 중국이나 일본 등 먼 지역과 물건을 주고받기도 했다.

　　신석기 시대 사람들은 자연 현상에 관심이 많았다. 더욱이 농경이 시작됨에 따라 자연에 대한 관심이 더욱 커져 태양 등 만물에 영혼이 있다고 생각한 애니미즘, 특정 동식물을 자기 씨족의 수호신으로 생각한 토테미즘이 생겨났다. 시조신을 모시기도 하고, 신과 인간을 연결하여 주는 샤머니즘도 나타났다.

뗀석기 제작 기술의 발전

• 돌날떼기

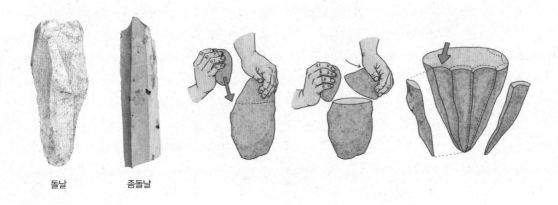

돌날   좀돌날

돌날떼기는 체계적인 사고와 정교한 기술이 요구되어 '석기 제작의 혁명'이라 부른다. 먼저, 큰 몸돌을 망치돌로 쳐서 둘로 나눈 다음 원추 모양으로 다듬는다. 이 몸돌에 끌을 대고 내리쳐 일정한 크기를 가진 돌날을 만든다. 돌날은 바로 도구로 사용하거나 다른 도구를 만드는 재료로 이용하였다.

• 슴베찌르개

슴베는 칼, 괭이, 호미에서 자루에 박히는 뾰족하고 긴 부분을 말한다. 슴베찌르개는 찌르개에 슴베를 만들어 나무와 연결시켜 사용하였다. 슴베찌르개로 인간은 사나운 짐승과 멀찍이 떨어져 짐승을 공격할 수 있었다.

주먹 도끼는 길이가 20cm 이상이지만 돌날과 슴베찌르개는 10cm 이하이다. 좀돌날은 5cm 정도이다. 이 작은 석기를 대량으로 만들어 나무나 짐승 뼈에 몇 개씩 박아 사용하였다. 슴베찌르개를 나무와 연결시키면 인간은 더 멀리서 짐승을 공격할 수 있었다.

슴베

슴베찌르개

• 전곡리 주먹 도끼, 세계 고고학사를 바꾸다

1977년까지 고고학계는 세계 구석기 문화를 아슐리안 주먹 도끼 문화와 찍개 문화로 나누었다. 약 140만 년 전에 아프리카에서 처음 만들어진 아슐리안 주먹 도끼가 유럽, 서아시아, 인도 등에서 발견되고, 동아시아에서는 찍개만 나왔기 때문이다. 주먹 도끼는 좌우 대칭으로 날이 있는 반면 찍개는 날이 한쪽에만 있다. 게다가 주먹 도끼는 얇기 때문에 찍개보다 만들기가 훨씬 어렵다. 이 때문에 주먹 도끼를 만든 문화권이 더 발달된 것이라 추측했다. 여기에는 구석기 시대부터 동아시아가 유럽보다 문화적으로 뒤떨어져 있다고 여기는 생각이 깔려 있었다. 찍개보다는 주먹 도끼가 좀 더 정밀한 가공이 필요했기 때문이었다.

그런데 1977년 1월 미군 하사 그레그 보웬이 한탄강을 걷다 우연히 아슐리안 주먹 도끼를 발견했다. 이 발견으로 세계 고고학사는 한꺼번에 무너졌고, 세계 고고학 지도에 전곡리가 표시되었다. 이제 전곡리는 남한에서 처음으로 구석기 유적이 발견된 공주 석장리와 함께 세계 고고학자들이 꼭 오고 싶어 하는 곳이 되었다.

전곡리 주먹 도끼

주먹 도끼 문화권

찍개 문화권

몰두바이 석기(탄자니아에서 발견)

전곡리 주먹 도끼를 발견한 보웬 하사.
발견 당시를 재현하고 있다.

2

최초의 국가,
고조선이 나타나다

사유 재산과 계급이 나타나고, 국가가 세워지다

신석기 혁명이 진전되면서 경제 생활의 중심은 점차 농업과 목축으로 옮겨 갔다. 농업 생산력도 점점 높아지면서 먹고 남는 생산물이 생겼다. 잉여 생산물이 늘어나자 소유에 대한 관심이 높아졌다. 공동체가 공동으로 소유하는 방식에서 이제 내 것 네 것 나누는 방식으로 변화한 것이다. 사유 재산이 생기면서 빈부 차이가 생기고 계급이 나눠지기 시작했다. 가족의 중요성이 커지고, 남녀 차별과 직업 분화도 나타났다. 이런 변화는 청동기가 사용되면서 더욱 빨라졌다.

청동기 시대에는 촌락 규모가 커지고 조직에 대한 관심이 높아지면서 지배자가 나타났다. 특히 큰 강 유역은 땅이 기름져 많은 사람들이 모여들었고, 치수와 관개를 정비하기 위해 통치 조직이 일찍 발전했다.

마침내 기원전 3500년경 서아시아 티그리스강과 유프라테스강 유역을 시작으로 도시 국가가 만들어지고 문명이 일어났다. 메소포타미아 문명에 이어 이집트 나일강 유역과 인도 인더스강 유역, 중국 황허강 유역 등에서 농경을 바탕으로 한 문명이 탄생했다.

만주와 한반도에 청동기 시대가 열리다

중국 동북 지방과 한반도에 이런 변화가 생긴 때는 기원전 20세기에서 15세기 무렵이었다. 청동기 시대 지배자들은 청동 검, 청동 도끼 등으로 무장을 하고 청동 거울, 청동 방울, 청동 수레 장식 등으로 자신들의 권위를 세웠다.

• 거푸집이 국보로 지정된 까닭

청동기를 만드는 거푸집은 얼핏 큰 가치가 없는 듯 보인다. 그런데 영암에서 출토되었다는 거푸집은 1986년 국보로 지정되었다. 2002년에 전북 완주에서 발견된 한국식 동검과 청동꺾창 거푸집은 2019년 보물로 지정한다고 예고되었다. 왜 그랬을까?

청동기를 독자적으로 발전시켰음을 강조할 때 보통 모양과 성분, 제작 방법 등으로 설명한다. 하지만 아무리 다양한 청동기가 발견된다고 해도 거푸집이 나오지 않았다면 어떻게 될까? '한국의 청동기는 모두 수입한 것이다'라는 주장이 있다면 제대로 반박할 수 있을까? 이런 점에서 거푸집은 우리가 청동기를 직접 만들었음을 보여 주는 귀중한 유물이다.

고고학에서 학술적인 발굴 조사를 거치면 파편이라고 해도 1급으로 대접받지만 그렇지 않다면 골동품에 지나지 않을 수도 있다. '전(傳) 영암 출토 청동 거푸집'은 발굴 과정이 체계적인지에 관해 분명히 약점이 있다. 하지만 우리나라에서 독자적으로 청동 제품을 만들었음을 증명하는 물증이 되고도 남았기 때문에 국보로 지정되었다.

이런 아쉬움을 한꺼번에 날려 버린 유물이 2002년 완주 움무덤(토광묘)에서 발굴된 거푸집이다. 거푸집이 껴묻거리로 출토된 것은 처음이었고, 이로써 우리나라에 청동기 제작 기술을 가진 집단이 있었음을 '고고학적 발굴'로 분명하게 증명했다.

전북 완주에서 출토된 청동검 · 청동꺾창 거푸집.

청동은 구리와 주석을 합금하여 만들었다. 돌에 비해 훨씬 강하지만 구리와 주석이 너무 귀해 대량 생산이 힘들었다. 이 때문에 청동은 지배층의 무기나 장신구 등에 주로 사용되었다. 우리나라 초기 청동기를 대표하는 유물은 비파형 동검이다. 중국 악기 비파를 닮은 비파형 동검은 중국과 북방 청동기와 달리 칼 몸체와 손잡이를 따로 만들어 조립했다.

청동기 시대에는 농경과 목축이 활발히 이뤄지고 촌락 규모도 커졌다. 이에 따라 농기구와 집 짓는 도구를 개량하고 더 많은 그릇을 만들어야 했다. 청동기 시대에도 농기구로는 여전히 간석기를 사용했다. 하지만 쓰임새에 따라 재료와 크기, 모양 등을 달리하여 더욱 정교하게 만들었다. 특히 농토를 마련하고 집을 짓기 위해 나무를 베고 다듬는 도끼, 자귀, 끌, 대팻날 등을 발전시켰다. 곡식을 거둬들이는 데 사용한 반달 돌칼과 돌낫 등도 대량으로 만들었다.

미송리식 토기

청동기 시대 토기는 빗살무늬 토기와 달리 무늬를 넣지 않은 민무늬였다. 모양은 화분, 팽이, 달걀형 등 지역에 따라 다양했다. 미송리식 토기처럼 손잡이를 달고 굽다리 접시를 만들기도 했다. 토기는 쓰임새에 따라 개인이 사용하는 아주 작은 토기에서 많은 음식을 갈무리하는 큰 토기까지 다양했다. 민무늬 토기는 대체로 바닥이 납작하고 그릇 두께가 두꺼워서 실용적이었다. 껴묻거리처럼 특수한 목적으로 겉을 검거나 붉게 칠하고 가지 무늬를 그린 토기도 만들었다.

껴묻거리
시체와 함께 묻는 물건.

농사는 여전히 밭농사 중심이었다. 조, 피, 수수와 함께 기장, 보리, 콩 등을 새롭게 재배했다. 남부 일부 저습지에서는 벼도 심었다. 공동체 간에는 교역과 함께 전쟁도 빈번하게 벌어졌다. 이에 따라 생활 터전을 야산, 구릉지 등으로 옮기고 마을을 지키기 위해 도랑을 파고 목책을 둘렀다. 집터는 둥근 모양과 함께 직사각형으로 만들어 공간을 효율적으로 이용했다. 난방 기술도 향상되면서 움집 바닥 깊이는 점차 얕아져 지상 가옥으로 바뀌어 갔다. 화덕도 신석기 시대에는 주로 집 가운데에 두었지만 청동기 시대에는 점차 벽으로 옮겨 갔다.

청동기 문화가 널리 확산되면서 한반도에서는 독자적인 청동기 문화가 발전했다. 비파형 동검과 달리 칼날을 좁게 한 세형동검과 거친 무늬 대신 정교하게 무늬를 새긴 잔무늬 거울 등이 나타난 것이다. 랴오닝 반도에서 많이 나오는 비파형 동검과 달리 세형동검은 주로 한반도에서 발

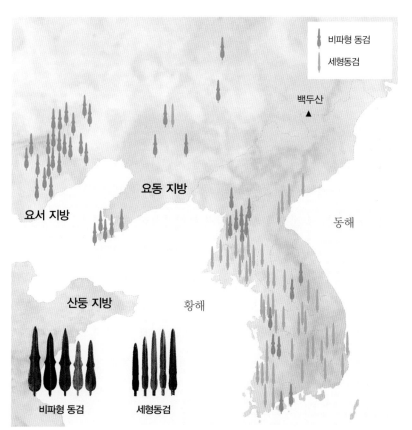

비파형 동검과 세형동검의 분포 영역

비파형 동검은 청동기 시대 전기부터, 세형동검은 청동기 시대 후기에 만들어졌다. 칼날과 자루를 일체형으로 만든 중국 및 북방 청동검과 달리 두 동검은 나무·뼈 또는 청동으로 자루를 따로 만들어서 조립했다.

견된다. 이 때문에 세형동검을 한국식 동검이라고 부르기도 한다. 독자
적인 청동기 제작은 여러 유적에서 나온 청동기를 만든 틀^{거푸집}이 잘 보여
주고 있다.

단군, 고조선을 세우다

청동기 문화가 발전함에 따라 군장 족장이 지배하는 사회가 여기저기
나타났다. 이들은 서로 교류하고 경쟁하면서 성장했다. 그 가운데 세력
이 강한 족장은 주변 여러 족장 사회를 통합하면서 지배 영역을 넓혀 나
갔다. 족장 사회에서 가장 먼저 발전한 국가가 고조선이다.

고조선을 세운 단군왕검은 제사장이자 정치적 지배자였다. 단군왕검은
넓어진 영역을 효과적으로 지배하기 위해 널리 인간을 이롭게 한다^{홍익인간}
는 통치 이념을 내세웠다. 한편 자신의 조상을 하늘에 연결시켜 우월함
을 과시했다. 단군왕검은 풍백, 운사, 우사 등 관리를 두고 국가를 다스
렸다. 관직 이름이 바람, 구름, 비 등 기후와 관련된 것을 보면 고조선 사
회가 농업을 중시했음을 알 수 있다.

고조선은 랴오닝 지역을 중심으로 영역을 넓혀 한반도 북부까지 세력
을 뻗쳐 나갔다. 주로 북방 민족과 교류하던 고조선은 점차 중국과 긴밀
한 관계를 맺게 되었다. 기원전 8세기 무렵 중국에 철기가 등장하면서 고
조선도 변화를 맞게 되었다. 철기의 등장과 함께 중국에서는 주나라 왕
실의 권위가 약화되고 봉건 제후들이 독립하기 시작했다.

철기가 보급되면서 중국은 춘추 시대를 지나 전국 7웅이라 불린 나라
가 서로 패권을 차지하기 위해 치열하게 경쟁하는 시대가 되었다. 고조
선도 철기 문화를 받아들여 전국 7웅 가운데 하나인 연과 어깨를 나란히
했다. 기원전 3세기 무렵에는 부왕과 준왕 같은 강력한 왕이 등장해 왕위
를 세습했다. 통치 체제도 정비하고 상, 대부, 장군 등 관직을 두었다. 하
지만 연의 침략을 받아 상당한 타격을 입고 수도를 평양으로 옮겼다.

고조선 사람들은 어떻게 살았을까

고조선은 느슨한 연맹체 국가였다. 국가의 중요한 일은 왕과 족장이 함께 참여하는 회의에서 결정했다. 족장들은 자신이 지배하는 땅에 살고 있는 백성을 직접 다스렸다.

고조선 사회는 통치 체제가 점차 정비되면서 권력과 경제력 차이가 더욱 커졌다. 가부장적 사회 질서도 점점 자리를 잡았다. 사회 질서를 유지하기 위해 8조법이라는 엄격한 법률을 만들고, 어기는 경우 강력한 제재를 했다. 특히 사람의 생명과 재산을 보호하려 했다. 농업 생산력이 발달함에 따라 노동력의 가치가 커졌고, 사유 재산에 대한 권리를 확실하게 할 필요가 있었기 때문이다.

사회 변화에 따라 신석기 시대까지 별다른 차이가 없던 집과 무덤도 계급에 따라 달라졌다. 지배자들은 큰 집을 짓고 거대한 고인돌을 만들거나 돌널무덤에 화려한 껴묻거리를 묻어 자신의 힘을 과시했다. 반면 피지배층들은 초가집에 살다 작고 소박한 무덤에 묻혔다.

청동기 시대 예술은 종교나 정치와 깊은 관련을 맺으며 발전했다. 예

강화 부근리에 있는 고인돌. 우리나라에는 세계 고인돌의 50% 이상이 있고 남한에만 3만 기 넘는 고인돌이 있다.

술 행사는 종교 집회이자 정치 행위이기도 했다. 족장들은 자신이 사용하는 청동 창과 거울, 방울 등에 화려한 무늬를 넣었다. 단순히 아름답게 보이기 위함이 아니었다. 종교 지도자이자 정치 지도자로서 자신을 더욱 돋보이게 하기 위함이었다. 바위에 동심원 무늬나 방패 무늬, 동물 그림을 새긴 것도 마찬가지 이유였다. 신성한 장소로 여긴 곳에서 풍년이 들고 사냥이 잘되기를 바라는 행사를 열면서 태양과 땅의 여신을 상징하는 모양과 동물 그림을 새긴 것이다.

고조선 사회의 모습

옛날에 환인(하느님)의 서자 환웅이 계셔, 천하에 자주 뜻을 두고 인간 세상을 매우 탐냈다. 아버지는 아들의 뜻을 알고 삼위 태백을 내려다보니 인간 세계를 널리 이롭게 할 만했다. 이에 천부인(天符印) 3개를 주어 인간 세상을 다스리게 했다. 환웅은 무리 3천 명을 거느리고 태백산의 신단수 밑에 내려와 서 이곳을 신시(神市)라 불렀다. 그는 풍백(바람신), 우사(비신), 운사(구름신)를 거느리고 곡식, 수명, 질병, 형벌, 선악 등을 주관하여 인간 세계를 다스리고 교화시켰다. 이때 곰과 범이 같은 굴에 살았는데, 환웅에게 사람 되기를 빌었다. 때마침 환웅이 신령한 쑥 한 심지와 마늘 스무 개를 주면 서 "너희들이 이것을 먹고 백 일 동안 햇빛을 보지 않는다면 곧 사람이 될 것이다"라고 하였다. 곰은 약속한 지 삼 칠 일 만에 여자가 되었으나, 범은 이를 지키지 못하여 사람이 되지 못했다. 여자가 된 곰은 혼인할 상 대가 없었으므로 신단수 밑에서 아이 갖기를 축원했다. 환웅이 임시로 변하여 웅녀와 결혼해 주어 아 들을 낳았는데, 이름을 단군왕검(檀君王儉)이라 하였다. 단군왕검은 1500년 동안 나라를 다스리고 물 러났다.

– 『삼국유사』(단군 신화)

(고조선 사회는) 백성들에게 금하는 법 8조를 만들었다. 사람을 죽인 자는 사형에 처한다. 상처를 입 힌 자는 곡물로써 배상한다. 남의 물건을 훔친 자는 노비로 삼는다. 단 용서받고자 하는 자는 한 사람 앞에 50만을 내야 한다. 비록 용서를 받아 보통 백성이 되어도 사람들은 이를 수치스럽게 여겨 결혼을 하고자 해도 짝을 구할 수 없었다. 이 때문에 백성들은 도둑질을 하지 않아서 대문을 닫고 사는 법이 없었다. 부인들은 모두 정숙하고 음란한 짓을 하지 않았다.

– 『한서 지리지』 「동이전」

고조선 사회의 모습은 단군 신화와 8조법을 통해 자세히 살펴볼 수 있다. 8조법은 우리나라 최초의 법으로 고 조선 사회 질서를 유지하는 중요한 법률이었다. 오늘날에는 3개 조항만 전해진다.

두 자료로 알 수 있는 고조선 사회의 모습은 어떨까? 환웅이 하늘에서 내려왔다는 것은 이 집단이 다른 곳에 서 왔음을 의미한다. 호랑이와 곰이 같은 굴에서 살았다는 것은 두 집단이 이 지역에 함께 살고 있었음을 뜻한 다. 환웅과 웅녀의 결혼은 두 집단이 하나가 되었음을 보여 준다. 새로운 집단의 우두머리는 단군왕검이라고 불렀는데, 단군은 종교적 지배자를, 왕검은 정치적 지배자를 말한다. 제사장이 동시에 정치적 지배자였음을 알 수 있다. 권력이 아들에게 이어졌고, 1500년을 다스렸다는 것은 지배 체제가 갖추어졌다는 의미이다. 당시 사회에서 농사가 중요했음을 보여 주는 대목은 환웅이 거느린 신하 이름이 비, 구름, 바람으로 농사와 깊은 연 관이 있는 것과 마늘, 쑥이 중요한 구실을 한 것에서 추론할 수 있다.

또한 8조법을 통해 고조선 사회가 사유 재산과 계급이 나타났고, 가부장적 가족 제도가 확립되었음을 추측할 수 있다. 경제 기반이 농업이었고, 중요한 생산 자원이었던 농민이나 노비 들을 보호하기 위해 노력하였음도 알 수 있다.

3

여러 나라가
나타나다

히타이트, 철기 시대를 열다

아나톨리아
흑해, 에게해, 지중해에 둘러싸인 반도 지역으로, 오늘날에는 터키 영토에 속한다. '소아시아'라고도 불린다.

기원전 18세기 무렵 아나톨리아 북중부 지역에 히타이트 왕국이 세워졌다. 이 작은 왕국은 기원전 14세기에 아나톨리아 대부분을 차지했고, 이어 남쪽으로 레바논, 동쪽으로 메소포타미아 북부까지 장악하는 대제국으로 발전했다. 그 비결은 바로 철제 무기에 있었다.

히타이트가 세력을 확장하면서 철기 문화는 서아시아와 그리스, 인도로 퍼져 나갔다. 중국은 기원전 7세기 춘추 시대 무렵 철기를 본격적으로 사용하기 시작했다. 기원전 5세기 전국 시대가 되면 농기구까지 철로 만들어 사용했다.

만주와 한반도로 철기가 들어오기 시작한 때는 기원전 5세기 무렵이었다. 북방 유목 문화와 관련이 많았던 청동기와 달리 철기는 중국에서 들어왔다. 평양, 영변 등 한반도 북쪽에서 주로 출토된 명도전, 반량전, 오수전 등 중국 화폐를 보면 이를 잘 알 수 있다. 명도전은 중국 전국 시대 제와 연에서 사용한 화폐로, 랴오닝 반도에서 청천강 유역까지 넓은 지역에서 발견된다. 그것도 항아리에 가득 담겨진 상태로 대량으로 발견되고 있어 중국과 교류가 활발히 이뤄졌음을 잘 보여 주고 있다. 경남 창원 다호리 유적에서 나온 중국산 칠기와 붓도 중국과의 관계를 뒷받침해 준다.

명도전

철기, 사회를 바꾸다

철기의 원료인 철광석은 청동기보다 훨씬 더 단단하고 날카로운 무기나 도구를 만들 수 있었다. 원료를 구하기 힘들었던 구리와 달리 철광석은 곳곳에 풍부하게 매장되어 있었다. 문제는 녹는점이 구리보다 훨씬 높다는 사실이었다. 금속 제련 기술이 발전하면서 이 문제가 해결되자 철기가 청동기를 제치고 점점 확산되었다. 철기가 본격적으로 보급되면서 청동기는 주로 의식용이나 장식용으로 만들어졌다.

철기는 청동기와 달리 무기뿐만 아니라 농기구로도 쓰였다. 철제 농기구 사용으로 생산력은 크게 높아졌고 더 넓은 지역을 개간할 수 있었다. 따라서 우수한 철기 제작 기술을 가진 세력은 탄탄한 경제력과 군사력을 가질 수 있었고 히타이트처럼 주변 세력을 정복해 더욱 강한 국가로 성장할 수 있었다.

철기 시대에는 민무늬 토기와 함께 덧띠 토기, 검은 간 토기 등을 사용했다. 무덤 양식도 변하여 고인돌과 돌널무덤이 점차 사라졌다. 대신 땅을 파고 나무로 만든 널에 주검을 묻는 널무덤과 항아리 2개를 붙여 만든 독무덤이 만들어졌다.

중국 한나라 고분 벽면이나 기둥 등을 장식한 화상석에 그려진 그림이다. 북방 민족과 벌인 전쟁을 비롯하여 농사, 베 짜기, 철을 생산하는 내용 등 다양하였다. 쇠스랑은 가볍고 튼튼하여 밭을 매거나 씨 뿌리고 흙을 덮을 때 유용했고, 쟁기는 땅을 깊이 팔 수 있었다. 이 때문에 철제 농기구는 간석기에 비해 수확량을 크게 늘릴 수 있었다.

고조선, 철기 문화를 받아들여 강국으로 발전하다

춘추 전국 시대에 중국은 잦은 전쟁과 혼란이 계속되었다. 이를 피해 많은 유이민들이 고조선으로 왔다. 고조선은 이들을 서쪽 변경 지역에 살게 했다. 기원전 3세기 말 중국은 다시 혼란에 빠졌다. 전국 시대를 통일한 진이 얼마 가지 못하고 멸망했기 때문이다. 한이 진에 이어 다시 중국을 통일하는 과정에서 더 많은 사람들이 고조선으로 왔다. 이때 위만도 무리 천여 명을 이끌고 왔다. 준왕은 위만에게 서쪽 변경을 수비하는 임무를 맡겼다. 위만은 유이민을 규합하며 세력을 키워 준왕을 몰아내고 왕위에 올랐다. ^{기원전 194} 쫓겨난 준왕은 한반도 남쪽으로 갔다.

위만은 집권한 뒤 본격적으로 중국에서 철기 문화를 받아들였다. 농업과 수공업이 더욱 발달하고 강한 군사력을 가지게 되었다. 게다가 지리적 이점을 활용해 한과 한반도 동남부 여러 나라들과 중계 무역을 하며 상당한 이익을 챙겼다.

이를 바탕으로 고조선은 주변으로 세력을 뻗쳤다. 또 주변 나라가 중

• 주조와 단조

금속 도구를 만드는 방법에는 주조와 단조가 있다. 주조는 금속을 녹여 틀에 부어서 만드는 것이고, 단조는 금속을 불에 달구어 두드려서 만드는 방법이다. 주조는 틀만 잘 만들면 비교적 쉽게 정밀한 도구를 만들 수 있다. 하지만 인장 강도, 즉 도구가 견딜 수 있는 힘이 떨어져 충격에 약하다. 단조는 세밀한 도구를 만들기 어렵고 시간도 많이 걸린다. 하지만 철을 달구어 때리는 과정에서 조직이 단단해지고 인장 강도가 커져 웬만한 충격에 깨지지 않는다.

청동은 주조로 만든다. 인장 강도가 약해 단조로 제품을 만들 수 없기 때문이다. 반면 철은 주조와 단조를 모두 사용하여 도구를 만들 수 있다. 주조로 만든 청동과 철은 갑자기 강한 충격을 주면 부서진다. 이 때문에 청동은 돌에 비해 훨씬 강하지만 농기구로 적당하지 않았다.

반면 단조 방법으로 만든 도구는 충격에 강하다. 특히 철을 두들겨 탄소 함유량을 높인 강철은 더 강하고 질겨 어지간한 충격에는 끄떡없다. 강철검이 청동검보다 훨씬 강력한 무기가 될 수 있었던 까닭이다.

국의 한과 직접 교역하는 것을 막고 중계 무역의 이익을 독점하려 했다. 자연히 고조선은 한과 대치하게 되었고, 한때 화평 교섭을 했지만 실패했다. 고조선은 한이 대규모로 보낸 침략군을 여러 차례 격파하며 1년 동안 완강히 싸웠다. 하지만 오랜 전쟁으로 내분이 일어나 결국 수도 왕검성이 함락되었다.^{기원전 108} 고조선을 멸망시킨 한은 낙랑군, 현도군, 진번군, 임둔군 등 4군현^{한사군}을 설치했다.

한 군현, 토착 사회를 변화시키다

한 군현에는 태수^{최고 행정 장관}를 비롯한 관리와 상인 들이 집단으로 이주했다. 이들이 가져온 중국 문물은 토착 사회에 큰 자극을 주었다. 충격은 만주와 한반도에 있던 여러 나라에도 미쳤다. 한 군현이 중국의 선진 문물을 여러 나라에게 전하는 창구 구실을 한 셈이다. 주변 지역 족장들은 한 군현과 조공 책봉 관계를 맺고 후, 읍군 등 관직을 받아 정치적 권위를 세웠다. 또한 특산물을 바친 대가로 의복, 철제 무기 등을 받아 세력을 강화했다. 한편 한 군현은 만주와 한반도에 세워진 여러 나라가 독자적으로 성장하지 못하게 가로막기도 했다. 여러 나라들은 한 군현에 강력하게 반발했지만 선진 문물을 받아들이는 통로였던 한 군현과 관계를 끊을 수는 없었다.

한 군현은 정치뿐만 아니라 문화·경제적으로도 토착 사회를 크게 변화시켰다. 이주한 한나라의 관리, 상인 들은 중국 문화를 그대로 가져와 화려한 생활을 했다. 계급 분화가 촉진되었고, 사유 재산에 대한 관념도 더 철저해졌다. 당연히 지배를 당한 토착 세력은 불만도 높아지고 도적이 되는 경우도 많아졌다. 8조밖에 없던 법 조항이 60여 개로 늘어난 것이 이를 잘 보여 준다.

그러나 얼마 가지 않아 진번군과 임둔군이 없어졌다. 현도군도 고구려에 시달리다 요하로 밀려났다가 폐지되었다. 강성한 세력을 자랑했던 낙랑군도 한이 멸망하고 위진 남북조 시대가 이어지면서 점차 약화되었다. 마침내 4세기 초 고구려가 낙랑군을 정벌하면서 한 군현은 이 땅에서 사라졌다.

여러 나라가 성장하다

고조선의 뒤를 이어 만주와 한반도 일대에서는 부여, 고구려, 옥저, 동예, 삼한 등 여러 나라가 일어났다. 이들의 성장도 철기 문화의 보급에 힘입은 바가 컸다.

부여는 쑹화강 유역 넓은 평야 지대에 자리 잡았다. 한 군현과 우호적인 관계를 유지한 부여는 연맹 왕국이었다. 왕 아래 마가, 우가, 저가, 구가 등 제가들이 대사자, 사자 등 관리를 거느리고 사출도라 불린 행정구역을 나누어 다스렸다. 또 이들은 왕을 뽑고 흉년이 들면 왕에게 책임을 묻기도 했다. 하지만 왕은 궁궐, 창고, 감옥 등을 갖출 정도로 강한 세력을 갖고 있었다. 1세기 초에는 왕호를 사용했다.

고구려는 부여에서 떨어져 나와 큰 산과 깊은 계곡이 많은 압록강 중류 졸본환런 지역에 자리 잡았다. 처음에는 부여에게 시달림을 당했고 한 군현과 사이도 별로 좋지 않았다. 고구려는 부여와 마찬가지로 연맹 왕국이었다. 왕 아래 상가, 고추가 등 제가들은 독자적으로 신하를 거느리고 국가의 중대사를 결정하는 제가 회의에 참석했다. 하지만 주변 지역을 정복하는 과정에서 왕권이 점차 강화되며 제가의 영향력이 약화되었다. 기원전 15년에는 수도를 교통의 요지이자 비교적 평야가 많은 국내성으로 옮겼다.

옥저와 동예는 함경도 및 강원도 북부 동해안에 있었다. 두 나라는 전체 사회를 통합하는 데 이르지 못했다. 읍락마다 읍군, 삼로라 불린 군장이 자기 부족을 다스렸다. 왕이 나오지 못한 이유는 지역적인 요인으로 선진 문화 수용이 늦어 발달된 통치 체제를 받아들이지 못했기 때문이다. 한 군현이나 고구려에 압박을 받은 것도 중요한 원인이었다. 이들은 반기를 들 수 있다며 옥저와 동예가 하나로 통합되는 것을 바라지 않았다.

고조선 남쪽 한반도 남부 지역에는 일찍이 진이 성장하고 있었다. 고조선 사회에 변동이 생기면서 많은 사람들이 이 지역으로 이동했다. 위만 조선이 세워질 무렵에도 고조선의 준왕을 비롯하여 유이민들이 대거 내려왔다. 진 사회는 이들이 가져온 선진 철기 문화를 받아들여 한층 발

부여

고구려

백두산

국내성
졸본

라오허강

옥저

평양
낙랑군   대동강

동예

동해

한강

백제국

목지국

마한   진한

황해   사로국

변한
구야국

철기 시대에 출현한 국가들

전할 수 있었다. 그 결과 마한, 진한, 변한이 등장하여 삼한이라는 연맹체로 성장했다.

삼한은 한 군현 및 왜와 활발하게 교류했다. 삼한에서는 세력에 따라 신지, 읍차 등으로 불리는 정치적 지배자가 있었다. 이들 군장과 달리 천군은 종교적 지배자로 신성 지역인 소도에서 하늘에 대한 제사를 주관했다. 삼한 가운데 50여 개 소국으로 이루어진 마한이 가장 강한 세력을 이루었다. 그 가운데 목지국 왕이 마한 왕 또는 진왕으로 추대되어 삼한 사회 전체를 이끌었다.

여러 나라, 농업을 바탕으로 특색 있는 경제를 발전시키다

한반도의 초기 국가들은 자리 잡은 곳에 따라 다르지만 농업을 주요 경제 기반으로 삼았다. 부여는 농업과 함께 족장 이름에 말, 소, 돼지, 개 등을 붙일 정도로 목축을 중요시했다. 특히 대평원에서 기른 말이 유명했다. 이 말과 주옥, 모피 등을 중국 등으로 수출했다.

고구려도 농업을 중시했지만 지리적 요건으로 식량이 넉넉지 못했다.

주옥
구슬과 옥.

• 3세기 여러 나라에는 얼마나 많은 사람들이 살고 있었을까?

나라별	부여	고구려	남옥저	동예	삼한			
					큰 나라	작은 나라	평균	전체
호수	80,000	50,000	5,000	3,000	10,000	620	2,500	195,000
인구수	400,000	150,000	25,000	15,000	50,000	3,250	12,500	975,000

− 「삼국지」(위서) 「동이전」

「동이전」에 나오는 호수로 3세기 여러 나라 인구수를 추정했다. 1호당 5명으로 계산했으며, 삼한의 작은 나라는 600~700호로 되어 있어 평균 650호로 하였고, 평균 호수도 2,000~3,000호인데 2,500호로 했다. 삼한 전체는 마한 54개국, 진한·변한 각각 12개국을 합친 78개국으로 계산했다.

이 때문에 고구려는 강력한 군사 조직을 갖추고 주변 작은 나라들을 정복하여 필요한 물품을 조달했다. 고구려는 한 군현을 끊임없이 괴롭혔고 1세기 초에는 옥저를 정복하여 소금과 어물 등을 공물로 받았다.

동예와 옥저는 토지가 비옥하고 소금과 어물 등 해산물이 풍부했다. 두 나라는 윤택한 경제 기반에 비해 통치 체제 정비가 늦어 한 군현과 고구려 등 외세에 경제적 수탈을 당했다. 동예는 명주와 삼베를 생산하였고, 특산물인 단궁, 과하마, 반어피 등을 수출했다.

삼한은 기름진 땅과 따뜻한 기후 덕분에 다른 나라에 비해 농업이 발달했다. 곳곳에 저수지를 만들고 벼를 비롯한 수수, 기장, 콩 등 곡물을 심었다. 뽕나무를 가꾸고 누에를 쳐 비단을 짜기도 했다. 변한은 철을 많이 생산해 교역에서 화폐처럼 사용했고, 한 군현이나 왜 등에 수출했다.

단궁
박달나무로 만든 활.

과하마
키가 작고 다리가 짧은 말.

반어피
바다표범 가죽.

여러 나라의 사회와 문화, 비슷하면서도 다르게 발전하다

각 나라는 영고^{부여}, 동맹^{고구려}, 무천^{동예}, 계절제^{삼한} 등 제천 행사를 열었다. 이 무렵 사회 규모가 커짐에 따라 집단끼리 갈등이 심해지고 계급 차이와 빈부 격차도 갈수록 커졌다. 제천 행사는 이런 대립과 갈등을 해소하는 구실을 했다. 의식을 주관한 국왕과 지배자들의 권위를 높여 주기도 했다. 제천 행사 때에는 온 나라 사람이 모여서 노래를 부르고 춤을 추며 즐겼다. 사회 변화에 따른 새로운 질서를 만들어 가는 것도 중요한 목적이었는데, 행사가 열리면 죄지은 사람은 벌을 주고 상 줄 사람은 표창했다.

제천 행사는 5월이나 10월에 거행했다. 5월은 씨를 뿌리는 시기이고 10월은 추수하는 시기이다. 이는 제천 행사가 농사의 풍요를 기원하고 추수를 감사하기 위한 목적도 있었음을 뜻한다. 부여는 수렵 사회의 전통을 이어 음력 12월에 제천 행사를 지냈다.

여러 나라는 비슷한 문화도 가지고 있었지만 나라에 따라서 독특한 풍

제천 행사
하늘을 숭배하는 의미로 올리는 행사.

습도 갖고 있었다. 부여와 고구려에서는 형이 죽으면 동생이 형수와 결혼했다. 사돈 집안끼리 유대를 유지하고 재산과 노동력^{인력}을 지키기 위한 조처였다.

결혼 풍습으로 고구려에는 서옥제가 있었고, 옥저에는 민며느리제가 있었다. 서옥제는 결혼을 하면 남자가 여자 집에 가서 살다가 그 자녀가 장성하면 아내를 데리고 돌아오는 방식이었다. 민며느리제는 10살이 되면 두 집안이 혼인을 약속하고 신부 될 여자애를 남자 집에 데리고 오는 제도이다. 성인이 되면 돌려보냈다가 예물을 주고 다시 데리고 와서 아내로 삼았다. 서옥제와 민며느리제는 얼핏 정반대 풍습으로 보인다. 하지만 둘 다 모두 노동력이 중요했던 당시, 신부 집이 입게 될 노동력 손실을 보상해 주는 풍습이었다.

옥저에서는 사람이 죽으면 가매장을 했다가 나중에 그 뼈를 추려 가족 공동 무덤에 안치했는데 이를 골장제라고 한다. 동예는 공동체 전통이 강하게 남아 족외혼을 엄격히 지켰다. 다른 공동체의 생활권을 침범하면 책화라 하여 노비와 소, 말로 변상했다.

초기 국가에서 생산 활동을 담당한 계층은 하호 또는 민으로 불린 일

족외혼
같은 씨족이 아닌 다른 씨족과 혼인하는 풍습.

• 우리는 어떻게 여러 나라의 역사를 알 수 있었을까?

우리가 부여부터 삼한까지 역사를 이만큼이라도 알 수 있는 것은 『삼국지』(위서) 「동이전」 덕분이다. 『삼국지』는 중국 진 초기 진수(233~287)가 지은 위·오·촉 삼국 역사책이다. 『삼국지』(위서)에는 당시 중국 동북부 지역 민족의 역사가 부록처럼 붙어 있다. 우리나라에 대한 기록이 있는 가장 오래된 중국 역사서는 사마천(BC 145 ?~BC 86 ?)이 쓴 『사기』이다. 하지만 『사기』는 한 무제의 고조선 정벌과 관계된 기사를 주로 담았다.
반면 『삼국지』(위서) 「동이전」은 여러 나라 시기부터 삼국 시대까지 만주와 한반도에 있던 나라들의 정치, 제도, 습속, 문물 및 중국과의 교류에 대해 광범위한 기록을 보여 준다. 『삼국지』를 『삼국사기』와 함께 3세기 중엽까지 우리나라 고대사의 기본 사료라고 할 수 있는 이유이다. 그러나 『삼국지』(위서) 「동이전」은 어디까지나 중국인의 눈에 비친 한국 고대 사회의 특성에 대한 기록이라는 점에 주의해야 한다.

반 농민과 전쟁 또는 부채로 지배층에 예속된 노비 등 피지배층이었다. 이들은 반 움집이나 귀틀집 등에서 베옷과 나막신으로 생활했다.

　반면 지배층은 정치와 전쟁을 주도하면서 권력을 독점했다. 이들은 크고 번듯한 집에서 살며 비단옷을 입고 가죽신을 신었다. 죽어서도 커다란 무덤을 만들고 값비싼 부장품과 순장으로 자신의 지위를 과시했다.

대동강에 나라가 없는 까닭

37쪽 지도를 보자. 평양 부근을 보면 낙랑군이 있다. 역사에 관심을 둔 사람이라면 이상하게 여길지 모르겠다. 6차 교육 과정 고등학교 국사 교과서를 비롯해 여러 역사책에 이 지역은 빈칸이었기 때문이다.

그렇다면 그동안 국사 교과서에는 왜 표시를 하지 않았을까? 이렇게 말할지 모르겠다. 우리 민족이 세운 나라가 아니라 한 군현이어서 표시하지 않았다고. 그럴 수도 있지만 속내는 이렇게 짐작된다. '이 땅의 일부가 한 나라의 지배를 받았다는 사실을 부인하고 싶었고, 한 군현이 우리 역사에 상당히 큰 영향을 끼쳤음을 인정하기 싫었기 때문'이라고.

평양 부근에 낙랑군이 있었음은 엄연한 사실이다. 평양 서남쪽 토성리 부근에는 낙랑 토성과 중국식 벽돌무덤을 비롯한 고분이 무려 3천여 개가 남아 있다. 수많은 유물도 발견되었다. 국립중앙박물관 낙랑실에 전시되고 있는 금으로 만든 허리띠 고리와 칠기가 바로 그것이다. 유물 수준은 중국 본토와 비교해도 조금도 떨어지지 않는다.

엄연히 존재했던 낙랑군을 지우면 어떤 문제가 생길까? 온조와 비류는 고구려에서 갈라져 나와 한강 유역에 백제를 세웠다. 왜 이들은 대동강을 지나서 그렇게 멀리 내려왔을까? 한강은 마한이 차지하고 있었다. 차라리 나라가 없는 대동강이 새 나라를 건국하는 데 더 좋지 않았을까? 낙랑군이 없다면 그 이유를 설명하기 어렵다.

여러 나라는 중국에서 선진 문화를 받아들여 체제를 정비하고 문물을 발전시켰다. 이들은 어떻게 중국 문화를 받아들였을까? 직접 중국에 가서 배워 올 수도 있었지만 낙랑군을 통하면 더 쉽게 해결할 수 있었다. 부여도 고구려도 삼한도 중국보다는 한 군현과 교류하면서 선진 문물을 받아들였다. 낙랑군이 평양에 없었다고 주장

채협총과 채화칠협(오른쪽)

일제 강점기에 발굴된 낙랑 고분은 평양 일대와 황해도에 분포되어 있다. 대부분은 널무덤, 덧널무덤 및 굴식 벽돌방무덤이다. 1931년 조선 총독부는 평남 대동 남정리 제116호분을 발굴했다. 봉토는 남북 20m, 동서 23m로 약간 긴 네모꼴이며 굴식 구조의 나무방무덤으로 귀틀무덤과 벽돌무덤의 요소가 혼재되어 있다. 벽돌 방에 남북으로 연결된 큰 방과 작은 방, 무덤 길에서 많은 껴묻거리가 나왔다. 그 가운데 대나무 껍질로 만든 옻칠 상자에 다양한 문양과 충신과 열녀 등을 그린 채화칠협이 나와 칠협총이라 불린다.

하는 사람도 있다. 그렇다면 평양 부근에 있는 유적과 그 많은 유물은 무엇이란 말인가.

낙랑군은 평양에 있었다. 그것도 무려 400년 이상을 말이다. 낙랑군은 식민지이다. 자랑스럽지는 않지만 분명한 사실이다. 물론 지배 방식은 달랐다. 일제처럼 무력에 의한 직접 통치가 아니라 토착 족장을 통한 간접 통치를 했다. 간접 통치라 해도 식민지는 식민지이다. 평양에는 토착 지배 세력의 무덤도 많다. 비록 자치를 허용했지만 지배층은 강제로 평양에 옮겨 살게 했기 때문이다.

그렇다면 식민지이기 때문에 우리 역사에서 빼 버려야 하는가? 평양은 위만 조선의 중심지였다. 비록 식민지가 되었다고 해도 그 전통이 깡그리 사라지지 않는다. 아무리 발달한 중국 문화가 들어온다고 해도 이 땅에 살던 사람들이 가진 문화를 싹 쓸어 버릴 수는 없다. 낙랑군은 시간이 지나면서 점점 독자성을 갖게 되었다. 토착 문화와 융합하여 독특한 낙랑 문화를 만들어 냈고 중국인이 아닌 낙랑인이라는 정체성도 갖게 되었다. 비록 최고 지배층은 중국 한족이 차지했을지 몰라도 평양은 우리 땅이고 우리나라 사람이 살고 있었다. 일제 강점기가 우리 역사이듯 낙랑군도 우리 역사이다.

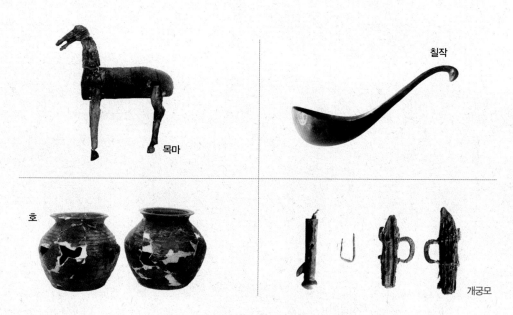

목마

칠작

호

개궁모

평남 대동 남정리 제116호분에서 발견된 유물들

개궁모 수레 좌석에 세워 햇빛을 가려 주는 양산의 살대 끝장식.

4

삼국,
중앙 집권 국가로 성장하다

연맹 체제에서 중앙 집권 체제로

철기 문화 보급에 힘입어 만주와 한반도에는 수많은 작은 나라들이 나
타났다. 이 국가들은 살아남고 세력을 키우기 위해 주변 나라를 흡수하
기도 하고 연맹을 맺기도 했다. 연맹들은 세력을 합쳐 더 큰 연맹을 만들
었다. 부여, 고구려, 삼한 등이 바로 이런 나라이다. 왕위는 연맹에서 가
장 우세한 집단의 족장이 차지했다. 연맹 왕국 시기의 왕은 나라를 대표
했지만 족장들을 신하처럼 부리지 못하였고 왕위가 다른 유력 집단으로
넘어가기도 했다.

각 연맹 왕국은 주변 나라를 아우르며 경쟁에서 살아남기 위해 힘을
모아야 했다. 그 과정에서 연맹 체제였던 정치 형태를 왕을 중심으로 한
중앙 집권 체제로 개편했는데 가장 성공적으로 새로운 체제를 만들어 고
대 국가로 발전한 나라가 고구려, 백제, 신라이다.

고대 국가에서는 왕위 세습권이 확립되고 족장들은 왕 아래로 들어가
중앙 귀족이 되었다. 중앙 관제도 새롭게 정비하고 관리의 복색과 관등
을 마련해 신분과 통치 질서를 확립했다. 넓어진 영토를 효율적으로 지

배하기 위해 중앙과 지방 조직도 정비했다. 또한 국가를 운영하기 위해 세금 제도를 정비할 필요성이 있었다. 세금은 크게 3가지였다. 개인에게 거두는 인두세, 집집마다 내는 특산물, 성을 쌓거나 궁궐 수리 등에 성인 남자를 동원하는 부역이 그것이다. 물론 재산이나 풍흉에 따라 차등을 두어 부과했다.

삼국이 중앙 집권 국가의 기틀을 마련하면서 왕권도 강화되었다. 지배자는 '왕王'이라는 중국식 왕호를 썼고 왕위 세습, 왕위 부자 상속 등이 이루어졌다. 이와 함께 국가를 운영하는 기준으로 율령을 반포하고, 다양한 집단을 국왕 중심으로 통합하기 위해 불교를 받아들였다.

또한 세 나라는 잘 짜인 통치 체제와 선진 문화를 갖춘 중국과 교류하면서 크고 작은 영향을 받았다. 이러한 변화는 나라마다 처한 여건이나 위치, 주변 국가와의 관계 등에 따라 차이가 있었다.

고구려, 시련 속에서 성장하다

고구려는 건국 초부터 강력한 전사 집단을 앞세워 세력을 넓혀 갔다. 1세기 후반 태조왕 때에는 부전고원을 넘어 옥저를 정복했다. 이어 현도군을 밀어내고 요동 지역으로 진출을 꾀했다. 더불어 왕이 여러 지역을 순행하고 사자를 파견했다. 이런 노력으로 중앙 권력이 강화되고 왕권도 튼튼해졌다.

2세기 후반 고국천왕 때에는 부족적 전통을 가지고 있던 5부를 행정 구역적 성격으로 개편해 부족장이 아닌 왕의 영향력이 더 확대되도록 하였다. 왕위 계승도 형제에서 부자 상속으로 바꾸었다. 또한 먹고살기 힘든 봄에 곡식을 빌려주었다가 가을에 갚게 하는 진대법을 실시했다. 3월부터 7월까지, 관청이 보유한 곡식을 식구 수에 따라 차등 있게 빌려주고 10월에 갚게 하는 정책이었다. 가난한 농민들이 노비가 되는 것을 막아 세금을 확보하고 국가 재정과 국방을 강화하려는 의도가 있었다. 노비가 늘어나 귀족 세력이 커 가는 것을 막고 사회 불안을 미리 차단하려는 목적도 있었다.

이 무렵 중국은 위, 오, 촉 세 나라가 대립하고 있었다. 고구려는 이틈을 타 요동과 대동강 유역으로 진출을 꾀하며 여러 차례 서안평을 공격했다. 서안평은 요동과 낙랑군을 연결하는 교통 요지였기 때문이다. 242년 동천왕은 직접 군대를 이끌고 서안평을 쳤지만 실패했다. 여기에 위나라의 공격으로 수도인 국내성이 함락되는 위기를 맞았다. 하지만 충직한 장수 밀우와 유유의 활약으로 간신히 위나라 군대를 물리쳤다.

동천왕이 죽은 뒤 왕위를 둘러싸고 혼란에 빠졌던 고구려는 300년 미천왕이 왕위에 오르면서 안정을 되찾았다. 이 무렵 중국은 위를 이은 진이 삼국을 통일했지만 바로 북방 민족에게 밀려 강남으로 쫓겨났다. 흉노, 선비, 저, 갈, 강 등 다섯 북방 민족들은 번갈아 북중국에 16개 나라를 세웠다. 이 시기를 5호 16국 시대라 부른다.

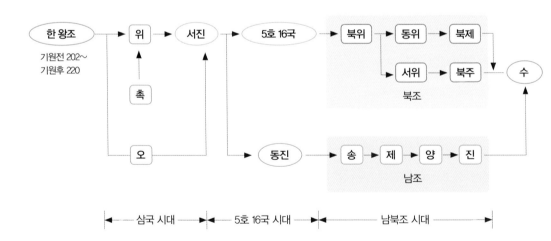

기회를 놓치지 않고 고구려는 311년^{미천왕 12}에 드디어 서안평을 점령했다. 이어 313년 낙랑을 정복하여 한사군을 이 땅에서 완전히 몰아냈다.

대동강 유역은 위만 조선과 낙랑군의 중심 지역으로 선진 문화가 발전한 지역이었다. 여기에 땅이 기름지고 사는 사람도 많았다. 이제 고구려는 랴오둥반도 지역과 한반도 남쪽으로 진출할 수 있는 토대를 갖추게 된 것이다.

고구려가 진출하려고 하는 랴오둥 지역은 선비족이 세운 전연도 탐내고 있었다. 결국 342년 미천왕을 이은 고국원왕 때 전연의 침략을 받아 국내성이 무너지고 말았다. 이때 태후^{미천왕의 왕비}와 왕비를 비롯한 5만여 명이 끌려갔다.

남쪽에서도 고구려는 마한을 압박하며 국력을 키우던 백제와 황해도 일대 지역을 놓고 치열하게 경쟁을 벌여야 했다. 여기서도 고구려는 371년 평양성에서 고국원왕이 전사하는 큰 패배를 당하였다. 황해도도 백제에게 내주고 말았다.

이런 절박한 상황에서 왕위에 오른 소수림왕은 저족이 세운 전진과 우

• 명단을 보고하라고?

나라에는 왕이 있고 벼슬로는 상가·대로·패자·고추가·주부·우태·승·사자·조의·선인이 있다. 신분이 높고 낮음에 따라 각각 등급을 두었다.(왕족으로 대가는 모두 고추가라 불린다.) 모든 대가도 '사자', '조의', '선인'을 거느렸다. 그런데 그들의 명단을 반드시 왕에게 보고해야 했다. 이들은 모임이 있으면 대가와 함께 참석하지만, 왕이 거느리는 '사자', '조의', '선인'과 같은 반열에 서지 못한다.

－『삼국지』(위서)「동이전」

명단을 보고한다는 것은 무슨 뜻일까? 연맹 왕국 시절 왕은 족장에게 이래라저래라 명령을 내릴 수 없었다. 족장들은 각각 신하를 거느리고 자기 부족을 다스렸다. 신하를 임명할 때도 자기 마음대로 했다.
하지만 중앙 집권 체제가 정비되며 상황이 바뀌었다. 족장들은 귀족이 되었어도 여전히 신하를 거느렸지만 그 명단을 왕에게 보고해야 했다. 명단 보고는 왕이 귀족을 통제할 수 있게 되었다는 뜻이다. 이제 귀족은 족장 때와 달리 왕과 동급이 아니고 신하가 된 것이다. 따라서 왕이 거느린 사자와 귀족 밑에 있는 사자도 등급이 달라져 같은 반열에 서지 못하게 되었다.

호적인 관계를 맺었다. 370년 전연을 무너뜨린 전진은 중국 전체를 통일하기 위해서 배후를 안정시킬 필요가 있었다. 소수림왕은 전진에서 불교를 받아들이고 율령을 공포했다. 사상적인 통일을 꾀하고 사회 질서를 새롭게 세우려 한 노력이었다. 또한 인재를 기르기 위해 태학도 설립했다. 이런 국가 체제를 정비해 밑거름을 탄탄히 쌓은 고구려는 4세기 말부터 다시 대외 팽창에 나설 수 있었다.

백제, 해양 강국으로 발전하다

백제는 우수한 철기 문화를 갖고 있던 고구려계 유이민 세력이 한강 유역 토착 세력과 손잡고 세운 나라이다. 수도 위례성이 있는 한강 유역은 농경에 적합한 자연환경으로 이루어졌고 바다를 통해 중국의 선진 문화를 받아들일 수 있는 위치이기도 했다. 이에 힘입어 마한에 속한 작은 나라에서 출발한 백제는 점점 세력을 키워 나갔다.

배제는 미한과 중국 군현 등과 두쟁하고 교류하면서 한강 일대로 세력을 뻗어 나갔다. 3세기 중엽 고이왕 때에는 중앙 집권적 고대 국가로 나아가는 토대를 마련했다. 밖으로 한강 유역을 대부분 차지했으며 안으로는 좌평 제도와 관등제를 마련하고 품계에 따라 복색을 정했다. 4세기 중반 근초고왕 때에 이르러 왕위의 부자 상속이 확립되었다. 특정 집단을 왕비족으로 삼고 왕족과 함께 주요 관직을 맡아 왕권을 뒷받침하게 했다. 정비된 체제와 강화된 왕권을 바탕으로 4세기 후반 백제는 마한의 남은 세력을 정복하여 남해안까지 진출했다.

고대 동북 아시아에는 중국 산둥반도에서 발해 연안과 한반도를 거쳐 일본으로 이어진 교통로가 있었다. 이 해상 교통로는 선진 문물을 받아들이고 경제력을 키울 수 있는 중요한 통로였다. 4세기 초부터 백제는 이 교통로를 차지하기 위해 고구려와 치열한 경쟁을 벌였다. 해상 교통로를 주도하던 낙랑군이 멸망하고 중국도 분열되어 있었기 때문이다. 백제는 먼저 금관가야를 끌어들이고 왜를 교역권으로 묶어 한반도 서남해안 바닷길을 장악하였다. 이어 신라에 적극적으로 우호 관계를 맺자고 제안했다. 내물왕이 왕위에 오른 뒤 박씨와 석씨 세력을 누르는 데 힘을 쏟고 있던 신라도 여기에 응했다. 신라와 연합한 백제는 한반도 중부 지역에서 중국으로 가는 교통로를 확보하기 위한 경쟁에 본격적으로 나설 수있었다.

백제의 전성기

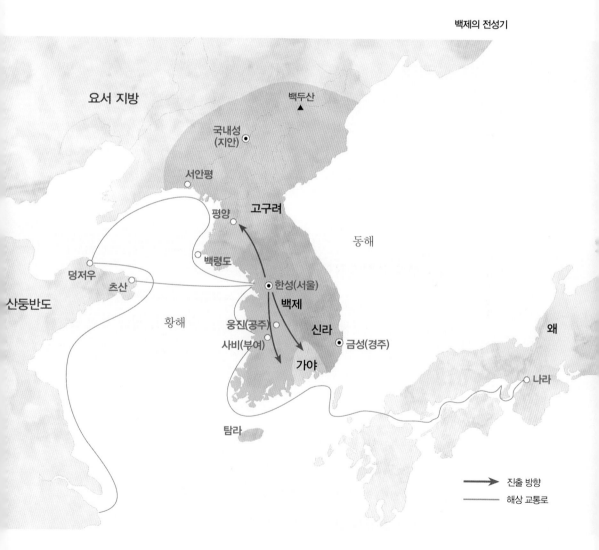

밀고 밀리는 대결 끝에 4세기 후반 백제는 마침내 고구려와 경쟁에서 승리하여 황해도 일대를 차지했다. 한반도 서북 해안을 거치지 않고 한성에서 산둥반도로 가는 안전한 뱃길을 확보한 것이다. 고구려 고국원왕이 평양성에서 전사한 시기가 바로 이때였다. 중국과 한반도, 일본으로 이어지는 해상 교통로를 장악한 백제는 강력한 해상 왕국으로 등장했다. 384년 침류왕 때에는 동진에서 불교를 받아들여 왕실의 권위를 높이고자 했다.

백제가 가야, 왜와 함께 세력을 확장해 나가자 고구려와 신라는 손을 잡았다. 고구려는 백제를 등 뒤에서 견제할 신라가 필요했고, 신라는 강국으로 떠오른 백제와 하나의 교역망으로 연결된 가야, 왜 등의 압박에서 살아남기 위해 고구려의 도움이 절실했기 때문이었다.

그러나 백제는 4세기 말 광개토왕이 즉위하면서 고구려에 밀리기 시작했다. 가야와 왜를 앞세운 신라 공격도 고구려가 원군을 보내는 바람에 실패했다. 신라를 구원한 고구려 군대가 내친김에 금관가야를 쳐 사실상 무너뜨리자 백제는 왜와 교역마저 힘들어졌다.

신라, 발전의 토대를 마련하다

신라는 진한에 속했던 사로국에서 시작했다. 초기에는 박·석·김, 세 집단이 서로 견제하고 협력하면서 번갈아 나라를 이끌었다. 유력 집단은 독자적인 세력을 갖고 있었고, 박·석·김 세 집단 가운데 이사금이라 불린 왕을 뽑았다.

신라는 4세기 후반 내물왕 때 고대 국가로 발돋움했고 왕위도 김씨가 독점했다. 왕의 호칭도 연맹장을 가리키던 이사금에서 대수장을 뜻하는 마립간으로 고쳤다. 신라는 왕권 강화와 함께 본격적으로 정복 활동에 나서 진한 지역 전체를 아우르는 데 성공했다. 이 과정에서 고구려에게 많은 도움을 받았다.

신라는 4세기 말 가야와 왜 연합군의 공격으로 경주가 함락될 위기를 맞이했다. 이 위기를 고구려 광개토 대왕이 보낸 원군 덕분에 벗어났고 낙동강 동쪽 유역까지 차지하게 되었다. 하지만 신라는 고구려의 간섭을 더욱 강하게 받았다. 한동안 고구려 군대가 신라 땅에 주둔했고 왕위 계승도 고구려가 좌우할 정도였다. 선진 문물도 고구려에서 받아들였고 중국과 교류도 고구려를 통해 이뤄졌다.

고구려의 강력한 영향력 아래 있던 신라는 5세기 전반 눌지왕 때 점차 고구려의 간섭에서 벗어나기 시작했다. 433년에는 남진 정책을 펼친 고구려에 맞서기 위해 백제와 동맹을 맺었다.

가야 연맹이 발전하다

가야 연맹은 변한이 있던 낙동강 중하류 지역에서 출발했다. 이 지역은 일찍부터 철기 문화와 농업이 발전했다. 3세기 무렵, 해상 교통 요지인 김해에 자리를 잡은 금관가야가 가야 연맹전기 가야을 이끌었다. 금관가야가 맹주국이 된 이유는 우수한 철기 제조 기술을 갖고 있었기 때문이다. 낙랑군, 왜 등과의 활발한 교류도 이에 못지않게 중요한 요인이었다. 낙랑군에서 들여온 선진 문물을 왜에 전달하며 중간 이익을 챙겼고 연맹에서 영향력을 키울 수 있었던 것이다.

금관가야는 가야 연맹은 물론 신라에 영향력을 행사할 정도로 강한 세력을 갖고 있었다. 하지만 3세기 중반부터 점점 신라에 밀리면서 맹주로서의 지위가 흔들렸다. 4세기 들어서 낙랑군이 무너지고 백제가 남해안에 진출하면서 더욱 세력이 약해졌다. 그동안 누리던 해상 무역 활동의 이익과 선진 문물을 수입하는 창구를 잃어버렸기 때문이다. 게다가 5세기에는 왜와 연합하여 신라를 공격하다 고구려 원군에 크게 패배하고 말았다. 금관가야는 간신히 살아남았지만 낙동강 동쪽 지역을 신라에게 빼앗겼다. 당연히 맹주의 지위는 잃어버렸고 가야 연맹도 무너졌다.

　금관가야는 대외 교류를 활발하게 한 나라답게 다양한 문화를 받아들여 이를 바탕으로 독창적인 문화를 발전시켰다. 김해 지역 고분에서 나온 중국제 청동 거울과 유목 민족이 사용하던 청동 솥, 일본에서 온 파형 청동기와 토기 등으로 미루어 짐작할 수 있다. 가야가 멸망한 뒤 가야 문화가 신라에 전해져 신라 문화 발전에 크게 이바지했다. 가야는 일본 고대 문화 발전에도 큰 영향을 미쳤다. 일본 규슈는 물론 나라까지 광범위하게 나오는 가야 유물이 이를 잘 보여 준다.

금관가야의 대외 교류

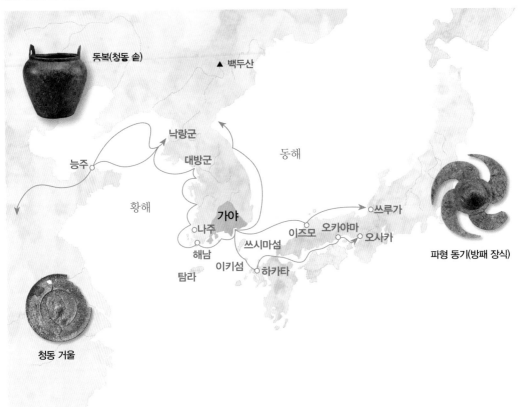

동복(청동 솥)
▲ 백두산
낙랑군
능주
대방군
동해
황해
가야
나주
쓰시마섬
이즈모
오카야마
쓰루가
오사카
해남
이키섬
하카타
탐라
청동 거울
파형 동기(방패 장식)

호우명 그릇이 말하는 진실

호우명 그릇과 그릇 바닥 탁본

사진 속 그릇은 1946년 경주 노서동 호우총에서 나왔다. 6세기 전반 왕족의 무덤으로 보이는 고분에서는 신라 고분답게 많은 유물이 나왔다. 가장 눈길을 끈 유물이 바로 이 청동 그릇이다. 그릇 바닥에는 [乙卯年 國岡上 廣開土地 好太王 壺杅 十 (을묘년 국강상 광개토지 호태왕 호우 십)]이라고 새겨져 있다.

연구 결과 이 그릇은 장수왕이 415년 광개토왕의 제사를 지내면서 만든 것 가운데 하나이다. 제사에 참여한 신라 사신이 이 그릇을 받아 와 소중히 간직하다 본인이나 후손이 죽으면서 함께 묻었다고 추정된다. 따라서 이 그릇은 고구려와 신라의 관계를 알 수 있는 중요한 유물임이 밝혀졌다. 호우라고 새겨진 청동 그릇이 나왔다고 해서 이 무덤을 호우총이라고 부르게 되었다.

그렇다면 호우명 그릇과 관련된 두 나라는 어떤 관계였을까? 400년 고구려는 신라의 요청을 받아들여 5만 대군을 보내 가야와 왜 연합군을 물리쳤다. 이 사실은 『삼국사기』뿐만 아니라 광개토 대왕릉비에도 기록되어 있다.

> 광개토왕 10년 경자(400년)에 왕이 보병과 기병 5만을 보내어 신라를 구원하게 했다. (중략) 관군이 도착하니 왜적이 물러갔다. 급히 추격하여 임나가라의 종발성에 이르렀다. 성이 곧 항복하여 순라병을 두어 지키게 했다. 신라의 신라성과 염성을 공략하니 왜구는 위축되어 궤멸되었다.
>
> - <광개토 대왕릉비>

고구려가 원군을 보내는 일은 두 나라가 깊은 우호 관계를 맺고 있었기에 가능했다. 물론 대등한 관계는 아니었다. 신라가 고구려의 보호를 받는 입장이었다. 고구려의 영향력은 원군 파견 뒤 더욱 강해져 왕위 계승까지 간여했다. 내물왕은 고구려와 우호 관계를 돈독하게 하려고 왕족 실성을 볼모로 보냈다. 402년 내물왕이 죽고 실성이 내물왕의 아들 눌지를 제치고 왕이 되었다. 고구려의 후원이 있었음을 쉽게 짐작할 수 있다.

실성왕은 왕위를 위협할 수 있는 눌지를 제거하기 위해 고구려군을 동원하려 했다. 그러나 눌지가 고구려군을 자기편으로 끌어들여 실성을 죽이고 왕위에 올랐다. 아마도 이때 동원된 고구려군은 신라에 주둔하고 있던 군인들이었을 가능성이 크다. 『일본서기』의 '고구려군이 외적을 막기 위해 경주에 주둔했다'는 기록이 이를 뒷받침해 준다. 당시 경주뿐만 아니라 신라 주요 지역에 상당 기간 고구려 군대가 머무르고 있었다. 이런 관계는 적어도 6세기 전반까지 이어졌음을 호우총을 통해 알 수 있다.

호우총은 6세기 전반에 만든 무덤이다. 만약 이 무렵 신라가 고구려의 영향력에서 벗어났다면 이 그릇을 무덤에 소중하게 묻지 않았을 것이다.

5

삼국, 서로 경쟁하면서 발전하다

고구려, 동아시아 강국으로 우뚝 서다

고구려는 소수림왕이 다져 놓은 국가 기틀을 바탕으로 4세기 말부터 다시 대외 진출에 나섰다. 광개토 대왕은 북으로 거란과 후연을 격파하고 동부여를 굴복시켜 랴오둥반도와 만주를 장악했다. 남으로는 백제를 밀어내고 한강 이북을 손에 넣었다. 가야와 왜가 신라를 침공하자 원군을 보내 격파하고 신라를 영향권 아래 두기도 했다. 이어 장수왕 때는 수도를 평양으로 옮기고 본격적으로 남진 정책을 펼쳤다. 마침내 5세기 후반에는 한강을 넘어 백제 수도 한성을 무너뜨리고 한반도 중부 지역까지 영토를 확장했다.

이 무렵 중국 대륙은 중국의 남북조 국가와 북방 유목 국가 유연이 각축을 벌이고 있었다. 영토를 크게 넓힌 고구려는 이들과 어깨를 나란히 할 정도로 국가 위상이 높아졌다. 게다가 고구려는 백제와 겨룬 경쟁에서 확실한 우위를 차지했을 뿐 아니라 신라 내정에도 강한 영향력을 행사하고 있었다. 독자적인 연호를 사용하고 왕을 태왕이라 부르며 천하의 중심이라는 자부심을 품고 위세를 떨친 국가이기도 했다. 광개토 대왕릉비와 충주 고구려비에 이런 사실이 잘 나타나 있다.

　동아시아 4대 강국으로 우뚝 선 고구려는 국제 정세 변화에 능동적으로 대처했다. 중국 북조 국가는 물론 남조 국가에도 거의 해마다 사신을 파견했고 북방 유목 국가는 물론 중앙아시아 및 일본과도 계속 교류했다. 이런 적극적인 외교 정책으로 고구려는 200년 가까이 이들과 평화롭게 공존하면서 독자적인 세력권을 유지했다.

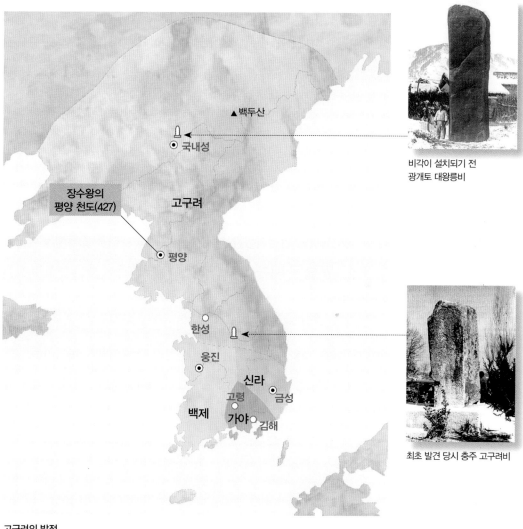

비각이 설치되기 전
광개토 대왕릉비

최초 발견 당시 충주 고구려비

고구려의 발전

백제, 부흥하다

5세기 초 백제는 왕실에 내분이 일어나 혼란을 겪고 있었다. 게다가 고구려가 세력을 확장하면서 백제는 수세에 몰렸다. 백제는 중국 남북조 및 일본과 외교를 강화하고 신라와 동맹을 맺어 고구려의 공세에 맞섰다. 하지만 5세기 후반 왕이 죽고 수도를 빼앗기는 큰 위기를 맞았다.

백제는 웅진으로 쫓겨 내려온 후 5년 사이에 두 왕이 잇달아 암살당하는 큰 어려움을 겪었다. 혼란은 479년 동성왕이 왕위에 오르면서 겨우 안정을 찾았다. 동성왕은 웅진 천도 뒤 새롭게 떠오른 귀족 세력을 등용하여 왕권을 다져 나갔다. 대외적으로는 신라와 동맹을 강화하고 중국과 외교를 재개하였으며 왜와 긴밀한 관계를 맺었다. 비록 이 과정에서 불만을 품은 귀족 세력에게 암살당했지만 동성왕은 백제가 다시 일어설 토대를 닦아 놓았다.

이어 등극한 무령왕은 정치 구조를 개혁하여 왕권을 안정시켰다. 전국 주요 지역에 22담로를 두고 왕족을 파견해 지방 통제를 강화했다. 또한 금강과 영산강 유역을 개발하고 호구 조사를 실시하여 국가 재정을 확보하고 농민 생활을 안정시켰다. 이를 바탕으로 고구려를 공격해 잃어버렸던 영토 일부를 되찾았다. 대가야를 압박하여 섬진강 유역 일부를 차지하기도 했다.

6세기 초 성왕 때에 이르러 백제는 대외 교류에 적합한 사비로 수도를 옮겼다. 이는 그동안 추진해 온 왕권과 국력 강화 정책을 마무리하고 적극적으로 대외 정책을 펼치겠다는 뜻을 나타낸 것이다. 나라 이름도 남부여로 고쳐 고구려가 멸망시킨 부여를 계승하겠다는 의지를 과시했다.

또한 중앙 관청을 22부로 확대 개편하고, 중앙과 지방 행정 조직을 5부와 5방으로 정비했다. 국가 체제 재정비와 함께 불교를 진흥시키고 신라와 중국 남조, 그리고 왜와의 연결을 더욱 강화했다.

마침내 백제는 551년 신라, 가야와 함께 내분으로 혼란에 빠진 고구려를 공격하고 한강 하류 지역을 회복했다. 하지만 곧 약속을 어긴 신라에게 이 지역을 빼앗기고 성왕도 전사하고 말았다. 큰 타격을 입은 백제는 위기를 수습하기 위해 중국 남북조 및 왜와 외교 관계를 강화했다.

신라, 강국으로 발전하다

5세기 중반 무렵 신라는 여전히 고구려의 영향권 아래 있었다. 하지만 고구려가 적극적으로 남진 정책을 추진하자 백제와 동맹을 맺어 대항했다. 신라는 고구려가 백제를 공격하자 구원군을 보냈지만 이미 한성이 함락된 뒤였다. 그렇지만 신라는 백제와 동맹을 유지하면서 고구려군이 한반도 중부 이남으로 내려오는 것을 막았고 백제가 웅진으로 쫓겨 내려온 뒤에도 왕실끼리 혼인을 하여 동맹을 더욱 굳건히 했다.

신라는 5세기 후반 수도의 행정 구역을 개편하고 많은 성을 쌓아 국방을 강화했다. 이어 우편 역마 제도를 실시하고 수도에 시장을 열어 경제 활성화를 꾀했다.

6세기에 들어서는 중앙 집권 국가로 비약적 발전을 이루었다. 지증왕은 나라 이름을 신라로 정하고 왕호를 마립간에서 왕으로 바꾸었다. '신라'는 국운이 날로 새로워져서 사방으로 뻗어 나간다는 뜻이다. 이와 함께 수도와 지방의 행정 구역을 정리하고, 산업을 진흥하기 위해 우경을 보급하고 수리 시설을 정비했다. 이어 법흥왕은 병부를 설치하고 상대등 제도를 실시하여 왕권을 한층 강화했다. 또한 율령을 반포하고 귀족의 반대를 무릅쓰고 불교를 공인했으며 독자적인 연호를 사용했다. 이에 힘입어 진흥왕은 불교를 국가를 운영하는 중심 이념으로 삼아 신라 사회를 통합해 나갔다. 이를 위해 경주 중심에 황룡사를 세우고 자신을 전륜성왕이라고 자처했다. 전륜성왕은 불교에서 일컫는 이상적인 군주를 가리킨다. 또한 마을 단위 청소년 조직이었던 화랑도를 국가적 조직으로 개편하여 유능한 인재를 키워 내고 국방을 강화하였다. 체제 정비와 함께

우경
소를 이용해 짓는 농사.

병부
군사 관련 업무를 맡은 중앙 부서.

상대등
귀족 회의에서 의장 역할을 하는 대표자.

신라의 전성기
진흥왕 때 신라는 변방에 뒤처
진 작은 나라가 아닌 삼국 항쟁
의 주도권을 잡은 나라로 거듭
났다. 이런 자부심은 법흥왕과
진흥왕이 태왕이라고 한 것에
잘 드러난다.

신라는 영토 확장에 나섰다. 지증
왕 때에는 우산국을 복속시키고
법흥왕 때에는 금관가야를 흡수
했다. 6세기 중반 진흥왕 때에는
백제와 함께 고구려를 공격하여
한강 상류 지역을 점령했다. 이어
동맹을 깨고 백제를 쳐서 한강 하
류 지역마저 차지했다. 나아가 신
라는 백제와 손을 잡은 대가야를
정복하여 낙동강 일대를 손에 넣
었다. 한때는 동해안을 따라 함흥
평야까지 진출하기도 했다. 진흥
왕은 새로 얻은 영토를 굳건히 하
고 국내외에 과시하기 위해 전국
을 돌아다녔다. 이때 북한산 순수

비를 비롯하여 단양 적성비 등을 세웠다.

신라는 낙동강과 한강 유역을 차지함으로써 많은 인구와 풍부한 자원
을 확보했다. 또한 두 지역은 일찍부터 해상 무역의 중심지여서 신라 국
력 강화에 큰 보탬이 되었다. 특히 가야는 우수한 제철 기술을 가지고 있
었고, 오늘날 화성시에 있던 당항성은 중요한 대외 무역항으로 중국과
직접 교류할 수 있는 발판이 되었다.

가야, 대가야를 중심으로 다시 뭉치다

맹주를 잃고 흔들리던 가야 연맹은 고령 지방에 있던 대가야를 중심으
로 다시 일어섰다.^{후기 가야} 대가야는 고구려에 의해 전기 가야가 무너질 때
직접적인 피해를 입지 않았다. 여기에 너른 평야와 풍부한 철산지를 바

탕으로 힘을 길러 맹주국이 될 수 있었다.

5세기 후반 백제가 웅진으로 쫓겨 내려오고 나제 동맹이 맺어졌다. 후기 가야 연맹은 이 기회를 틈타 섬진강 유역까지 진출하고 나제 동맹에 힘을 보태면서 세력을 키워 나갔다. 국제적으로도 중국 남조 및 왜와 연결을 강화하면서 국가 위상을 높였다.

하지만 후기 가야 연맹도 중앙 집권적 체제를 갖추는 데 실패했다. 6세기에는 백제에게 소백산맥 서쪽 지역을 내주고 말았다. 대가야는 체제를 정비하고 신라와 결혼 동맹을 맺어 위기를 이겨 내려 했다. 하지만 금관가야가 신라에 투항하면서 가야 연맹은 남북으로 나눠졌다. 간신히 연맹을 다시 하나로 통합한 대가야는 백제와 손을 잡고 신라에 맞섰다. 그러나 관산성 전투에서 가야와 백제 연합군이 패배하면서 결정적 타격을 입고 말았다. 마침내 562년 대가야가 신라에게 멸망하면서 가야 연맹은 완전히 해체되고 말았다.

• 김무력, 신라 진골로 입지를 굳건히 다지다

진흥왕은 553년, 백제와 맺은 동맹을 깨고 한강 하류 지역을 빼앗아 신주(경기 광주에 위치한 행정 구역)를 설치했다. 신라에 배신당한 백제는 이듬해 대군을 동원하여 관산성을 공격했다. 관산성(옥천)은 신라군이 신주로 가는 군사적 요충지였다. 처음에는 대가야군과 연합한 백제가 우세했으나 성왕이 신라군의 기습을 받아 죽으면서 전세가 역전되었다.

관산성 전투를 승리로 이끄는 데 결정적 공을 세운 신라 장수가 신주 군주 김무력이다. 김무력(517~579)은 금관가야 마지막 왕의 둘째 왕자였다. 가야 왕족은 신라에 항복한 뒤 진골로 편입되었지만 아무래도 지위가 불안했다. 김무력이 거둔 승리는 이런 불안한 지위를 굳건히 다질 수 있는 기회가 되었다. 법흥왕의 처제와 진흥왕의 딸을 부인으로 맞아들인 것이 이를 잘 보여 준다. 이에 힘입어 김무력의 손자 김유신이 김춘추와 손을 잡고 삼국 통일이라는 대업을 이룰 수 있었다.

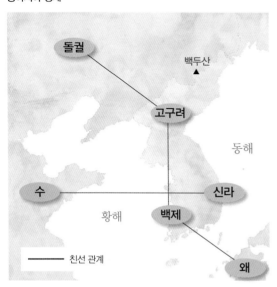

6

신라, 고구려와 백제를 무너뜨리다

동아시아, 소용돌이에 빠져들다

6세기 중반 나제 동맹이 깨지면서 삼국 사이에는 긴장감이 감돌았다. 한반도에서는 어제의 적이 오늘의 친구가 되어 서로를 경계하고 공격하는 일이 빈번했다. 특히 한강 유역을 놓고 하루가 멀다 하고 전투가 벌어졌다. 삼국은 전쟁과 함께 외교에 신경을 써서 조금이라도 자기에게 유리한 국면을 만들려고 노력했다.

이런 상황은 6세기 후반이 되면서 크게 바뀌었다. 수[581~618]가 중국을 통일하면서 2백 년 가까이 유지되어 온 동아시아 국제 질서가 무너진 것이다. 수에 이어 당[618~907]이 주변 나라들을 압박하면서 동아시아는 큰 소용돌이에 빠져들었고, 삼국 사이의 경쟁은 새로운 국면을 맞이했다.

6세기 말~7세기 동아시아 정세

돌궐
백두산 ▲
고구려
동해
수
신라
황해
백제
왜
—— 친선 관계

고구려는 수의 위협에 굴복하지 않고 북쪽의 돌궐과 남쪽의 백제와 손을 잡았다. 백제는 북방이 안정되면서 신라를 견제하는 데 국력을 집중할 수 있었다. 반면 신라는 고립에서 벗어나기 위해 수, 당과 손을 잡았다. 수, 당도 고구려를 배후에서 견제할 신라가 필요했다. 동아시아가 남북고구려-백제과 동서수·당-신라 진영으로 나뉘어 대립하게 된 것이다. 두 진영이 서로 끌어들이려 한 왜는 결국 남북 진영에 가담했다.

고구려, 수·당 전쟁에서 승리하다

마침내 7세기 초 수는 돌궐을 제압하고 고구려를 압박해 들어왔다. 고구려가 요서 지방을 먼저 공격하자 수 문제는 대규모 병력을 동원해 고구려를 침략했다. 하지만 태풍과 장마로 수나라 군대는 제대로 싸워 보지도 못하고 돌아갔다.

612년 수 양제는 백만이 넘는 대군을 이끌고 다시 고구려를 침략했다. 요하를 건너 진격하던 수나라 군대는 요동성에서 발목을 잡히고 말았다. 전쟁이 교착 상태에 빠지자 양제는 30만을 별동대로 편성하고 평양으로 진격하게 했다.

고구려와 수의 전쟁

을지문덕이 이끄는 고구려군은 별동대를 평양 부근까지 끌어들였다. 수나라 군대를 지치게 한 다음 공격하기 위해 교묘한 유도 작전을 펼친 것이다. 고구려군은 지쳐 돌아가는 수나라군을 살수^{청천강}에서 크게 격파했다.^{살수 대첩} 황해를 가로질러 평양을 공격한 수나라 해군도 건무^{뒷날 영류왕}가 이끄는 고구려군에 참패했다.

수는 잇단 패배에도 계속 고구려 침략을 멈추지 않았다. 여기에 사치와 중국 대륙 남북을 잇는 대운하 공사로 수 황실은 민심을 잃었다. 결국

• 살수 대첩, 수공이 아니라 청야 전술로 이겼다

살수 대첩 하면 생각나는 것이 수공이다. 청천강 상류에 쌓은 둑을 터트려 수나라군을 전멸시켰다는 이야기가 흔히 회자된다. 하지만 『삼국사기』, 『동사강목』, 『수서』, 『자치통감』 등 한국과 중국을 대표하는 역사책 어디에도 수공에 대한 내용이 없다. 다만 청천강을 건너가는 수군을 공격하여 큰 승리를 거두었다는 기록만 있다.

구한말 교과서인 『유년필독』에 나오는 을지문덕

> 살수에 이르러 수군이 반쯤 건넜을 때 고구려군이 수의 후군을 추격하니 신세웅(辛世雄)이 전사하고, 군사들이 다 괴멸되어 수습할 수 없었다. 장사들은 도망쳐 하룻낮 하룻밤 만에 압록수에 이르니, 450리 길을 간 셈이다. …… 처음 구군(九軍)이 요(遼)에 이르렀을 때에는 30만 5천이었는데 돌아갈 때 요동성에 이른 것은 2천 700인이었다.
> – 『동사강목』제3상

그렇다면 고구려는 어떻게 승리했을까? 수나라는 요동성을 함락시키지 못하자 별동대 30만을 평양으로 진격시켰다. 을지문덕은 정면 승부가 위험하다고 보고 계속 지는 척하면서 수나라 군대를 평양 부근까지 끌어들였다. 이때 수나라 군이 이용할 수 있는 식량과 집을 다 불태우며 후퇴했다. 제대로 먹지 못한 수나라 군이 이런 청야 전술로 제풀에 지치게 만든 것이다. 계획대로 더 이상 싸울 수 없다고 판단한 수나라 군대가 돌아가자 고구려군은 공세로 돌아서 살수를 건너는 수나라 군대를 공격하고 대승을 거두었다. 그렇지만 청야 전술은 수군은 물론 고구려 백성에게도 큰 피해를 주었다.

청야 전술 적이 필요한 것을 얻지 못하게 전쟁터의 물자나 먹을거리 등을 없애 버리는 전략.

수는 곳곳에서 일어난 반란으로 멸망하고 말았다.

수를 이어 중국을 통일한 당은 처음에는 고구려에 우호적인 태도를 보였다. 하지만 태종이 왕위에 오른 뒤 방향을 바꿔 침략 준비를 했다. 당이 고구려를 강하게 압박하자 고구려 지배층은 화친파와 강경파로 갈렸다. 영류왕을 비롯한 화친파는 비록 수나라에 승리하기는 했지만 고구려가 입은 피해도 엄청나 더 이상 전쟁을 하기는 어렵다고 보았다. 반면 연개소문을 중심으로 한 강경파는 화친이 곧 굴복이라고 주장했다. 영류왕은 당의 공격에 대비하여 요동에 천리장성을 쌓으며 연개소문을 책임자로 임명했다. 강경파의 주장을 들어주는 모양새였지만 사실상 연개소문을 멀찌감치 내보내 화친파의 손을 들어준 것이다. 위기를 느낀 연개소문은 쿠데타를 일으켜 영류왕과 화친파 귀족을 대대적으로 숙청했다. 정권을 잡은 연개소문은 영류왕의 조카 보장왕을 앞세워 강경한 대외 정책을 펼쳤다.

645년 당 태종은 연개소문의 정변을 구실로 수십만 대군을 이끌고 고구려를 침략했다. 고구려는 요동성, 백암성이 차례로 무너지는 위기를

고구려와 당의 전쟁 전개도

맞이했지만 안시성에서 당군을 물리쳤다. 그 뒤 당은 소규모 군대로 국경을 자주 공격하여 고구려의 힘을 약화시키는 한편 신라와 연합할 필요성을 느껴 나·당 동맹을 추진했다

수·당 전쟁에서의 승리로 고구려는 국제적 위상을 크게 높였다. 하지만 수십 년 계속된 전쟁으로 적지 않은 피해를 입었고 대외 정책을 둘러싸고 갈등이 일어나 국력이 크게 약화되었다. 국제 정세가 국내 정치 상황에 영향을 미쳐 생긴 갈등은 정도가 다를 뿐 백제와 신라에서도 있었다.

신라, 백제와 고구려를 무너뜨리다

고구려가 수, 당과 운명을 건 전쟁을 벌이는 사이 백제는 신라를 자주 공격했다. 특히 642년^{의자왕 2}에는 대야성을 비롯한 신라 서쪽 40여 개성을 빼앗았다. 대야성은 신라 서부의 군사 요충지였다. 또한 백제는 고구려와 함께 당항성을 공격하여 신라에서 당으로 가는 길목을 끊으려 했다.

백제의 신라 공격
의자왕은 즉위 직후 몸소 군대를 지휘하여 낙동강까지 영토를 확장하였다.

64

이런 위기를 타개하기 위해 신라는 642년 김춘추를 고구려에 보냈다. 당의 침입에 대비해야 했던 고구려를 설득할 수도 있다고 생각했기 때문이다. 그러나 죽령 북쪽 땅을 돌려 달라는 고구려의 요구에 담판은 깨졌다. 이어 김춘추는 일본에 가서 외교 교섭을 했지만 실패하자 당으로 갔다. 여러 차례 패전으로 당은 혼자서 고구려를 굴복시키기 어렵다고 보고 신라와 동맹을 체결했다.

나·당 연합군은 고구려를 치기 전에 먼저 백제를 공격했다. 내부 갈등으로 혼란에 빠진 백제는 제대로 힘도 써 보지 못하고 660년 항복하고 말았다. 고구려도 잇단 전쟁으로 국력이 약해진 상태에서 집권자 연개소문이 죽은 뒤 권력 다툼이 일어나 668년 평양성이 함락당하고 말았다. 당은 두 나라 왕과 귀족을 비롯한 수십만 명을 끌고 가 중국 여기저기에 흩어져 살게 했다.

백제와 고구려, 부흥 운동을 일으키다

의자왕이 항복하자 복신과 도침, 흑치상지 등은 일본에 가 있던 왕자 풍을 떠받들고 부흥 운동을 일으켰다. 사비성이 함락된 뒤 곳곳에서 성을 지키고 있던 백제인들이 여기에 호응했다. 200개가 넘는 성이 가담하면서 부흥 운동에 참여한 사람들이 한때 사비성을 공격하는 등 기세를 떨쳤다. 하지만 지도 세력 사이에서 내분이 일어나고 663년 일본에서 온 대규모 원군이 합세한 백강 전투에서 나·당 연합군에 패배하면서 막을 내렸다.

고구려는 평양성이 무너진 뒤에도 안시성, 요동성 등 많은 성들이 아직 당에 항복하지 않고 있었다. 이에 힘입어 곳곳에서 부흥 운동이 일어났다. 고연무, 검모잠, 안승 등을 중심으로 한 부흥 운동은 당이 고구려 마지막 임금 보장왕을 요동 도독으로 내세워 무마하려고 할 정도로 거셌다. 하지만 당군의 공격과 내분으로 요동과 한반도 서북 지역에서 일어난 부흥 운동은 실패로 돌아갔다. 그렇다고 당이 고구려 전 지역을 장악한 것은 아니었다. 만주 동북 지역은 여전히 당의 힘이 미치지 못하고 있었다.

한편 일본은 고구려가 멸망하자 나 · 당 연합군이 일본을 공격할 것

고구려와 백제의 부흥 운동

으로 예상했다. 이에 대비하여 한반도와 가까운 북규슈 다자이후에 방어 사령부를 설치했다. 주변에는 나성과 도랑을 파서 물을 채운 수성을 만들었다. 쓰시마섬과 이키섬을 비롯하여 한반도에서 일본 본토로 가는 길목에는 성을 새로 만들고 손을 보았다. 이때 산에 쌓은 산성 대부분은 일본 전통 방식이 아니라 한국식이었다. 또한 두 나라가 멸망한 뒤 일본으로 건너온 수많은 사람들을 받아들여 신분과 재능에 따라 적절히 대우하고 배치했다. 아마 산성을 쌓을 때도 이들이 중요한 역할을 했을 것이다.

신라, 당군을 한반도에서 몰아내다

신라와 당은 동맹을 맺으며 대동강 남쪽 고구려 땅과 백제 영토는 신라가 갖기로 약속했다. 그러나 당은 백제 부흥 운동을 진압한 뒤 백제에 웅진 도독부를 두고 백제 땅을 직접 다스리려고 하였다. 경주에는 계림 도독부를 두고 문무왕을 도독에 임명했다. 약속을 지키기는커녕 신라까지 집어삼킬 속셈을 내보인 셈이다. 실제로 668년 고구려가 무너진 뒤 당은 평양에 안동 도호부를 두고 당나라 장수 설인귀를 도호에 임명하여 삼국 영토 전체를 다스리게 했다. 만주와 한반도 전체가 당에 넘어갈 위기에 처한 것이다.

신라는 이런 사태를 예상하고 있었지만 내부 결속을 강화하면서 섣불리 움직이지는 않았다. 때마침 서역에서 당과 사이가 좋지 않았던 토번이 친당 세력을 누르고 비단길을 장악했다. 당이 고구려를 무너뜨리기 위해 모든 힘을 쏟아부은 틈을 이용한 것이다. 당은 급히 설인귀가 이끄는 안동 도호부 휘하 군대를 보냈다. 하지만 670년 여름 10만이 전사하는 타격을 입고 말았다. 이를 기회로 삼아 신라는 백제 땅에 군대를 보내당 세력을 몰아내고 백제 땅을 장악했다.

반격할 기회를 엿보던 당은 672년 봄 토번과 관계가 개선되자 가을부

국내성

오골성

**대동강~원산만을 경계로
삼국 통일(676)**

평양성

회양

**매소성 싸움
(675)**

수곡성

동해

매소성 삭주 명주

적성
북한산주

우산

한주

국원

황해

상주

기벌포

사비

금성

**설인귀의
해군을 격파(676)**

무주

✶ 격전지

→ 신라군의 진격로

→ 당군의 진격로

탐라

**나·당 전쟁과 7세기 후반의
아시아 정세(아래)**

670년 7월, 대비천 전투에서 토번은 당군을 전멸시키고 설인귀를 사로잡았다. 이 틈에 신라는 웅진 도독부가 장악하고 있던 백제 지역을 차지했다. 토번을 공격하지 않겠다고 약속하고 풀려난 설인귀는 다시 안동 도호가 되어 671년 7월, 문무왕에게 항복하라는 편지를 보냈다. 하지만 문무왕은 당 태종이 한 약속을 들이대며 굴복하지 않았다.

바이칼호

아무르강

말갈

아랄해

발하슈호

안북 도호부

몽지 도호부

당

관내도

하북도

안동 도호부

안서 도호부

곤릉 도호부

신우 도호부

유주(베이징)

신라

농우도

대비천

하동도

황

하남도

경성(시안)

토욕혼

산남도

회남도

토번

검남도

양쯔강

강남도

라사

갠지스강

인

더

스

강

바르다나 왕조

영남도

터 신라를 세차게 공격했다. 신라군은 황해도 시흥에서 당나라 정예 기병에 패배를 당하며 수세에 몰렸다. 하지만 673년 겨울 토번이 다시 공세로 돌아서면서 당은 한반도에 군사력을 집중할 수 없었다. 이 틈을 놓치지 않고 신라는 친당 세력을 숙청하여 국내 결속을 다졌다. 한편으로는 고구려 부흥 운동을 돕고 백제 유민을 포섭했다.

당이 다시 신라를 공격한 때는 675년 1월로, 토번과 강화를 한 다음이었다. 그사이 치밀하게 전쟁 준비를 한 신라는 675년 매소성에서 당 육군 20만을 대파했다. 이어 기벌포 등에서 당 해군도 크게 무찔렀다. 당은 그 뒤에도 고구려와 백제의 왕족을 앞세워 신라를 공격할 틈을 엿보았다. 하지만 678년 9월 다시 토번을 공격하다 실패하자 신라 정벌을 포기하고 안동 도호부를 요동성으로 옮겼다. 여기에 당은 683년 고종이 죽으면서 권력을 놓고 큰 분란이 일어났다. 698년에는 발해가 세워지자 당은 신라에 대한 입장을 바꿀 수밖에 없었다.

마침내 신라는 나·당 동맹 때 약속한 대로 대동강 남쪽 한반도 땅을 차지하며 삼국을 통일할 수 있었다. 삼국 통일로 신라는 끊임없이 이어진 전쟁을 끝내고 민족 문화가 발전할 수 있는 토대를 마련했다. 대외적으로는 고구려 멸망 뒤 당이 일방적으로 주도하는 국제 질서 개편에 제동을 걸었다는 데 의미가 있다. 하지만 삼국 시대에 비해 영토가 크게 줄고 외세를 끌어들였다는 점에서 불완전한 통일이라는 비판을 받고 있다.

동아시아 최초의 세계 대전

663년 8월 백강(금강)에서 동북아시아 처음으로 세계 대전이 벌어졌다. 참전한 나라는 백제와 왜, 그리고 신라와 당이었다. 4차례 전투에서 신라와 당 연합군이 모두 승리했다. 이 승리는 660년 부여성이 무너진 뒤라 당연하다고 생각할 수도 있다. 실제로는 나·당 연합군에게 결코 유리한 상황이 아니었다. 부여성이 함락되고 당과 신라는 고구려를 공격하는 데 신경을 쓰고 있었다. 반면 백제에서는 부흥 운동이 거세게 일어났고, 일본에서 전선 수백 척에 적어도 3만이 넘는 대규모 구원군을 보냈기 때문이다. 일본의 지원은 큰 결단이었다. 당시 거침없이 팽창을 하던 당과 맞선다는 결정은 쉽게 할 수 있는 것이 아니었다.

일본이 군사를 보낸 이유는 무엇일까? 우선 생각할 수 있는 것이 백제와 맺은 전통적인 우호 관계이다. 또 하나는 고구려가 662년 1월 평양성을 공격한 당군을 물리친 것이다. 당군 10만이 전멸되고 소정방도 신라의 군량 지원으로 간신히 살아 돌아왔다. 그렇다면 백제 부흥군을 도와 백제를 부흥시킨다면 고구려와 함께 당에 맞설 수 있다고 생각했을 가능성이 있다.

해전에서 가장 중요한 전투용 선박을 비교해도 백제와 왜 연합군이 훨씬 우세했다. 백제와 왜 연합군은 전선이 1천에 가까웠고, 나·당 연합군의 전선은 200척이 채 되지 않았다.

그렇다면 어떻게 신라와 당이 승리할 수 있었을까? 『일본서기』에 그 이유가 비교적 자세하게 기록되어 있다.

> 당(唐)의 장군이 전선 170을 이끌고 백총강(백강)에 진을 쳤다. 일본의 수군 중 처음에 온 자와 당의 수군이 대전했다. 일본이 져서 물러났다. 당은 진을 굳게 하여 지켰다. 일본의 제장과 백제의 왕이 기상을 보지 아니하고 '우리가 선수를 쳐서 싸우면, 저쪽은 스스로 물러날 것이다'라고 말했다. 다시 일본이 대오가 난잡한 중군의 병졸을 이끌고 진을 굳건히 한 당의 군사를 나아가 쳤다. 당은 좌우에서 군사를 내어 협격을 했다. 눈 깜짝할 사이에 관군이 적에게 패했다. 물에 떨어져 익사한 자가 많았다. 뱃머리와 고물을 돌릴 수 없었다. 에치노 다쿠쓰는 하늘을 우러러 맹세하고 이를 갈며 수십 인을 죽인 후 마침내 전사했다. 이때 백제왕 풍장은 몇 사람과 배를 타고 고구려로 도피했다.

『일본서기』는 전쟁에서 진 이유를 크게 두 가지로 들고 있다. 하나는 바람 방향과 조수를 고려하지 않았다는 점. 또 하나는 적을 너무 우습게 본 점. 여기에 백제 부흥 세력 내부에서 벌어진 갈등이 중요한 패전 이유였다. 백강 전투가 벌어지기 얼마 전에 부여풍이 부흥 운동을 이끌던 복신을 죽인 것이다. 어쩌면 이것이 가장 중요한 이유일지도 모르겠다.

백강 전투에서 승리한 나·당 연합군은 여세를 몰아 백제 부흥 운동의 근거지인 주류성을 공격했다. 부흥군 내부 분열을 기회로 백제 부흥 운동을 완전히 진압하려 한 것이다. 신라는 김유신은 물론 문무왕이 직접 군대를 이끌고 주류성에 왔다. 당도 증원군을 보내면서 백제 태자였던 부여융까지 동원했다.

주류성은 663년 9월 7일 함락되었다. 아무리 신라와 당이 작심을 하고 공격했다고 해도 너무나 어이없는 결과였다. 백제 부흥군 내부 분열이 없었다면 가능하지 않은 일이었다. 백강 패전 뒤 복신과 뜻을 함께했던 흑치상지, 사타상여 등이 당에 투항하고 풍왕을 공격하는 데 앞장선 것이다. 주류성이 함락당하면서 백제 부흥 운동은 끝이 났다.

고구려 멸망
(668)

동해

당

웅진성

사비성

백강 전투

주류성

신라 한반도 통일
(676)

금성

백제 부흥 운동 실패
(663)

황해

왜

------▶ 신라군 진로

------▶ 당군 진로

------▶ 왜군 진로

백강 전투 전개도. 왜는 661년 5월 부여풍과 함께 호위군 1만여 명을 보냈고, 이어 662년 8월 본진 2만
7천여 명을 보냈다. 663년 8월에 또 1만여 명을 보냈다.

일반적으로 백제가 멸망한 해는 660년으로 본다. 하지만 660년은 부여성이 함락되었을 뿐이지 백제가 멸망
한 것은 아니다. 바로 부흥 운동이 거세게 일어났기 때문이다.

이 점에서 주류성이 함락당한 663년을 백제가 멸망한 해로 볼 수 있다. 『일본서기』(천지 2년 9월조)에는 그날
의 아픔을 이렇게 적고 있다.

"백제의 이름은 오늘로 끊어졌다. 조상의 분묘가 있는 곳을 어찌 또 갈 수가 있겠는가."

7

삼국 시대 사람들은 이렇게 살았다

관등 제도가 확립되다

삼국은 중앙 집권 국가로 성장하면서 중앙 관제를 마련하고 관직 체제와 지방 통치 조직을 정비했다. 이 과정에서 가장 큰 과제는 지배층을 왕을 중심으로 한 일원적인 상하 관계로 묶는 일이었다.

그런데 지배층이라고 해도 다 같은 부류가 아니었다. 처음부터 함께

• 관등의 의미

관등 제도는 조선 시대까지 이어졌다. 조선 시대 정2품 이조 판서라 할 때 이조 판서는 관직이고 정2품은 관등이다. 여기서 주목해야 할 것은 정2품이라는 관등의 의미이다. 먼저, 이조 판서가 되기 위해서 정2품이라는 관등을 가지고 있어야 한다는 점이다. 아무리 능력이 뛰어나도 관등이 없다면 벼슬을 얻을 수 없었다. 만약 왕이 총애하는 측근을 이조 판서에 임명하고 싶어도 마찬가지였다.

또 하나는 관등으로 행정 부서의 위상이 결정된다는 점이었다. 이조라는 행정 부서는 정2품 관청, 정1품 영의정이 수장으로 있는 의정부는 정1품 관청이고, 정3품 대사성이 수장으로 있는 사간원은 정3품 관청이었다. 이는 이조가 의정부보다는 아래고 사간원보다는 위라는 위상을 갖고 있다는 뜻이다. 결국 관등은 관리 개인만이 아니라 부서에도 영향을 미치는 셈이다.

한 사람이 있고 나중에 들어온 사람도 있었다. 세력이 큰 족장도 있고 작은 족장도 있었다. 왕이나 족장 밑에서 행정과 조세 수취 등을 담당하던 관리도 있었다. 영토가 넓어지면 지배층은 그만큼 늘어났고 이들에 대한 대우를 어떻게 할지 결정해야 했다.

이 문제를 제대로 해결하지 못하면 자칫 분란이 생겨 국가가 위기에 빠질 수도 있었다. 그래서 만들어진 것이 바로 지배 계급의 서열을 매긴 관등 제도이다. 물론 관등을 정할 때는 집단의 세력, 국가 공헌도 등 대부분이 인정할 수 있는 합리적인 기준이 있어야 한다. 관등은 당연히 신라 골품제같이 신분 제도와 긴밀히 연관되어 있었다.

골품 제도란

신라는 박·석·김 세 성이 최고 지배층을 이루었다. 이들 왕족을 중심으로 크고 작은 족장 세력을 통합하는 과정에서 만들어진 것이 골품제였다. 왕족은 성골과 진골이 되고, 족장들은 세력에 따라 6~1두품으로 나뉘었다. 골품제가 정비되면서 3품 이하는 평민과 같아졌다.

골품에 따라 오를 수 있는 관등이 정해졌는데 진골은 1등 이벌찬까지 오를 수 있지만 6두품은 6등 아찬까지만 오를 수 있었다. 이 규정이 관직 승진을 결정지었다. 각 부서 장관에 임명되려면 대아찬 이상 관등을 가져야 했다. 그런데 6두품은 아무리 능력이 뛰어나도 5등 대아찬 관등에 오를 수 없었다. 따라서 중앙 부서 장관이 될 수 없었고, 주요한 주의 장관이나 군사령관이 될 수도 없었다.

관직뿐만이 아니었다. 골품에 따라 결혼 상대 및 집 크기와 옷과 그릇까지 정해져 있었다. 물론 신라만 그런 것은 아니었다. 조금씩 다르기는 했지만 고구려도 백제도 마찬가지였다.

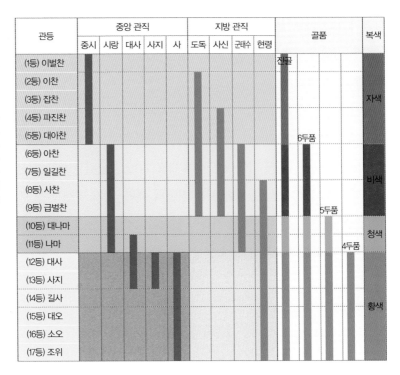

골품과 관등표

중앙 조직의 장관이 되려면 1~5등, 차관은 6~11등 관등을 가져야 했다. 관복 색깔은 관등에 따라 달랐다. 1~5등은 자색, 6~9등은 비색, 10~11등은 청색, 12~17등은 황색 관복을 입었다. 골품에 관계없이 17등 관등을 받으면 모두 황색 관복을 입었다. 11등 나마가 되면 관복 색은 청색으로 바뀌었다. 따라서 4두품은 평생 황색 관복만 입었고 6두품은 비색 관복까지 입을 수 있었다. 당연히 자색 관복은 진골만이 입었다.

신분이 지위와 생활을 결정했다

삼국은 지배와 피지배 계급이 뚜렷이 나뉜 엄격한 신분제 사회였다. 신분은 대대로 세습되었고 개인의 능력이 아닌 출신 집안의 사회적 지위에 따라 결정되었다. 정치와 경제 등 모든 사회적 활동 범위는 신분에 따라 정해졌다.

피지배 계급은 평면과 천민으로 이뤄졌다. 평민은 대부분 농민으로 자유민이었다. 하지만 정치·사회적으로 많은 제약을 받았고, 국가에 조세를 바쳤으며 부역에 동원되었다. 천민은 대부분 노비로, 왕실과 관청 및 귀족에게 예속된 비자유민이었다. 포로로 잡히거나 형벌, 빚 때문에 노비가 된 이들은 사람으로 대우받지 못했고 상속이나 매매가 되는 재산으로 간주되었다. 조세와 부역은 지지 않았지만 평민보다 많은 경제적·경제 외적 부담을 졌다.

천민은 물론 평민들은 대부분 베옷을 입고 초가집에서 어렵게 살았다. 자기 땅을 가지고 있다고 해도 얼마 되지 않았다. 대부분은 국가나 귀족의 토지를 빌리지 않으면 살아가기 힘들었다. 흉년이 들면 살기는 더 어려워져 고리대로 그나마 있던 작은 땅을 빼앗기기도 했다. 평민이 노비가 되면 국가 재정과 국방력은 약해지고 귀족 세력이 커지게 된다. 이를 막기 위해 삼국은 진대법 같은 정책을 실시했다.

반면 지배 계급은 왕과 귀족에서, 촌락에서 행정 실무를 담당한 촌주까지 정도의 차이는 있었지만 부유하게 살았다. 특히 최고 지배층은 비단옷에 보석으로 치장을 하고 큰 저택에서 많은 노비를 거느리고 화려한 생활을 했다. 소유한 넓은 토지는 노비와 농민을 부려서 농사를 짓게 하고 고리대로 재산을 늘렸다.

• 고구려가 진대법을 실시한 까닭

194년(고국천왕 16) 겨울 10월 왕이 사냥을 나갔다 길에 앉아서 울고 있는 사람을 보고 우는 까닭을 묻자 이렇게 대답했다.

"저는 너무 가난해서 늘 품팔이를 하여 어머니를 모셨습니다. 그런데 올해는 곡식이 자라지 않아 품팔이할 곳이 없고, 곡식을 빌릴 수도 없어 울고 있습니다." 왕이 말하였다. "아! 내가 백성의 부모가 되어 백성을 이 지경에까지 이르도록 하였으니 내 죄가 크다."

왕은 그에게 옷과 음식을 주고, 담당 관청에 명령을 내렸다. '홀아비, 과부, 고아, 홀로 사는 노인, 늙어 병든 자, 가난하여 스스로 살아갈 수 없는 사람들을 널리 찾아서 구휼하도록 하라.' 또한 해마다 3월부터 7월까지, 관청이 가지고 있는 곡식을 식구 수에 따라 차등 있게 꿔 주고, 10월에 갚게 하였다. 나라 사람 모두가 크게 기뻐하였다.

－『삼국사기』권16, 「고구려본기」4

가난한 백성들이 몰락하면 노비가 되거나 떠돌이가 될 가능성이 높다. 노비는 세금도 내지 않고 국방 의무도 없다. 노비가 늘어나면 사회가 불안해진다. 이 때문에 빈민 구제책을 실시하여 사회를 안정시키고 국가 재정 및 국방력을 강화하려고 한 것이다. 아울러 왕의 입장에서 경쟁자라 할 수 있는 귀족 세력이 커지는 것을 막는 효과도 있었다. 빈민을 구제하지 않으면 결국 귀족의 노비가 될 가능성이 높고, 그만큼 귀족 세력이 강해질 것이기 때문이다.

이들은 제가 회의, 남당 회의, 화백 회의 같은 귀족 회의에서 수상 선출, 전쟁 등 국가 중대사도 결정했다. 왕권이 강화되고 통치 체제가 정비되면서 귀족 회의는 비중과 역할이 줄었지만 여전히 강력한 힘을 가지고 있었다.

경제는 농사에 달렸다

삼국의 경제는 농사가 잘되느냐 못 되느냐에 달려 있었다. 이 때문에 국가에서는 농사철에 농민을 동원하지 못하게 하고 황무지 개간을 장려했다. 철제 농기구를 보급하여 우경을 장려하고 수리 시설도 늘려 나갔다. 하지만 농업 생산력을 높이고 농민 생활을 안정시키려는 노력에도 생산력은 그다지 높지 않았다. 시비법이 발달하지 않아 농토 대부분은 한 해 농사를 지으면 1년 이상 묵혀야 다시 농사를 지을 수 있었기 때문이다.

시비법
비료를 공급해 작물의 생육을 촉진하는 방법.

삼국은 농업을 중심으로 한 자급자족 경제 체제였지만 상업과 수공업도 점점 발전했다. 그러나 주로 국가 및 왕실과 지배층이 필요한 물품을 조달하기 위한 것이었기 때문에 한계가 있었다. 국가는 수공업 제품을 생산하는 관청을 두고 수공업자에게 무기, 장신구 등을 생산하게 했다. 상업은 서울을 비롯한 큰 도시를 중심으로 이루어졌고 지방을 돌아다니며 물건을 사고파는 행상도 있었다.

국제 무역은 주로 공무역 형태로 이루어졌다. 고구려는 남북조 및 유목 민족과, 백제는 남조 및 왜와 활발하게 교역했다. 신라는 고구려와 백제를 통해 중국과 무역을 하다 당항성을 차지한 뒤 직접 교역했다. 중국에서 들어온 물품은 비단, 서적, 도자기 등 귀족들이 필요한 것이었고, 수출품은 금, 은, 인삼, 직물 등이었다. 이 때문에 최고 지배층이 모여 사는 수도에 가까운 항구가 국제 무역항으로 번성했다.

왕실이 앞장서서 불교를 수입하다

불교는 기원전 6세기 무렵 석가모니가 인도에서 창시한 종교이다. 신분을 강조하는 브라만교와 달리 불교는 누구나 부처가 될 수 있다고 강조했다. 교단 조직^{僧伽} 안에서도 왕족과 서민을 차별하지 않았다. 하지만 시간이 지날수록 개혁적인 면이 약화되어 왕권은 무한한 통치권을 갖고 있음을 인정하게 되었다. 온 세계를 법으로 다스린다는 전륜성왕 사상이 유행한 것도 이와 깊은 관련이 있다.

기원전 3세기 아소카왕은 인도 전역을 처음으로 통일했다. 아소카왕은 자신을 전륜성왕으로 여기고 불교를 법으로 삼았다. 이에 힘입어 불교는 인도 전역은 물론 주변 지역으로 전파되었다. 전륜성왕이라는 관념은 중국에 와서 더욱 강화되어 왕을 '살아 있는 부처'라고 여기게 되었다.

삼국은 중앙 집권적 고대 국가로 발전하면서 왕실이 앞장서서 불교를 받아들였다. 왕권을 강화하고 국가를 통합시키기 위해서 토착 신앙보다 보편적이고 객관적인 사상이 필요했기 때문이다. 불교가 들어오자 처음에는 토착 종교 및 귀족의 반대로 갈등을 빚었다. 하지만 귀족들이 불교를 사회 질서와 지배 체제를 옹호하는 사상으로 받아들이면서 국가 종교로 공인하는 데 동의했다. 가난과 전쟁으로 고통받던 백성들도 불교로 위안을 받으면서 부처를 믿는 사람들이 조금씩 늘어났다.

불교는 왕실과 국가의 지원을 받아 토착 종교를 제치고 국가 종교로 발전했다. 고구려는 광개토왕 때 평양에 여러 사찰을 세웠고, 백제와 신라도 미륵사와 황룡사 같은 큰 사찰을 건설했다. 사찰과

이차돈 순교비
818년(헌덕왕 10) 이차돈이 불교 공인을 위해 목숨을 바친 뜻을 기리기 위해 만들었다. 가운데 면에 순교하던 모습을 그림으로 새겼다. 목에서 피가 솟구치고 머리는 발 앞에 떨어져 있다. 하늘에서 꽃이 떨어지고 대지는 파도처럼 흔들리고 있다. 나머지 다섯 면에는 법흥왕이 백성들을 위해 불법을 널리 펴고자 했고, 이를 위해 이차돈이 순교한 사실을 새겼다.

금동대향로

백제 금동대향로는 높이 61.8cm에 산과 호수, 인물, 악기, 동식물이 장식되어 있다. 이런 다양한 요소는 백제가 불교와 도교 등 여러 종교와 사상이 어우러진 사회였음을 보여 준다.

함께 탑도 만들고 사람들이 많이 다니는 산길 바위에 마애불을 새기기도 했다. 부처님께 나라를 지키고 발전시켜 달라는 대규모 법회도 자주 열고 가뭄이 들면 사찰에서 기우제를 지냈다. 승려들이 외교나 전쟁, 청소년 교육 등에 자문 역할을 하면서 불교의 사회적 지위는 점점 높아졌다. 또한 음악과 미술, 건축과 공예 등 중국과 서역 선진 문화를 받아들이는 통로가 되어 삼국 문화 발전에 크게 이바지했다.

삼국 불교는 조금씩 달랐지만 모두 왕실의 권위를 높이고 나라를 지키는 데 중요한 역할을 했다. 삼국 왕들은 백제 법왕이나 신라 법흥왕처럼 불법을 지키는 수호자를 자처했다. 백제 성왕, 신라 진흥왕같이 스스로 전륜성왕이라고 여기기도 했다. 심지어 신라 진평왕은 석가모니 집안이 신라 왕실로 환생했다고 주장하기도 했다.

불교와 함께 도교도 들어와 귀족 사이에 널리 퍼졌다. 영원한 삶과 현실 속 행복을 추구하던 귀족은 자연과 조화를 추구한 도교를 좋아했다. 고구려에서는 연개소문이 반대파 귀족 세력과 연결된 불교를 억누르기 위해 도교를 들여와 장려하기도 했다. 고구려 고분에 즐겨 그린 사신은 도교에서 동서남북을 지키는 방위신이고, 백제의 산수

강서대묘 사신도

사신은 윗줄 왼쪽부터 동쪽의 청룡, 서쪽의 백호, 북쪽의 현무, 남쪽의 주작이다. 일반적으로 무덤 문을 남쪽에 만들었기 때문에 주작은 문 좌우에 2마리를 그렸다.

산수 봉황 무늬 벽돌(위)과 산수 풍경 무늬 벽돌(아래)

아래쪽에 강물이 흐르고 그 위에 신선이 사는 산이 있다. 풍경 무늬 벽돌 오른쪽 아랫부분에 신선과 집이 한 채 새겨져 있다. 산수문전은 바닥이 아니라 벽면을 장식하는 데 사용했다.

무늬 벽돌과 금동대향로 등에는 도교의 이상 세계가 표현되어 있다.

유학과 학문이 발달하다

기원전 5세기 공자가 창시한 유학은 현실 사회를 좋은 세상으로 만드는 데 관심이 있었다. 이 목표를 이루기 위해 유학은 개인과 사회, 나라가 해야 할 것을 구체적으로 제시하고 있다. 따라서 유학은 체제 정비와 교육 등에 대단히 쓸모가 있었다. 또한 왕조의 권위를 정당화하고 사회 질서를 세우는 데에도 유용했다. 유학은 한나라 때 중국 정치를 이끄는 이념이 되었고 관료 지식인들이 갖춰야 할 기본 교양이 되었다.

임신서기석 탁본

임신서기석은 높이 32cm, 너비 12.3cm 정도 되는 작은 돌판이다. 젊은이 두 사람이 3년 안에 유학 경전을 익히자는 내용이다.

삼국은 중국과 교류하면서 유학을 비롯한 여러 학문과 사상을 받아들여 국가 체제를 정비하고 인재를 기르려 했다. 고구려는 일찍이 4세기 후반 소수림왕 때 수도에 태학을 세워 유학과 역사 등을 가르쳤다. 지방에 살던 젊은이들은 경당에서 무술과 함께 한학을 배웠다. 백제는 서경, 시경, 예기 등 유학 경전에 정통한 사람을 오경박사에 임명했다. 이들은 의료를 맡은 의박사, 천문 역법을 담당한 역박사와 함께 젊은이들을 가르쳤다. 신라도 임신서기석에 보이는 것처럼 젊은이들이 유학 경전을 열심히 공부했다.

학문이 발전하고 통치 체제가 안정되자 각 나라에서는 역사서를 비롯한 서적을 편찬했다. 특히 역사서는 왕실과 국가 위신을 과시하려는 목적을 갖고 있었다. 고구려는 일찍이 『유기』를 만들었고, 영양왕 때 이를 간추려 『신집』을 편찬했다. 백제는 『서기』를, 신라는 『국사』를 만들었다. 중국 문화가 보급되면서 한자가 널리 사용되지만 불편도 뒤따라 한자의 음과 뜻을 빌려 우리말을 기록하는 방법도 생겨났다.

칠지도
일곱 갈래 가지로 된 칼로 일본 나라현 이시노카미신궁에 있다. 전체 길이는 74.9cm로 앞면에 34자, 뒷면에 27자가 금으로 상감되어 있다.

과학 기술이 발전하다

삼국은 불교, 유학만 아니라 과학 기술에도 깊은 관심을 가지고 있었다. 특히 농사 및 왕실의 권위와 관련된 천문 기상학이 발전했다. 일식 월식, 혜성 출현 등 기상 이변에 대한 꽤 정확한 기록은 천문 기상학이 상당한 수준에 이르렀음을 잘 보여 준다.

경주 부부총에서 나온 귀걸이
직경 0.7mm밖에 되지 않는 금 알갱이를 정교하게 장식했다. 이 기법은 고대 그리스에서 중앙아시아, 중국을 거쳐 들어왔다.

또한 무기와 사치품을 비롯하여 불상과 범종, 농기구를 만들기 위해서는 금속 제련 기술이 필요했다. 지금 남아 있는 환두대도와 칠지도, 금관과 금귀걸이, 범종과 보습 등은 금속 제련 기술이 상당한 수준에 이르렀음을 알려 준다.

환두대도
손잡이가 둥근 고리 모양인 큰 칼.

궁궐과 미륵사와 황룡사 목탑처럼 수십 미터가 넘는 탑을 만들려면 토목과 건축 기술이 뒷받침되어야 했다. 축구장같이 넓은 저수지의 수압을 견딜 수 있는 둑을 쌓을 때도 마찬가지였다. 물론 토목과 건축 기술은 수학적 지식이 없이는 그 토대가 만들어질 수 없었다. 이 밖에 옹기와 종이 제작 기술, 벽화를 그리는 안료를 만드는 화학 기술 등도 발전했다. 성벽과 둑, 집을 만들면서 발전한 돌 다루는 기술은 불교가 퍼지면서 더욱 진일보했다.

형벌과 사냥 대회, 그리고 화랑도

삼국은 잦은 전쟁 속에서 사회 질서를 유지하기 위해 형벌을 엄격하게 적용했다. 반역자, 전쟁에서 항복하거나 패배한 자는 사형에 처하고 가족은 노비로 만들었다. 도둑질을 하면 몇 곱절로 갚게 하고 귀양도 보냈다. 이와 함께 진대법처럼 가난한 백성들을 구제하기 위한 시책도 폈다. 가부장적 질서도 강화되어 부인이 간통을 하면 남편 집 노비가 되었다.

삼국은 전쟁에서 승리하기 위해 무예를 장려했다. 사냥 대회를 열고 청소년 조직을 만든 것도 이 때문이었다. 사냥 대회는 단순한 오락이 아니라 무술을 연마하고 전투 경험을 기르기 위한 것이었다. 고구려는 사냥 대회에서 뛰어난 솜씨를 보이면 신분이 낮아도 무장으로 발탁했다.

신라는 원시 사회 청소년 조직인 화랑도를 국가 조직으로 발전시켰다. 화랑도는 진골 귀족 가운데 뽑힌 화랑을 중심으로 다양한 신분으로 구성된 낭도로 이루어졌다. 이들은 명산대천을 돌아다니며 무예를 익히고 마음을 닦았다. 이들 가운데 뛰어난 재상과 장수, 용감한 병사 들이 나왔다. 화랑도는 신분을 뛰어넘는 유대감으로 뭉쳐 전쟁에서 큰 성과를 올렸고, 계층 갈등을 완화하는 구실도 했다. 원광은 세속 5계를 지어 이들이 지켜야 할 행동 규범을 제시했다. 청소년 조직은 고구려와 백제에도 있었지만 신라가 가장 잘 정비하고 활용했다.

삼국, 개성 있는 문화를 발전시키다

삼국 사이에는 문화적으로 서로 비슷한 점도 많았다. 하지만 각 나라의 사회적 특성에 따라 차이점도 적지 않았다. 고구려 사람들은 꾸미지 않고 힘찬 기상을 좋아했다. 뛰어다니듯이 걸어 다녔고 평소에도 인사를 무사처럼 했다. 결혼 전에 비교적 자유롭게 교제를 했고 결혼 예물은 간

• 설계두는 왜 당으로 갔을까?

설계두는 신라의 귀족 자손이다. 그는 친구 네 사람과 술을 마시는 자리에서 말했다. "신라에서는 사람을 등용하는 데에도 골품을 따지니, 해당하는 골품이 아니면 큰 재능과 훌륭한 공로가 있어도 일정한 계급 이상 진급할 수가 없다. 나는 중화국에 유학하여 불세출의 지략을 발휘하고 비상한 공을 세워서 스스로 영화의 길을 열고, 고관의 복장에다 검패를 차고 천자의 곁을 드나들어야 만족하겠다."
그는 무덕 4년 신사(621년)에 남몰래 배를 타고 당에 갔다. 그때 마침 태종 문황제가 직접 고구려를 정벌했으므로, 그는 자천하여 좌무 위과의가 되었다. 그가 요동에 이르러 주필산 밑에서 고구려인과 싸우는데, 적진 깊이 들어가 용감하게 싸우다가 죽으니 공이 1등이었다. 황제가 "어떤 사람이냐?"고 물으니, 측근이 신라인 설계두라고 대답했다. 황제가 눈물을 흘리면서 말했다. "우리나라 사람도 죽음이 두려워 이리저리 돌아보며 전진하지 않는데, 외국인이 우리를 위하여 국사에 죽었으니 무엇으로 그의 공을 갚으랴?" 황제는 종자에게 그의 평생 소원을 듣고, 어의를 벗어 덮어 주었으며, 대장군의 관직을 제수하고 예를 갖추어 장사 지냈다.

－『삼국사기』

설계두는 신라인이었지만 당나라에서 장군으로 활약했고 벼슬도 받았다. 설계두는 6두품 출신이었는데 신라에서는 골품제 때문에 자신의 능력을 제대로 발휘할 수 없고, 높은 관리로 올라갈 수 없었다. 진골이 아니면 대신이나 장군이 될 수 없었다. 그러한 처지를 비관하여 설계두는 당에 가서 자신의 꿈을 실현시키고 싶었을 것이다.

단했다. 결혼을 하자마자 수의를 준비했다. 이런 문화는 고구려 사회가
늘 전투에 대비하고 있었음을 나타낸다.

백제는 일찍부터 중국과 적극적으로 교류하여 선진 문물을 받아들였
다. 지배층들은 중국 역사와 고전을 즐겨 읽었고 한문에 능숙했다. 기와
와 벽돌 등에 새겨진 무늬를 보면 백제 지배층이 우아하고 세련된 문화를
좋아했음을 알 수 있다.

신라 문화는 두 나라에 비해 질박한 아름다움을 갖고 있었다. 이런 특
색은 발전이 늦은 이유도 있었겠지만 전통을 지키려고 했기 때문이기도
했다. 신라 문화의 질박함이 가장 잘 나타나는 유물은 토우이다. 토우는
탄생과 죽음, 음악과 춤, 수렵 등 다양한 모습을 투박하지만 정감 있게
보여 준다.

중국, 서역 등과 활발히 교류하면서 예술도 다양하게 발전했다. 특히
귀족들 사이에는 호화스러운 생활에 걸맞은 세련되고 다채로운 예술이
나타났다. 고구려 고분 벽화를 보면 귀족들이 거문고를 타고 춤을 즐겼
음을 알 수 있다. 수레나 공을 높이 던져 받는 곡예 공연과 원숭이가 부
리는 재롱도 감상했다. 반면 민중들은 여전히 예로부터 내려온 우리의
전통적인 예술을 즐기며 생활했다. 하지만 그 폭과 내용은 점차 다양하
고 풍부해져 갔다.

삼국 시대의 생활을 보여 주는 무덤

• 고구려의 고분 벽화

고구려 귀족 행차(남포시 수산리 고분 벽화)
고구려 귀족이 가족과 함께 하인들을 거느리고 서커스를 구경하고 있다. 우선 눈에 띄는 점은 사람마다 다른 몸집이다. 가장 크게 그려진 남녀가 무덤의 주인 부부로 보인다. 가장 자그맣게 그려진 사람은 곡예사와 시종이다. 작은 시종이 큰 묘주를 위해 양산을 들다 보니 양산대가 ㄴ자로 꺾였다. 두 번째는 부인 앞에 아들로 보이는 젊은 남자가 서 있다는 점이다. 여기서 고구려 사회가 신분제 사회이고, 남성 중심의 가부장제가 확립되었음을 엿볼 수 있다.

고구려 장천 1호분 벽화와 해와 달 별자리
백희 기악을 그린 백희도(왼쪽), 사냥 장면을 그린 희마도(가운데), 천장 덮개돌(오른쪽)에는 달과 별자리가 그려져 있다. 백희도와 희마도는 앞방 오른 벽에 있는데 빈 공간은 연꽃으로 채워 넣었다. 해에는 삼족오, 달에는 두꺼비, 옥토끼가 그려져 있다.

안악 3호분

안악 3호분 벽화를 보면 남포시 수산리 고분 벽화처럼 신분에 따라 사람들의 몸집이 다르다. 가운데 무덤 주인은 "고구려 왕은 오색 옷을 입고 흰 비단 모자를 쓴다"라는 기록처럼 왕이 분명하다. 얼핏 모자가 흰색이 아닌 듯 보이지만 자세히 보면 검은색 위에 연하게 보이는 부분이 있다. 이 모자는 이중 관으로, 덧씌운 모자가 흰색이다.

• 황남동 155분이 천마총이라는 이름을 갖게 된 까닭

고분 가운데 역사적으로 가치가 있는 무덤은 안악 3호분, 능산리 1호분, 황남동 98호분처럼 무덤이 위치한 마을 이름에 번호를 붙여서 관리를 한다. 발굴 후에 주인이 밝혀지면 신분에 따라 능·원·묘라고 부른다. 그런데 규모나 껴묻거리로 봐서 왕이나 왕비, 또는 귀족으로 짐작은 되지만 주인을 정확히 밝힐 수 없다면 어떻게 할까? 이때에는 무덤이 가진 구조적 특징이나 벽화, 출토 유물에서 가장 눈길을 끄는 특징을 살려 이름을 정한다. 무덤 구조에서 큰 두 개 기둥이 인상적인 쌍영총, 동서남북 벽면에 그려진 4명의 신 그림이 눈길을 사로잡은 사신총, 최초로 금관이 나온 금관총 등이 바로 이런 예이다.

천마총에서는 금관을 비롯하여 무려 10,000점이 넘는 유물이 쏟아져 나왔다. 수많은 유물 가운데 눈에 띄는 것은 금관이다. 다음으로 눈길을 사로잡은 것은 말다래에 그려진 천마도이다. 신라 고분에는 고구려, 백제와 달리 고분 벽화가 거의 없다. 그래서 천마도는 신라의 회화 수준을 보여 주는 귀중한 유물로 집중 조명을 받았다. 만약 이 무덤에서 금관이 처음 나왔다면 금관총이라고 했을 것이다. 하지만 금관은 다른 고분에서도 나왔고, 이미 금관총이라고 이름을 붙인 고분도 있었다. 황남동 155분은 천마도가 나온 고분이라고 해서 천마총이라는 이름을 얻게 되었다.

말다래
말이 달릴 때 진흙이 바지에 튀는 것을 막는 장치. 오늘날 자동차 바퀴에서 튀는 진흙과 빗물을 막는 흙받이와 같다.

천마총 장니 천마도(국보 207호)

천마총 금관(국보 188호)

8

통일 신라,
사회가 안정되고 경제가 발전하다

중대 왕실, 강력한 왕권을 세우다

신라는 진흥왕이 죽은 뒤 진지왕이 왕위에 올랐다. 하지만 4년 만에 쫓겨나고 진평왕이 왕이 되었다. 진평왕이 아들 없이 죽자 딸이 왕위에 올랐다. 선덕왕에 이어 4촌 자매인 진덕왕이 왕위를 이었다. 이 과정에서 귀족들 사이에 왕위 계승을 놓고 갈등이 크게 일어났다. 여기에 백제와 고구려의 공격으로 신라는 국가적 위기를 맞이했다. 김춘추가 신라를 구하기 위해 필사적으로 외교를 펼친 때가 바로 이 무렵이었다.

나·당 연합을 이끌어 낸 김춘추는 다른 진골 귀족 경쟁자를 제치고 왕위에 올랐다. 여기에는 빼앗겼던 대야성을 되찾는 등 탁월한 군사적 능력을 발휘하며 병권을 장악한 김유신의 지지가 결정적이었다. 두 사람은 서로 힘을 합침으로써 왕위에서 쫓겨난 진지왕의 손자라는 흠과 가야 왕족 출신이라는 약점을 이겨 낼 수 있었다. 이때부터 혜공왕 때까지 무열왕 직계 자손이 왕위를 계승했다. 이 시기를 신라 중대라고 한다.

태종 무열왕 김춘추는 통일 전쟁을 이끌면서 왕권을 튼튼히 만들 수 있었다. 왕권은 고구려를 무너뜨리고 나·당 전쟁을 승리로 이끈 문무왕

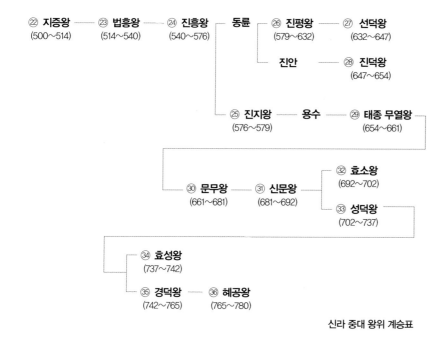

신라 중대 왕위 계승표

때 더 세졌다. 이어 신문왕 때는 장인이었던 김흠돌이 일으킨 반란을 진압하면서 왕권이 더욱 강해졌다. 그렇다고 진골 귀족의 세력을 완전히 누르지는 못했다. 신문왕이 강력히 추진했던 달구벌^{대구} 천도 계획이 진골 귀족의 반대로 무산되기도 했다.

왕권이 강화되면서 진골 세력이 약화되자 6두품 세력이 상대적으로 부각되었다. 이들은 골품제 아래에서 진골을 제치고 최고 지위에 오를 수는 없었다. 하지만 세력이 강해진 왕을 도와 정치적 조언자로서 두각을 나타내었다.

잠시 숨죽였던 진골 귀족은 경덕왕 때 다시 힘을 되찾기 시작했다. 게다가 자연 재해가 잇달아 국가 재정이 크게 흔들렸다. 중대 왕권을 뒷받침하던 경제 기반마저 무너지자 8세기 후반 진골 귀족 대부분이 가담한 권력 쟁탈전이 일어났다. 결국 780년 혜공왕이 죽임을 당하면서 신라 중대가 끝이 났다.

통일 신라, 체제를 정비하다

통일 신라 때 행정을 맡은 기관은 집사부를 비롯하여 병부, 예작부 등 13부였다. 관리의 비리와 부정을 감시하기 위해서는 사정부를 두었다. 왕권이 강해지면서 왕명을 집행하는 집사부 장관인 시중이 국정을 이끌었다. 귀족 세력을 대표해 국정의 중심 구실을 하던 상대등의 권위는 상대적으로 약화되었다.

지방은 9주 5소경 체제로 정비했다. 주 아래에 군과 현을 두고 지방관을 파견했으며 외사정을 보내 이들을 감찰했다. 군현 아래 촌은 토착 세

9주 5소경, 10정

력인 촌주를 통해 관리했다. 이들을 통제하기 위해 일정 기간 서울에 올라와 있게 하는 상수리 제도를 실시했다.

소경은 군사·행정적으로 중요한 지역에 둔 특별 행정 구역이었다. 수도 경주가 동남쪽에 치우친 것을 보완하고 피정복민을 회유하며 통제하기 위한 목적도 있었다. 소경은 지방 문화를 발전시키는 거점 구실도 했다.

군사 조직은 중앙에 둔 9서당과 각 주에 둔 10정으로 정비했다. 9서당은 신라인과 고구려인, 백제인, 말갈인으로 조직했다. 10정은 주마다 1정씩 배치했으며 북쪽 국경을 맞대고 면적이 넓은 한주에만 2정을 배치했다.

• 촌락 문서

촌락 문서는 통일 신라 시대 지방 관청에서 촌락 크기와 인구 등 경제 상황을 조사하여 중앙에 보고한 문서이다. 중앙 정부는 이 문서로 전국의 인구와 경제력을 파악하여 세금을 걷고 노동력을 동원했다.

지금 일본 도다이지 쇼소인에 서원경(청주) 부근 사해점촌 등 4개 촌을 조사한 문서가 보관되어 있다. 4개 촌 모두 촌 이름과 소속 현, 촌 영역, 호구 수, 말과 소, 토지, 나무 숫자 등을 차례대로 기록했다. 특히 사람은 남녀로 나눠 나이에 따라 6등급으로, 집은 가족 숫자에 따라 9등급으로 나눠 조사했다.

『화엄경론질』과 촌락 문서
『화엄경론질』은 7~8세기의 불경으로, 신라계 고승 심상이 일본에 가져갔다고 추측된다. 촌락 문서는 1933년 10월 『화엄경론질』을 수리하다 발견되었다. 질은 화엄경론을 싸서 보관하던 책갑으로 책 상자라 할 수 있다. 여기에 배접되어 있던 문서는 사진 촬영을 한 다음 원래대로 넣었기 때문에 지금은 사진만 남아 있다. 가로 58cm, 세로 29.6cm 정도이다.

토지 제도도 정비하여 관리들에게 녹읍 대신 관료전을 지급했다. 조세와 부역을 다 거둘 수 있었던 녹읍에 비해 관료전은 조세만 거둘 수 있었다. 백성들에게는 정전을 지급했다. 이 조처로 귀족의 경제 기반은 약화되고 토지에 대한 국가의 지배력이 강화되었다.

조세 제도는 토지와 사람을 중심으로 운영했다. 토지에 부과하는 조세는 수확량의 1/10을 거두었다. 부역과 특산물을 거두는 기준은 집과 사람이었다. 집은 9등급으로, 사람은 연령에 따라 남녀 각 6등급으로 나눴다.

또 국학을 세워 유학적 소양을 갖춘 인재를 길렀다. 주로 젊은 6두품들이 입학을 해 9년 동안 유학 경전과 역사 등을 배웠다. 국학은 왕권을 뒷받침하고 확대, 정비된 통치 체제를 효율적으로 운영하기 위한 관리 양성 기관이었다.

사회가 안정되고 경제가 발전하다

통일 신라는 전쟁이 사라지고 사회가 안정되면서 농업과 목축이 발달했다. 벼를 비롯한 곡물과 채소 및 과일 등을 재배하고, 소와 말 등을 길렀다. 이에 힘입어 상업과 수공업도 크게 발달했다. 명주와 베 등을 비롯하여 금, 은 세공 및 나전 칠기 등을 생산했다. 국내 상업뿐만 아니라 대외 무역도 활발히 이루어졌다. 특히 경주와 가까운 울산항이 국제 무역항으로 크게 번성했다. 울산항에는 당, 일본 상인은 물론 아라비아 상인까지 드나들었다.

영토와 인구가 늘어나자 국가 재정이 튼튼해지고 지배 계급의 경제력도 커졌다. 이들은 물려받은 땅과 노비에 식읍과 녹읍, 관료전을 받아 더 여유가 생겼다. 특히 진골 귀족들은 호화스러운 저택과 별장에다 대규모 농장과 목장을 갖고 있었다. 최고 지배층이 모여 살던 경주는 기와집이 즐비했고 귀족들은 숯으로 밥을 지었다. 수많은 사람이 모여들자 경주에는 동시 외에 서시와 남시가 추가로 설치되었다. 왕실과 귀족들의 원

동시, 서시, 남시
수도인 경주를 중심으로 각각 동쪽, 서쪽, 남쪽에 설치된 시전, 즉 시장을 의미한다.

찰을 중심으로 사원이 소유한 토지도 날로 늘어나 일부 사찰은 대농장을 직접 운영하기도 했다.

하지만 피지배 계급의 생활 형편은 그다지 나아지지 않았다. 경제가 여전히 지배 계급 중심으로 운영되었기 때문이다. 일반 백성들은 촌주를 통해 국가에 조세를 내고 노동력을 징발당했다. 대부분은 자기 땅이

• 승군들의 넋을 위로하는 해인사

해인사 길상탑은 895년에 사원을 지키다 희생된 이들을 위해 만들었다. 만든 연도를 정확히 알 수 있는 이유는 탑에서 최치원과 승려 승훈이 쓴 탑지 4개가 발견되었기 때문이다.

탑지는 당시 기록으로 신라 말 사회의 모습을 생생하게 전해 준다. "굶어 죽고 싸우다 죽은 시체가 들판에 즐비하였다", "사람들이 향배를 잊고 행동하는 것이 난폭한 맹수와 같다", "사찰도 예외가 아니어서 맹수들이 10년간 승려를 괴롭혔다", "불법(佛法)이 다시 멈추었다"라고 적혀 있다. 이런 상황에서 해인사는 절을 지키기 위해 승군을 조직하였고, 사망한 사람이 50명이 넘었다.

해인사 길상탑

얼마 되지 않아 남의 땅을 빌려야 생활할 수 있었다. 이때는 수확량의 반 이상을 땅 주인에게 내야 했다. 게다가 지배 계급과 사원에 많은 빚을 지며 생활은 점점 어려워져 갔다. 상황이 더 나빠지면 이들은 날품을 팔거나 노비가 되었다. 향, 부곡 등 특수 행정 구역에 살던 사람들과 노비는 일반 백성보다 더 많은 부담을 지고 있었다.

하대, 150년 동안 20명이 왕위에 오르다

혜공왕이 죽고 무열왕 직계가 아닌 선덕왕이 왕위에 올랐다. 이때부터 신라가 멸망할 때까지를 하대라 한다. 하대 150여 년 동안에는 끊임없이 왕위 쟁탈전이 일어났다. 무려 20명이 왕위에 올랐고, 1년을 채우지 못한 왕도 있었다. 왕권이 약화되자 상대등이 다시 힘을 갖게 되었고 왕위를 계승하기도 했다. 권력 다툼으로 중앙 정부의 통제력이 약화되면서 지방 세력이 점점 강해졌다. 822년 웅주 도독 김헌창이 일으킨 반란은 전국적으로 영향을 미쳤다. 해상 무역으로 세력을 키운 장보고는 신무왕을 왕위에 올리기도 했다.

통치 질서가 무너지면서 진골 귀족들은 경쟁적으로 농장을 늘리고 사병을 길렀다. 중앙 정부는 국가 재정이 바닥을 드러내자 조세를 늘려 강압적으로 거둬들였다. 그렇지 않아도 귀족의 수탈로 살기 힘들어진 농민들은 노비나 도적이 되었다. 마침내 9세기 말 진성왕 때에 이르러 전국에서 봉기가 일어났다.

하대에도 독서삼품과를 실시하고 인사 제도를 개혁하여 허물어진 통치 체제를 개혁하려는 노력도 있었다. 하지만 진골 귀족의 반대로 번번히 좌절되고 말았다. 골품제의 모순이 날로 심화되는 가운데 지방에서는 새로운 사회를 이끌 주인공이 성장하고 있었다.

신라 하대 왕위 계승표

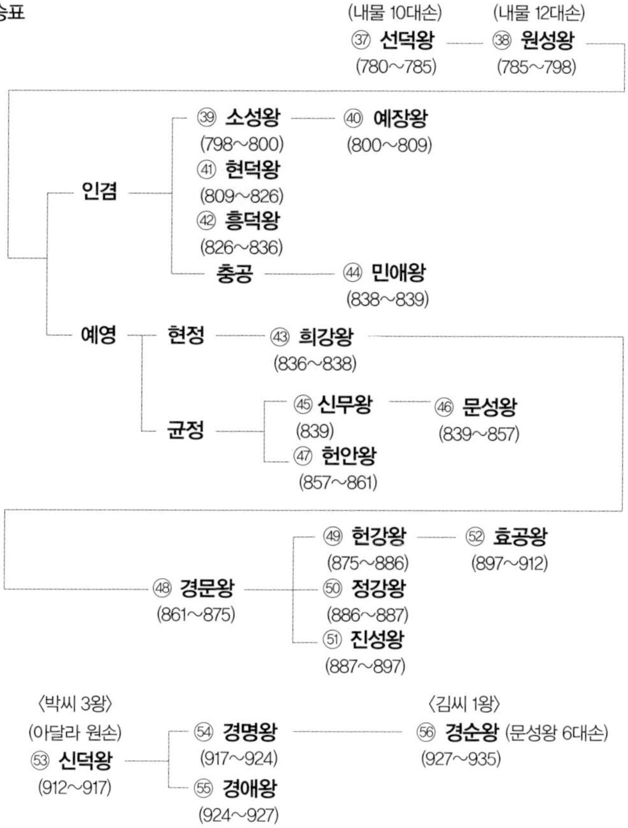

(내물 10대손)
㊲ 선덕왕
(780~785)
(내물 12대손)
㊳ 원성왕
(785~798)
인겸
㊴ 소성왕
(798~800)
㊵ 애장왕
(800~809)
㊶ 헌덕왕
(809~826)
㊷ 흥덕왕
(826~836)
충공
㊹ 민애왕
(838~839)
예영
헌정
㊸ 희강왕
(836~838)
균정
㊺ 신무왕
(839)
㊻ 문성왕
(839~857)
㊼ 헌안왕
(857~861)
㊽ 경문왕
(861~875)
㊾ 헌강왕
(875~886)
52 효공왕
(897~912)
50 정강왕
(886~887)
51 진성왕
(887~897)
〈박씨 3왕〉
(아달라 원손)
53 신덕왕
(912~917)
54 경명왕
(917~924)
55 경애왕
(924~927)
〈김씨 1왕〉
56 경순왕 (문성왕 6대손)
(927~935)

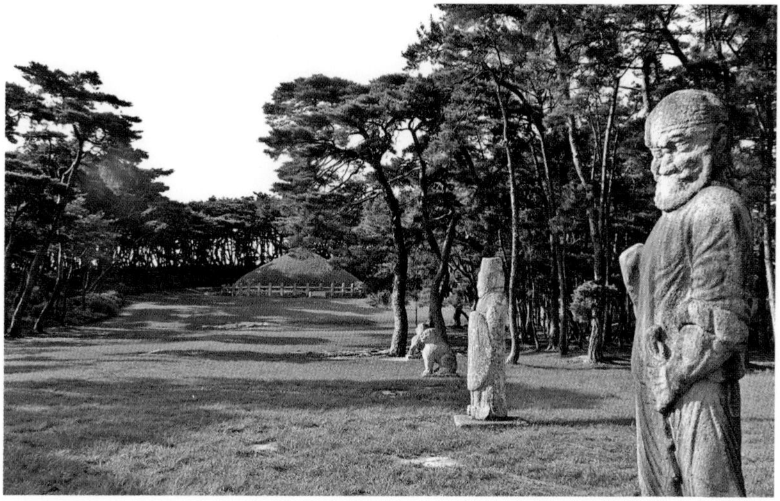

원성왕릉

원성왕은 선덕왕과 함께 혜공왕 때의 혼란을 수습하는 데 공을 세웠다. 선덕왕이 즉위하자 상대등이 되었다. 선덕왕이 죽자 무열왕계인 김주원을 제치고 왕위에 올랐다. 난을 일으킨 김헌창은 바로 김주원의 아들이다. 하대 왕들은 대부분 원성왕 직계들이기 때문에 원성왕은 실질적으로 하대 왕의 시조라 할 수 있다.

한창때 경주는 어느 정도 규모였을까?

『삼국유사』에는 경주가 어느 정도 규모였는지 이렇게 기록되어 있다. "신라 전성기 경주에 17만 8936호, 1360방, 55리와 35개의 금입택(고위층 주택)이 있었다." 호를 가구라고 했을 때 1가구를 대략 5명 정도로 계산하면 전체 인구를 90~100만 정도로 볼 수 있다. 방은 고대 도시 구역의 기본 단위이다. 1방은 대체로 가로세로 각각 120~160m로 추정하고 있다. 만약 기록이 맞다면 전성기 경주는 동서로 30km, 남북으로는 20km 뻗어 있는 곳에 약 100만 명이 모여 산 대도시였다.

학자 대부분은 신라 시대 왕경 즉, 왕이 있는 수도를 오늘날 산으로 둘러싸인 경주 도심으로 본다. 여기에 100만 가까운 사람들이 살기 어렵기 때문에 『삼국유사』의 기록은 과장되었다고 여긴다.

그런데 2013년 5월 경주 도심에서 서북쪽으로 대략 10km 떨어진 모량리에서 통일 신라 시대 도시 유적을 발견했다. 너비 8~5m에 이르는 남북—동서 도로와 잘 정비된 주거지 등이 나왔다. 그 얼개가 경주 도심 왕경 유적의 도로·주거지 등과 거의 같았다. 이는 이곳이 왕경에 포함되었을 가능성을 보여 주는 것이다. 만약 이곳이 왕경이었다면 한창때 경주는 지금 경주 도심보다 훨씬 큰 규모로, 동쪽으로 토함산까지 뻗어 있었다고 봐야한다. 그렇다면 1360방이 충분히 들어설 수 있는 공간이 되고, 『삼국유사』 기록은 사실일 가능성이 높아진다.

물론 모량리 유적만으로 확진할 수는 없다. 아직 모량리 유적과 경주 도심 사이에 왕경 유적이 발견되지는 않았기 때문이다. 만약 앞으로 이 지역에서 새로운 도시 유적이 나오지 않는다면 모량리까지 왕경이 뻗어 있었다고 단정하기는 어렵다. 경주를 지키는 중요한 군 주둔지나 위성 도시로 보는 것이 아직은 더 타당하다.

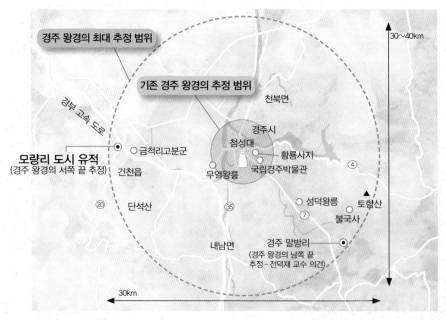

경주 왕경 범위 추정도

신라의 사찰과 불상은 누가 만들었을까?

신라 중대를 대표하는 사찰과 불상은 누가 뭐래도 불국사와 석굴암이다. 명성에 걸맞게 두 건축물은 751년(경덕왕 10)에 공사를 시작하여 완공까지 30년이 넘게 걸렸다. 아마도 엄청난 건축비와 인력이 들어갔을 것이다. 이를 감당한 사람은 널리 알려진 대로 진골 출신으로 재상을 지낸 김대성이다. 물론 혼자 힘으로 한 것은 아니었다. 774년(혜공왕 10) 김대성이 완공을 보지 못하고 죽자 왕실과 국가의 지원으로 완공하였다.

그렇다면 신라 왕실과 진골은 모든 사찰과 불상 제작을 후원하였을까?

감산사 아미타여래상과 미륵보살은 719년(성덕왕 18) 불국사보다 30년 정도 먼저 만들어졌다. 두 불상을 만든 사람은 6두품 출신으로 집사부 시랑(차관)을 지낸 김지성이다. 김지성은 자신이 소유하고 있던 장원과 재산을 바쳐서 감산사를 세우고, 돌아가신 아버지를 위해 아미타여래상을, 어머니를 위해 미륵보살상을 만들었다. 감산사와 두 불상은 불국사와 석굴암에 비해 규모가 적지만 당연히 많은 재력이 필요했다. 이는 6두품들이 특히 중대에는 진골만 못하지만 상당한 재력과 지위를 갖고 있었음을 보여 준다.

감산사 미륵보살상   감산사 아미타여래상

9

통일 신라,
민족 문화의 토대를 마련하다

통합을 위해 노력하다

삼국을 통일한 신라는 고구려, 백제, 가야 사람들을 끌어안기 위해 노력했다. 우선 고구려와 백제 지배층이 갖고 있던 지위를 인정했다. 물론 옛 지위 그대로가 아니라 대체로 한두 단계씩 낮은 관등을 주어 골품제 안에 짜 넣었다. 전국을 9주로 개편하면서 고구려와 백제, 신라 땅에 각각 3개씩 둔 것도 그들이 소외감을 느끼지 않게 하기 위해서였다. 국왕 직속 부대이자 핵심 군사 조직인 9서당을 신라계 3, 고구려계 3, 백제계 2, 말갈계 1로 편성한 까닭도 마찬가지였다.

뿐만 아니라 왕경과 지방으로 나눠져 있던 관등 체제를 하나로 통일하여 지방민에 대한 차별도 없앴다. 통일 전쟁에서 함께한 지방 세력에 대한 배려였다. 이로써 골품제는 통일 신라 백성 전체를 대상으로 같은 기준을 적용하는 신분 체제로 확대되었다.

개방적인 자세로 문화를 발전시키다

이런 노력은 문화에도 그대로 적용되었다. 통일 신라는 당을 비롯해 고구려와 백제, 가야 문화도 적극적으로 받아들였다. 가야금과 거문고는 가야와 고구려가 발전시킨 악기였지만 두 나라가 망한 뒤 잊힐 위기에 처했다. 많은 사람들이 망한 나라의 음악이라고 비판하면서 무시했기 때문이었다. 하지만 시대에 맞게 새롭게 만들면 된다는 생각으로 왕까지 나서서 가야금, 거문고를 되살려 냈다.

이런 개방적인 자세로 통일 신라는 통일과 조화의 미를 추구하며 다양한 예술을 발전시켰다. 특히 불교가 발전하고 대중화됨에 따라 예술 활동은 불교와 더욱 깊은 연관을 가지게 되었다. 천문학, 수학 등 과학 기술도 발전했다. 석굴암과 불국사 3층 석탑은 수학적 지식을 응용하여 균형 잡힌 아름다움을 가질 수 있었다. 석굴암 내부에 습기가 차지 않게 할 수 있었던 것도 자연과학적 지식이 뒷받침되었던 덕분에 가능했다. 목판 인쇄술과 제지술도 발전하여 불교 경전과 유학서 등 각종 서적을 출판했다. 불국사 3층 석탑에서 나온 무구 정광 대다라니경이 이를 잘 보여 준다. 천문학 발전에 따라 역법에 대한 이해 수준이 높아져 농사에 도움이 되기도 했다.

불교에 대한 이해가 깊어지다

통일 신라 시대 불교는 고구려와 백제는 물론 당과 인도의 불교를 받아들여 한층 수준이 높아졌다. 교리와 철학에 대한 이해가 깊어지면서 당과 인도에 유학을 가는 승려도 많아졌다. 사회를 이끄는 사상으로 확실하게 자리 잡은 불교는 대중에게 퍼져 나갔다.

불교 교리에 대한 연구가 심화되면서 교리에 대한 갈등과 대립도 커져 갔다. 당시 세계 불교계는 중관학파와 유식학파로 갈라져 있었다. 중관학파는 모든 사물은 인연에 따라 잠시 존재하고, 유식학파는 사물이 모두 인간의 인식 속에 존재한다고 주장했다. 이 대립은 신라에서도 그대로 나타났다. 따라서 이 둘을 통합하는 것은 신라 불교계는 물론 세계 불교계가 풀어야 할 과제였다.

원효와 의상, 불교계에 해답을 제시하다

원효는 종파를 가리지 않고 많은 승려와 만나고 여러 경전을 두루 보았다. 그 결과 모든 진리는 한 마음에서 나온다고 주장하며 화쟁 사상을 주장했다. 어느 한쪽에 치우치지 않고 부처의 가르침을 하나로 보고 전체를 아우르는 사상 체계를 세운 것이다.

당에서 유학하고 돌아온 의상은 화엄종을 세웠다. 많은 제자를 길러냈고 전국에 사찰을 세워 화엄종을 튼튼히 뿌리내리게 했다. 그는 모든 존재가 서로 의존하며 조화를 이룬다고 주장했다.

원효의 화쟁 사상과 의상의 주장은 당시 신라 불교계가 안고 있던 과제에 대한 답이었다. 또한 삼국 통일로 더욱 필요해진 화해와 통합에 대한 해결책이기도 했다. 뿐만 아니라 중관과 유식의 통합이라는 세계 불교계의 숙제를 해결하는 데 상당한 도움을 주었다. 이처럼 통일 신라 시대 불교 철학 수준은 세계 수준에 결코 뒤떨어지지 않았다.

불교, 대중 속으로 들어가다

두 사람은 불교를 대중화하는 데도 큰 관심을 가지고 있었다. 원효는 나무아미타불만 외우면 누구나 극락왕생할 수 있다며 백성들 속에 들어갔다. 의상은 질병이나 재해 등에 시달리는 사람들에게 관음보살을 부르면 해결된다고 가르쳤다. 또한 본래의 마음은 청정하다는 '하나의 마음' 사상으로 불교계의 대립을 근본적으로 해결할 방향을 제시했다. 이런 노력으로 불교는 점점 백성들 사이에 퍼져 나갔다.

불교가 백성들 곁에 자리를 잡으면서 피지배층은 많은 위안을 받았다. 불교의 대중화는 통일 직후 신라 사회를 통합하는 데 크게 기여했다. 이 때문에 두 사람은 왕실로부터 많은 후원을 받았다. 하지만 불교계도 골품제 테두리를 벗어나지 못했고, 불교가 현실의 어려움을 외면하고 회피하게 만들기도 했다.

선종이 유행하다

신라 말에는 선종이 유행하여 최대 교종 종파인 화엄종과 어깨를 나란히 했다. 선종은 경전과 계율을 중시하는 교종과 달리 참선으로 깨달음을 얻어야 한다고 주장했다. 중국에서 발달한 선종은 당나라 초기에 남북으로 나눠졌다. 8세기 초에 이르러 깨달음을 강조한 남종선이 중국 선종의 주류가 되었다. 우리나라에 들어온 선종은 대부분 남종선이었다.

선종
대승불교의 한 종파이다. 불교의 교리와 경전을 중시하는 교종과 반대되는 측면이 강하다.

남종선
선종의 일파로 당나라 혜능이 창시했다.

• 위대한 여행가, 혜초

혜초의 여행 경로

혜초(704~787)는 신라 시대의 승려로 어린 나이에 중국에 건너갔다. 불법을 공부하기 위해 바닷길로 인도를 거쳐 중앙아시아를 돌아보고 중국으로 돌아왔다. 이 지역을 순례하며 본 풍물을 쓴 여행기가 『왕오천축국전』이다. '천축'은 당시 인도를 부르던 이름이다. 사라졌던 『왕오천축국전』은 1906년 프랑스의 학자 폴 펠리오가 중국 간쑤성 둔황 석굴에서 발견하여 세상에 알려졌다.

선종은 통일 무렵에 들어왔지만 화엄종을 비롯한 교종에 눌려 주목을 받지 못했다. 하지만 골품 체제가 흔들리며 지방 호족들의 세력이 커지면서 선종이 퍼져 나갔다. 전통적 권위를 인정하지 않는 선종이 호족의 입맛에 맞았기 때문이다. 호족의 후원을 받은 선종은 지방을 중심으로 신라 사회에 새로운 분위기를 불러일으켰다. 선종이 유행하면서 부도와 탑비가 많이 만들어졌다. 교종과 달리 선종은 스승과 제자 관계를 중요시했다. 이 때문에 스승의 사리를 안치하는 부도와 행적을 기록한 탑비가 유행한 것이다.

유학이 발달하다

유학은 통일 신라에 들어와 필요성이 더욱 커졌다. 왕권을 뒷받침하고 확대·정비된 통치 체제를 효율적으로 운영하는 데 유용했기 때문이다. 이에 따라 국학을 세워 유학적 소양을 갖춘 인재를 길렀다. 주로 15세에서 30세까지 6두품 젊은이들이 늘어가 9년 동안 논어와 효경을 비롯한 유학 경전과 인문학, 수학 등을 배웠다. 원성왕은 국학 학생에게 졸업시험을 실시하여 성적에 따라 관리 진출 기회를 주었다. 이를 독서삼품과라 한다. 국학과 독서삼품과는 진골 귀족의 반발로 제대로 시행되지는 못했지만 유학 보급에 기여했다.

유학자들은 대부분 6두품 출신이었다. 통일 신라 초기 당과 외교 문서를 맡았던 강수는 스스로 유학자라 자처했다. 설총은 이두를 정리하고 왕에게 유학 도덕을 강조했다. 당과 국교가 정상화되면서 많은 6두품 젊은이들이 당으로 유학을 갔다. 그 가운데 최치원, 최승우처럼 외국인을 대상으로 하는 빈공과에 급제하는 사람도 적지 않았다. 이들은 신라를 당처럼 골품이 아닌 실력을 중시하는 사회로 개혁하려 했다. 하지만 최치원이 올린 개혁안마저 받아들여지지 않자 차츰 반신라적인 움직임을 보이기 시작했다.

불교 융성에 힘쓴 통일 신라의 두 승려

원효(617~686)   의상(625~702)

원효는 6두품 출신으로 입신출세를 위해 노력하다 28살 때 어머니 죽음에 충격을 받고 출가했다. 661년(문무왕 1) 의상과 함께 두 번째로 당나라로 유학을 떠났다. 가는 길에 해골바가지 물을 마시고 모든 것이 마음에 달려 있음을 깨닫고 유학을 포기했다. 원효는 당시 볼 수 있었던 모든 불경과 연구서를 보고 주석을 달았다고 한다.

지금 남아 있는 20부 22권 가운데 『대승기신론소』, 『금강삼매경론』, 『십문화쟁론』 등이 대표적인 저술로 꼽힌다. 한국은 물론이고 중국과 일본의 불교계에도 많은 영향을 끼쳤다. 태종 무열왕의 딸 요석 공주와 결혼하여 설총을 낳은 것으로 유명하다.

의상은 진골 출신으로 20살에 출가했다. 661년에 당나라에 유학을 가서 중국 화엄종의 시조인 지엄 문하에서 공부했다. 낙산사, 부석사를 비롯해 많은 사찰을 세우고 제자들을 가르쳤다. 소백산 추동에서 화엄경을 강의할 때 모인 제자가 3,000여 명이 넘었다고 한다.

두 승려의 초상화는 일본 교토 고산사가 소장하고 있다. 원효는 파격적 행보에 걸맞게 수염과 머리를 기르고 있다. 의상은 인자하고 점잖은 모습이다. 두 초상화가 실체에 가장 가깝다는 평을 듣는다.

석탑의 나라

정림사지 5층 석탑

분황사 모전 석탑

우리나라는 흔히 석탑의 나라라고 한다. 전국 어디를 가든 볼 수 있는 석탑은 이 말이 결코 헛말이 아님을 보여 준다. 하시만 처음 불교를 받아늘였을 때부터 석탑을 만든 것은 아니었다.

삼국이 처음 탑을 만들 때 사용한 재료는 나무나 벽돌이었다. 그러다 불교가 점점 퍼지면서 우리 산천에 널려 있는 화강암을 써서 탑을 만들게 되었다.

삼국이 만든 석탑은 나라마다 달랐다. 백제는 처음에는 목탑을 그대로 본떠 석탑을 만들었다. 대표적으로는 미륵사지 9층 석탑을 들 수 있는데 재료만 나무에서 돌로 바뀌었다고 할 정도로 작은 부분까지 흉내를 내었다. 백제의 석탑 기술은 정림사지 5층 석탑에 이르러 꽃을 피웠다. 복잡한 목탑 양식을 간결하게 정돈한 석탑

감은사지 3층 석탑

불국사 3층 석탑

은 높은 1층 탑신과 어울려 날씬한 느낌을 준다. 기단부가 낮고 좁기 때문에 힘과 안정감이 덜하기는 하지만 날아갈 듯한 맵시를 한껏 뽐내고 있다. 우아하면서도 화려한 백제 미인을 보는 듯하다.

신라는 전탑을 본떠 석탑을 만들었다. 분황사 모전 석탑은 얼핏 보기에 벽돌 탑으로 보인다. 탑을 쌓은 벽돌을 흙이 아닌 돌을 깎아 만든 것만 빼면 바뀐 것이 없다. 돌을 깎아 만든 독창성이 돋보이기는 하지만 어딘가 투박한 느낌을 지울 수 없다.

신라 석탑은 통일 뒤 완전히 새로운 모습으로 다시 태어났다. 새 양식을 대표하는 것은 감은사지 3층 석탑이다. 전체적으로 새 양식은 백제 양식을 수용했다. 하지만 자세히 들여다보면 둘을 합친 것임을 알 수 있다. 지붕처럼 올려져 있는 옥개석을 보자. 옥개석 윗면은 정림사지 5층탑을, 아랫면은 분황사 모전석탑을 닮았다. 통일을 이룬 자신감이 백제탑 양식을 바탕으로 새로운 양식을 만들어 낸 것이다.

새로운 석탑은 불국사 3층 석탑에서 꽃을 피웠다. 불국사 3층 석탑은 층수를 줄이는 대신 기단을 강화했다. 1층 탑신과 비례를 맞춰 과감히 줄인 2, 3층 탑신은 높고 큰 기단과 더불어 장중하면서도 상승하는 느낌을 강하게 준다. 상승감과 안정감은 흔히 미술에서 함께 있을 수 없는 모순이라고 한다. 불국사 3층 석탑은 이 모순을 해결하면서 비례와 균형을 갖춘 아름다움을 완성했다.

10

발해,
해동성국으로 발전하다

대조영, 발해를 세우다

7세기 초 당은 요서 지방에 있는 영주를 중심으로 동북방 여러 민족을 통제했다. 영주는 중국 관내에서 요동과 만주를 연결하는 요충지로, 7세기 중반 무렵 당에 투항한 거란족이 살고 있었다. 당은 고구려를 무너뜨린 뒤 이곳에 고구려 유민, 말갈족 등 여러 민족을 강제로 이주시켰다.

7세기 후반 당이 나·당 전쟁에서 패하고 왕실 내부의 권력 다툼으로 통제력이 약화되자 강압적 통치에 반발한 거란이 7세기 말 영주에서 반란을 일으켰다. 이 틈을 타서 고구려 장군 출신 걸걸중상^{대중상}은 말갈 추장 걸사비우와 함께 고구려인과 말갈인을 이끌고 동쪽으로 탈출하였다. 당군의 추격으로 걸사비우가 전사하고, 힘든 탈출길에 걸걸중상마저 병으로 죽자 아들 대조영이 새로운 지도자가 되었다. 대조영은 끈질기게 쫓아오는 당군을 물리치고 동모산 근처에 발해를 세웠다.^{698년} 발해가 건국되자 동북 지역에 남아 있던 고구려 세력들이 적극 호응했다. 이 점에서 발해는 고구려 부흥 운동이 30년 만에 맺은 결실이라고 할 수 있다. 이 때문에 대조영을 이은 무왕은 빠르게 고구려 옛 땅을 되찾아 나갔다.

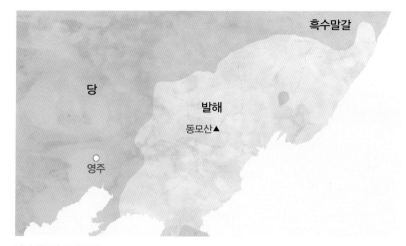

흑수말갈

당

발해

동모산▲

영주

당의 영주와 발해 영토

놀란 당은 신라가 대동강 남쪽을 차지하는 것을 인정하고 신라와 연합하여 발해를 공격했다. 발해는 이 공격을 효과적으로 막아 내고 동북쪽으로 영역을 확장해 나갔다. 당은 이 지역에 있던 흑수말갈을 회유하여 발해를 견제하려 했다. 발해는 흑수말갈을 토벌하는 한편 수군을 보내 산둥반도를 공격했다. 이와 함께 동돌궐과 관계를 강화하고 일본과 우호 관계를 맺어 당과 신라에 맞섰다.

발해, 해동성국으로 발전하다

하지만 발해는 당과 계속 대립 관계를 유지하기 어려웠다. 고구려가 무너진 원인 가운데 하나가 당과 끝까지 대결하려고 한 정책에 있었음을 잘 알았기 때문이다. 대립이 계속되면 대당 외교를 둘러싼 갈등이 커질 수밖에 없었다. 지배층 안에서도 강경 외교를 우려하는 사람이 적지 않았다. 당에 우호 사절로 가 있던 무왕의 동생은 강경 노선에 반대하다 당에 망명해 버렸다. 또한 체제를 정비하는 데 필요한 선진 문물을 받아들일 필요도 있었다.

당도 권력 다툼에 경제 위기가 겹쳐 발해를 계속 압박할 수 없었다. 여기에 토번, 돌궐 등이 다시 일어나면서 외교 정책을 바꾸었다. 발해 건국

발해 최대 영역과 행정 구역

을 인정하는 대신 신라와 서로 견제하게 하는 방식으로 바꾼 것이다.

무왕을 이어 문왕이 즉위하면서 발해는 당과 친선 관계를 맺었다. 이때부터 발해는 당의 문물을 본격적으로 받아들여 통치 체제를 정비했다. 영토 확장에도 힘을 쏟아 북으로 쑹화강 유역까지, 동으로 연해주까지 진출했다. 8세기 중엽에는 확대된 영토를 효과적으로 다스리기 위해 수도를 상경으로 옮겼다. 천도는 왕권을 강화하기 위한 조처이기도 했다.

발해는 9세기 초 선왕 때, 서로는 요하까지 진출하고 동북으로는 흑룡강까지 영역을 확대했다. 남으로는 함흥까지 차지하여 발해는 우리 역사상 가장 넓은 영역을 지배했다. 이 무렵 발해는 해동성국이라 불렸다.

발해는 인안, 대흥 등 독자적인 연호를 사용하며 당과 대등함을 과시했다. 하지만 9세기 후반 북방 유목 민족이 강성해지면서 국력이 크게 약화되었다. 지배 계급의 사치와 부패, 권력 다툼, 자연 재해도 한몫했다.

발해, 통치 체제를 정비하다

발해는 당을 본떠 중앙 행정 기구를 3성 6부로 조직했다. 하지만 당과 달리 행정을 담당하는 정당성 장관이 국정을 총괄했다. 정당성 아래에 좌사정과 우사정을 두어 각각 3부씩 맡게 한 것도 달랐다. 특히 6부 이름도 다르게 불렀다.

지방 행정 조직은 부 아래 주, 현을 두어 정비하고 도독, 자사 등을 파견했다. 지방 행정의 말단에 있는 촌락은 수령이라 불린 토착 세력가들이 이끌었다. 중요 요충지에는 5경을 두어 국토를 효과적으로 다스렸다. 전성기였던 선왕 때에는 5경 15부 62주 107현에 이르렀다.

군사 조직은 중앙에 10위를 두고 지방군은 지방관이 지휘했다. 이와 함께 행정과 군사 조직을 효율적으로 운영하기 위해 5경과 전국을 잇는 교통로를 만들었다. '발해 5도'라 불리는 이 교통로는 주변 나라와 교역을 할 때도 이용했다.

세금은 당처럼 논밭에서 곡물을 거두는 조세를 비롯하여 공물, 역이 있었다. 공물은 베와 명주, 모피 등 특산물을 내고, 역은 궁궐 관청 등을 지을 때 동원되어 일을 하는 것이었다.

※ ( )는 해당 부서와 비슷한 역할을 하는 당나라의 부서 이름

농업과 함께 수공업이 발전하다

발해는 밭농사를 중심으로 지역에 따라 목축업이 발달했다. 동부와 북부 지역에서는 돼지, 말, 소, 양 등을 많이 길렀다. 특히 오늘날 러시아 체르나치노 지역에 있던 솔빈부에서 기른 말은 주요 수출품이었다. 수렵도 활발히 행해져 매, 꿩, 사슴, 호랑이, 토끼 등이 많이 잡혔다. 특히 담비와 흰토끼 가죽과 사슴뿔, 사향 등은 외국에서도 인기가 높았다. 동부 해안 지역에서는 어업도 활발히 이뤄졌다. 서울시보다 7배가량 넓은 미타호는 붕어로 유명했다.

상경과 교통 요충지를 빼면 국내 상업은 그다지 활발히 이뤄지지 않았다. 대외 무역은 주로 귀족들이 필요한 비단과 서적 등을 수입하기 위해 이루어졌다. 대신 모피, 인삼, 말 등을 수출했다. 당연히 가장 비중이 컸던 나라는 당이었다. 일본과 무역도 당만큼은 아니지만 한 번에 수백 명이 오갈 정도로 활기를 띠었다. 가끔씩 서역에서 오는 상인도 있었다.

발해는 내마와 누에를 이용한 방직업을 비롯하여 벽돌과 기와 등을 만드는 수공업이 발달했다. 특히 당삼채의 영향을 받은 발해삼채라는 독자적인 도자기를 만들었다. 중국 주변 지역에서 유약을 바른 도자기를 생산한 나라는 발해가 처음이었다. 또한 구리와 철, 그리고 금, 은 제련 기술도 상당한 수준으로 향상되었다. 조선 기술도 어느 정도 발달했다.

유교와 불교가 발전하다

발해는 중앙 집권 체제를 확립하고 왕권 신장을 뒷받침하기 위해 유학 보급에 힘썼다. 상경에 주자감을 세워 유학과 기술학을 가르쳤고, 많은 귀족 자제가 당에 공부를 하러 건너갔다. 행정 기구인 6부 이름을 충, 인, 의, 지, 예, 신으로 할 만큼 유학은 정치를 이끄는 사상으로 자리를 잡아갔다.

발해 불교는 왕실과 귀족을 중심으로 크게 발전했다. 상경은 물론 화룡 훈춘 및 연해주까지 수많은 사원과 불상이 곳곳에 세워졌다. 문왕은 스스로를 전륜성왕이라고 했고, 관음 신앙 등 다양한 신앙이 유행했다. 불교는 유학과 더불어 통치 체제를 뒷받침하는 구실을 했다. 승려들은 종교 활동뿐 아니라 당과 일본에 사절단의 일원으로 파견되는 등 정치에도 참여했다.

관음 신앙
관세음보살을 받드는 불교 신앙. 관세음보살은 중생의 괴로움을 자비로 구제하는 불교의 보살이다. 관자재보살, 관음보살 등 여러 이름으로 불린다.

　고구려 불교를 이은 발해 불교는 당 불교에 큰 영향을 받았지만 독자성을 갖고 있었다. 불상은 자세와 배치 등에서 당과 달랐고, 탑을 무덤 위에 세워 묻힌 자의 권위를 높이는 데 이용하기도 했다.

발해, 다양한 문화를 발전시키다

　발해는 넓은 영토 안에 고구려인과 말갈족을 비롯하여 거란 등 다양한 민족이 살고 있었다. 여기에 주변 나라들과 활발히 교류했기 때문에 발해 문화는 국제적이고 다양한 성격을 갖게 되었다.

　발해는 고구려 문화를 토대로 당 문화를 적극 받아들여 문화를 발전시

• 발해의 석등(왼쪽)과 이불병좌상(오른쪽)

발해 석등은 중국 흑룡강성 영안현 발해진(발해 상경이 있던 곳) 흑룡사에 있다. 오른쪽에 있는 사원과 비교해 볼 때 그 크기를 짐작할 수 있다. 현무암으로 만든 6m가 넘는 거대한 크기이다. 하대석과 중대석은 팔각형으로 안상과 연꽃을 장식했다. 화사석은 목조 건축물처럼 모서리마다 주춧돌과 기둥, 주두를 표현했다. 위에 팔각지붕을 얹어 팔각 정자를 본떠 만든 것으로 보인다.

발해 이불 병좌상은 높이는 29㎝의 불상으로 중국 지린성에서 출토되었다. 법화경에 나오는 내용에 따라 석가불과 다보불을 표현한 것으로 보인다. 왼쪽에는 보살이, 오른쪽에는 승려가 두 부처를 모시고 있다.

컸다. 통치 체제뿐만 아니라 수도 상경을 만들 때도 당나라 수도 장안성을 참고했다. 장안성처럼 북쪽에 자리 잡은 궁성 남문에서 외성 남문으로 너비 100m가 넘는 주작대로가 뻗어 있었다. 이 도로를 중심으로 바둑판처럼 도시를 구획하고 관청과 시장을 배치했다. 전체적으로 장안성을 본떴지만 궁궐 집터에서 발견된 온돌에서 보듯이 고구려 문화를 이은 것도 많다. 또한 사원과 집을 만든 벽돌과 기와에 새겨진 투박한 듯 힘찬 무늬는 고구려 문화를 계승한 것이다.

그렇다고 발해 문화가 두 나라 문화를 그저 본뜬 수준에 머문 건 아니었다. 문왕의 두 딸 정혜 공주와 정효 공주 무덤을 보자. 하나는 고구려 양식을 하나는 당의 양식을 기본으로 만들었다. 특히 정효 공주 무덤은 무덤 벽을 벽돌로 쌓는 당나라 양식과 돌로 천장 공간을 줄여 나가는 고구려 양식^{모줄임천장}이 결합되어 있다. 또한 무덤 벽화에 그려진 인물 그림은 당의 영향을 받았지만 발해인을 표현한 것이다. 무덤을 지키던 돌사자상도 그기는 작지만 전체적으로 당나라 사자상과 닮았다. 그러면서도 고구려 석조물에서 보이는 힘차고 당당한 모습에 정교하고 세밀한 표현이 돋보인다. 이렇게 두 자매의 무덤은 발해가 두 나라 문화를 잘 융합하여 독자적인 문화를 만들어 갔음을 보여 준다.

당, 발해, 일본의 수도 평면도
모두 주작대로를 중심으로 시가지가 만들어졌다.

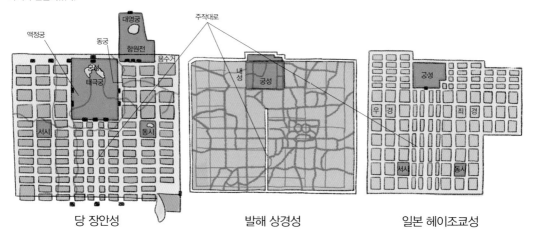

당 장안성   발해 상경성   일본 헤이조쿄성

발해 문화에서 말갈족이 차지하는 비중도 무시할 수 없다. 기층문화는 말갈족 문화가 중심을 이루었다. 흙무덤, 토기와 도깨비 기와 등은 말갈 문화의 전통을 계승한 것이다. 중앙아시아나 시베리아에서 들어온 문화도 있다. 실크로드를 주름잡는 소그드의 화폐나 도기, 네스트리우스파 기독교의 십자가 등이 연해주에서 발견되었다. 발해가 해동성국이라 불렸던 것은 단순히 영토가 넓었기 때문이 아니었다. 여러 민족이 함께 국제적이고 다양한 문화를 발전시켜 부강한 나라를 만들었기 때문이었다.

소그드
오늘날 우즈베키스탄, 부하라, 타지키스탄 일대인 중앙아시아 소그디아나에 기반을 둔 민족 문화.

발해 사람들은 어떻게 살았을까

발해도 신분제 사회였기 때문에 생활 모습이 신분에 따라 크게 달랐다. 귀족들은 당 문화를 적극적으로 받아들였지만 하층민들은 전통적인 생활 모습을 많이 간직하고 있었다. 귀족들은 비단 옷에 순금제 허리띠를 하고 화려한 집에서 발해삼채나 은을 입힌 자기 등을 사용했다. 말타기와 활쏘기, 격구 등을 즐겼고 거문고를 이은 발해금을 탔다. 여러 양식이 섞인 무덤 내부는 아름다운 벽화로 장식했다. 입구에는 뛰어난 솜씨를 뽐내는 돌사자상을 놓아 무덤을 지키게 했다. 또한 은함, 칠갑함, 동함 철함을 차례로 포갠 사리함을 만들어 내세에도 복을 누리려고 했다.

일반 백성들은 새해가 되면 모두 모여 노래를 부르면서 놀았다. 한 사람이 앞에서 춤추고 노래 부르면 남녀가 뒤를 따라 노래를 받으며 돌고 구르면서 춤을 추었다. 이들은 대부분 오막살이에서 지배층이 소유한 토지를 빌려 농사를 지었다. 특히 산업이 발달하지 못한 동북부 지역에 살던 사람들은 대부분 어로, 수렵, 채집을 하면서 힘들게 살았다. 이들은 죽으면 공동묘지에 묻혔다.

발해 사람들은 '발해인 셋이면 호랑이도 잡는다'는 말처럼 용맹함을 자랑했다. 결혼은 일부일처제였고, 여자의 발언권이 강해 남편이 첩을 두기가 어려웠다고 한다.

대조영은 고구려 사람일까, 말갈족일까

발해를 세운 대조영은 고구려 사람일까? 당연한 것 같지만 아니다. 중국 역사책에 나오는 기록을 보면 "발해 말갈의 대조영은 원래 고구려의 별종이다"(『구당서』), "대조영은 원래 속말말갈로서 고구려에 붙은 자로 성은 대씨이다"(『산당서』)라고 나와 있다. 『삼국유사』와 『제왕운기』 등 우리나라 역사서에는 '고구려의 옛 장수'라고 되어 있다. 어디에도 고구려인이라고 분명히 한 역사책이 없다. 고구려 장군 출신이라고 했으니 당연히 고구려 사람일까? 아니다. 고구려 장군은 고구려 사람만 아니라 말갈족도 있었고, 거란족도 있었다. 대조영이 영주를 탈출할 때 함께한 말갈족 추장의 이름이 걸사비우였는데, 대조영의 아버지 이름은 걸걸중상이다. 성만 보면 대조영의 아버지는 말갈족인 듯하다. 아마도 고구려에서 장군이 되면서 대씨 성을 쓴 것 같다. 아버지가 말갈족이면 대조영도 당연히 말갈족이다.

대부분 한국사 교과서는 대조영이 고구려 사람인지 말갈족 출신인지를 분명히 밝히지 않는다. '고구려 유민이다', '고구려 장군 출신이다'라고 애매하게 처리하고 있을 뿐이다. 왜 교과서는 대조영이 말갈족임을 밝히지 않는 것일까? 아마도 그렇게 되면 발해를 우리 역사라고 하는 것이 부담스럽기 때문일 것이다.

대조영은 속말말갈 출신일 가능성이 높다. 걸사비우도 속말말갈 출신이다. 하지만 말갈족이라고 해서 고구려 사람이 아니라고 할 수는 없다. 고구려도 발해처럼 다민족 국가였고, 말갈족도 고구려의 주요한 구성원이었다. 일부는 걸걸중상이나 대조영처럼 무장이나 관리로 출세해 지배층이 되었다. 그래서 『구당서』가 고구려 별종이라고 하지 않았을까?

발해가 일본에 보낸 국서를 보면 고구려를 계승했다고 분명히 밝히고 있다. 이는 대조영이 자신을 고구려 사람으로서 고구려를 다시 일으켜 세운 것이라고 자부했음을 보여 준다. 발해 지배층들은 이른바 고구려계가 많았다. 이들이 발해 건국에 힘을 보태고 대조영을 왕으로 인정한 것도 그를 고구려 사람이라고 생각했기 때문이었다.

그렇다면 고구려 사람과 말갈족을 구분하는 것을 다시 생각해 보아야 한다. 근대에 성립된 민족이라는 개념으로 고대사를 바라보면 여러 문제가 생길 수밖에 없기 때문이다.

말갈족은 만주에만 살았을까? 아니다. 말갈족은 한반도 특히 강원과 함경도 지역에 살고 있었다. 이들은 삼국 역사에서 중요한 구실을 했다. 백제 근초고왕이 고구려를 공격할 때 말갈족은 백제를 도왔다. 통일 신라가 9서당을 만들 때 말갈족으로 1개 서당을 만들었다. 만약 통일 신라 영토 안에 말갈족이 상당한 비중을 차지하고 있지 않았다면 이런 배려를 했을 리가 없다. 고구려는 그 비중이 더 높았을 것이다. 적어도 30~40%는 되지 않았을까? 말갈족은 우리와 함께 살던 사람들이었다. 어쩌면 농경을 하던 사람들이 산에서 살던 사람들을 낮춰 불렀던 것일지도 모르겠다.

여러분은 '발해는 비록 말갈족이 다수지만 지배층이 고구려 사람이었다. 문화도 고구려를 계승했다. 이 때문에 우리 역사다'라는 주장이 갖는 문제점을 생각해 본 적이 있는가? 만약 여러분이 말갈족이라면 이 논리를 받아들일 수 있을까? 만약 말갈족이 일제 강점기는 일본 역사냐고 묻는다면 여러분은 인정할 수 있을까?

고구려인과 말갈족을 구분한다면 발해는 말갈족 역사라고 할 수밖에 없다. 발해 구성원 대다수가 말갈족이었기 때문이다. 이 점에서 대조영이 고구려 사람인지 아닌지는 중요하지 않다. 설령 고구려 사람이라 해도 말이다.

두 공주의 무덤으로 보는 발해 사회상

정효 공주 묘에 그려진 벽화

정혜 공주(738~777)와 정효 공주(757~792)는 발해 제3대 문왕 대흠무의 둘째, 넷째 딸이다.

정혜 공주 묘는 고구려 계통을 이은 돌방무덤이다. 반면 정효 공주 묘는 당나라 양식으로 만든 벽돌무덤이다. 지하 약 3m에 위치한 널방과 널길 벽과 천장에는 석회를 발라 그림을 그렸다. 벽화에 호위병, 시종 등을 그렸는데, 이들이 통통한 얼굴을 하고 있는 것도 당의 영향이다. 천장은 벽돌과 긴 돌로 벽과 나란히 여러 단을 고여 폭을 줄이고 큰 판돌을 옆으로 놓아서 덮었다. 흙으로 덮은 무덤 위에는 탑을 올렸다.

20년도 채 안 된 사이에 만들어진 두 무덤은 발해가 고구려 문화를 바탕으로 당 문화를 적극 받아들였음을 알려 준다. 물론 본뜨기만 한 것은 아니었다. 무덤 천장을 만드는 방식도 고구려 무덤 양식인 모줄임천장을 응용한 것이고, 무덤 위 탑은 발해의 독특한 양식으로 불교의 영향을 받았음을 보여 준다.

모줄임천장은 명칭 그대로 '모서리를 줄여 가며 올리는 천장'을 의미한다. 삼국 시대 고구려에서 유행한 무덤 천장 구조로 발해 문화가 당뿐만 아니라 고구려 양식에서도 영향받았음을 알 수 있다. 사진은 평남 대동 대보면 4호분의 모줄임천장을 일제강점기에 찍은 것이다.

무덤과 함께 발견된 묘비와 돌사자상도 귀중한 유물이다. 특히 묘비는 문헌 자료가 많지 않은 발해사를 연구하는 데 귀중한 사료이다. 우선 동모산이 돈화시 부근이라는 것과 발해 왕이 스스로 황제라고 하고 연호를 사용했음을 확인할 수 있다. 또한 공주, 동궁 등은 문헌 기록이 없는 문왕 시기의 행정 조직에 대한 실마리를 제공한다.

당 건릉 돌사자상(왼쪽)과 발해 돌사자상(오른쪽)
발해 돌사자상은 정혜 공주 무덤에 있었다. 당나라 건릉 돌사자상과 비슷하지만 고구려 석조물에서 보이는 힘찬 기상, 바로 달려들 것 같은 생동감, 정교하고 세밀한 표현이 돋보인다.

11

삼국 남북국,
주변 나라와 교류를 이루다

삼국, 다원적 외교를 펼치다

삼국은 일찍부터 주변 나라와 활발히 교류했다. 국가를 발전시키려면 경제력을 기르고 다양한 문화를 받아들여야 했기 때문이었다. 삼국이 가장 중요하게 생각한 교역 상대국은 중국이었다. 하지만 3세기까지 삼국은 중국과 직접 교역하기보다 주로 한 군현과 교역했다. 한 군현은 위만조선이 멸망한 뒤 중국에서 한반도를 거쳐 일본으로 이어지는 동북아시아 교역망을 장악하고 있었기 때문이다.

이런 상황은 4세기 초 고구려가 낙랑군을 멸망시키며 바뀌었다. 삼국은 한 군현이 사라지면서 본격적으로 중국과 직접 교역에 나섰다. 이 시기 동아시아 국제 질서는 어떤 한 나라가 주도하지 못했다. 중국은 위진남북조로 분열되어 있는데다가 북방 민족이 강성했기 때문이다. 삼국은 이런 국제 정세를 적절히 이용하면서 국가 발전을 꾀했다.

처음 한 군현을 대신해 동북아시아 교역망을 차지한 나라는 백제였다. 하지만 5세기부터 고구려가 백제를 밀어내고 주도권을 장악했다. 고구려는 5세기에서 6세기 중반까지 북조는 물론 남조에도 해마다 사신을 보냈다. 백제는 주로 남조와 교류했지만 북조에도 사신을 보냈다. 신라는 처음에는 고구려와 백제를 따라 북조나 남조에 사신을 보냈다. 하지만 한강 하류를 차지한 뒤에는 독자적으로 사신을 보냈다. 물론 삼국은 북방 유목 국가를 비롯하여 비단길과 초원길, 그리고 바닷길로 중앙아시아 및 일본과 교류도 계속했다.

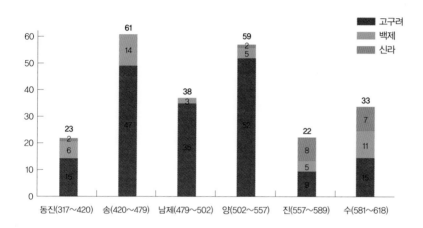

삼국이 중국에 파견한 사신 횟수
고구려는 백제보다 훨씬 많이 중국 남조에 사신을 파견하였고, 신라는 6세기 중엽 한강 하류를 차지하면서 본격적으로 중국과 교류를 시작했다.

삼국, 새로운 길을 모색하다

6세기 후반 수가 중국을 통일하면서 동아시아 정세는 크게 변화했다. 고구려와 수, 당은 동아시아 패권을 놓고 수십 년 동안 전쟁을 했다. 삼국 사이에서도 나제 동맹이 깨어진 뒤 치열한 다툼이 벌어졌다.

긴박한 상황 속에서 삼국은 정세를 유리하게 이끌기 위해 중국 및 주변 국가와 교류를 강화했다. 고구려는 수, 당과 운명을 건 전쟁을 하면서도 사신을 보내 평화를 모색했다. 당에서 도교를 받아들인 것도 이런 노력으로 볼 수 있다. 또한 중국과 전쟁을 유리하게 이끌기 위해 북방 및 중앙아시아와의 관계를 강화했다. 우즈베키스탄 사마르칸트에 있는 아프라시압 궁전 벽화의 고구려 사신 그림이 이를 잘 보여 준다. 백제도 수, 당과 우호적 관계를 맺으려고 노력했고 왜와 긴밀하게 교류했다. 신라는 백제와 고구려의 공격에서 살아남기 위해서 수, 당과 가까운 관계를 유지하는 데 힘을 쏟았다.

삼국, 활발한 교류로 다양한 문화를 발전시키다

삼국은 여러 나라와 교류하면서 다채로운 문화를 발전시켰다. 특히 중국에서 들어온 율령, 불교, 유학 등 선진 문물은 통치 체제를 정비하고 국가를 운영하는 데 큰 도움이 되었다. 학자, 승려, 기술자 들도 건너와 삼국 문화 발전에 힘을 보탰다.

또한 삼국은 고구려가 신라에 불교를 전해 주고, 황룡사 9층 목탑을 백제 장인이 만들었듯이 서로 교류하면서 문화를 발전시켰다.

삼국은 받아들인 문화를 그대로 모방하는 데에 그치지 않았다. 불상과 탑에서 보듯이 그것을 더욱 발전시켜 개성 있는 문화를 만들어 냈다. 물론 그것은 중국과 일본도 마찬가지였다. 황토가 많은 중국은 벽돌로 만든 전탑을, 화강암이 많은 한국은 석탑을, 나무가 많은 일본은 목탑을 많이 만든 것에서 그 사실을 알 수 있다.

음악과 미술 등 예술 분야에서도 특색 있는 문화를 발전시켰다. 삼국은 현악기와 타악기 등 여러 종류 악기를 중국과 북방 민족에게서 들여

중국 서안시 자은사 대안탑(전탑)

한국 경주시 감은사지 석탑

일본 나라현 호류사 5층 목탑

왔다. 거문고는 이렇게 들어온 현악기를 개량한 것이다. 삼국의 개성이 담긴 음악은 중국과 일본에 알려졌다. 수와 당 때는 궁중 연회에서 고구려 음악이 연주되고 고구려 춤으로 흥을 돋우기도 했다. 백제인 미마지는 중국에서 배운 가면극을 일본에 전했다. 그가 전해 준 가면과 악기는 지금 일본에서 국보로 지정되어 있다.

교류는 가장 늦게 영향을 미친다는 장례 문화도 바꾸었다. 고구려는 중국과 본격적으로 교류하면서 무덤 양식이 돌무지무덤에서 굴식 돌방무덤으로 바뀌었다. 백제는 웅진 천도 뒤 중국 남조와 관계를 강화하면서 벽돌무덤을 만들었다. 고분 벽화에도 고구려는 중국 신화에 나오는 신이나 동물 등을 그렸다. 중국에서 전해진 도교의 수호신인 사신도는 고구려 고분뿐만 아니라 백제 벽돌무덤에도 그려졌다. 장기간에 걸친 교류로 삼국의 사후 세계에 대한 면도 영향을 받은 것이다.

삼국은 서역과도 꽤 활발하게 교류했다. 고구려 고분 벽화에는 서역 사람이 나오고 경주 고분에는 서아시아 지역 유물이 심심치 않게 나온다. 5세기 황남 대총에서 발견된 유리병과 유리잔은 서역에서 수입한 것이다. 얼마나 귀한 물건이었는지 부러진 유리병 손잡이를 순금 철사로 수리했다. 계림로 14호분에서 나온 황금 보검은 그리스, 로마, 페르시아에서 유행한 양식이다.

삼국은 서로 다른 색깔의 문화를 발전시켰다. 이런 차이에는 각국이 갖고 있는 전통과 함께 어떤 나라와 교류했는지도 상당한 영향을 미쳤다. 고구려가 주로 교류한 중국 북조 국가와 북방 유목 국가는 강건하고 강렬한 색채를 좋아했다. 반면 백제와 가까웠던 중국

봉수형 유리병
동부 지중해 연안 지역에서 유행한 유리병을 닮은 이 유리병은 황남 대총에서 480여 조각으로 부서진 상태에서 발견되었다. 부러진 손잡이를 금실로 수리할 만큼 귀한 병이었다. 입 모양이 봉황의 머리를 닮았다.

경주 계림로 보검
이 칼과 비슷한 것이 중앙아시아 카자흐스탄에서 발견되었고, 실크로드 키질 석굴 벽화에 비슷한 보검이 그려져 있다.

남조 국가는 세련되고 화려한 귀족적인 문화를 갖고 있었다.

삼국과 가야, 일본과 활발히 교류하다

삼국과 가야는 왜와 일찍부터 활발하게 교류했고 수많은 사람이 건너
갔다. 일본은 이들을 도래인이라 부른다. 처음 왜와 교역을 주도한 나라
는 금관가야였다. 금관가야는 덩이쇠, 철제 무기와 갑옷, 토기 등과 함께
낙랑군에서 가져온 선진 문물을 전해 주었다. 대신 금관가야는 노동력과
군사력을 제공받았다. 하지만 전기 가야가 무너진 뒤 왜와 교역은 점차
백제가 주도하게 되었다. 백제는 왕족을 왜에 파견하는 등 긴밀한 관계

호류사 백제 관음상
높이 2.8m의 목조 입상으로 백
제에서 만들어 일본에 보냈거
나 백제계 도래인이 만든 것으
로 보인다.

고류사 목조 미륵보살 반가사유상
일본 국보 제1호로 한국 국보 83호
금동미륵보살 반가사유상과 재료가
다를 뿐 마치 쌍둥이처럼 닮았다.

를 유지하면서 선진 문물을 전해 주었다. 그 대신 군사력을 지원받아 고구려, 신라와 경쟁을 유리하게 이끌려고 했다.

삼국과 왜는 서로 영향을 주고받았지만 주로 삼국이 문화를 전해 주는 편이었다. 백제는 오경박사, 의박사, 역박사를 보내 유학과 의학, 천문과 역법을 교육했다. 승려와 함께 불경과 불상을 보내 일본에 불교도 전했다. 이 밖에 화가, 건축

호류사 금당 벽화
1949년 화재로 불타 버렸다. 현재는 모사품이 전시되어 있다.

및 공예 기술자 등이 건너가 사찰을 짓고 목탑을 세웠다. 지금 일본 국보 1호로 지정된 고류사 미륵보살 반가 사유상과 호류사 백제 관음상 등은 백제계 도래인이 만든 것으로 보인다.

고구려도 일본에 불교를 비롯한 많은 문물을 전해 주었다. 승려 혜자는 쇼토쿠 태자의 스승이 되었고, 담징이 종이와 먹 제조 방법을 전하고 호류사 금당 벽화를 그렸다고 한다. 다카마쓰 고분 벽화 등에 그려진 인물도, 사신도, 천문도 등은 고구려계 도래인이 그렸다고 추정된다. 신라는 배 만드는 기술과 제방 쌓는 기술을 전해 주었다. 신라 기술로 만든 연못은 한인의 연못이라고 불렸다.

일본은 이렇게 삼국에서 받아들인 문화를 토대로 7세기경 나라 지방을 중심으로 아스카 문화를 꽃피웠다.

통일 신라, 당과 교류하다

신라는 고구려 멸망 뒤 당과 사이가 벌어지자 일본에 사신을 보냈다. 당의 공격을 염려하던 일본도 신라 사신을 정중히 대우했다. 백강 전투로 조성된 긴장 관계가 완화된 것이다. 그 뒤 일본은 8세기 초까지 당과 관계를 끊고 신라와 해마다 사신을 주고받았다. 당과 주변 나라 사이의 긴장 관계는 발해 건국으로 더욱 높아졌다.

불안하던 동아시아 국제 질서는 8세기 전반 당이 발해 건국을 인정하면서 다시 안정을 되찾았다. 통일 신라는 당과 관계를 정상화하고 발해는 당과 친선 관계를 맺었다. 일본도 다시 당에 사신을 보냈다.

통일 신라와 당의 관계가 정상화되자 공식 사절단은 물론 수많은 상인, 승려, 학자 들이 중국을 빈번하게 왕래했다. 산둥반도와 양쯔강 하류 등 교통 요지에는 신라방, 신라촌이라 불린 신라인 마을이 세워졌다. 신

**신라와 발해의
무역 교통로와 무역품**
신라는 주로 울산항과 당항성을 통해 당과 일본, 동남아시아 및 서역 상인들과 교역했다. 발해는 발해 5도을 이용하여 당, 일본 및 신라 등과 교역했다.

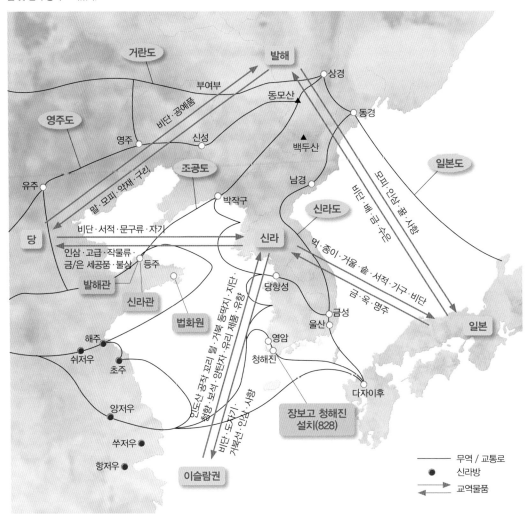

라소와 신라원이라 불린 감독 관청과 절도 세워졌다. 당시 당은 비단길과 바닷길을 통해 서역 및 중앙아시아와 활발하게 교류하고 있었다. 수도 장안은 전 세계에서 온 사람들과 갖가지 문물로 활력이 넘쳐났다.

신라는 당과 교류하면서 세계적인 교역과 문화 교류에 동참했다. 이 교역망으로 동남아시아와 서남아시아에서 생산된 사치품들이 들어와 귀족들에게 큰 인기를 끌었다. 때로 아랍 상인들은 직접 울산항에 오기도 했다. 신라는 당에 금·은 세공품과 인삼 등을 수출하고 책과 도자기, 비단, 옷, 공예품 등을 수입했다.

신라와 일본의 교류는 시간이 갈수록 점점 활기를 띠었다. 신라에서 건너간 유학과 불교 사상은 일본이 하쿠호 문화를 발전시키는 데 많은 도움을 주었다. 교역 물품은 식기류 등 생활 용품을 비롯하여 융단, 불교 관련 제품, 약물, 향료, 유리 제품 등 다양했다.

발해, 발해 5도로 주변 나라와 교류하다

발해는 발해 5도라 불리는 교통로를 이용하여 주변 나라들과 교류했다. 당에 갈 때 주로 이용한 길은 상경에서 돈화를 지나 영주로 가는 영주도였다. 영주도가 8세기 후반 거란에게 막히자 서경을 거쳐 뱃길로 산둥반도 등주에 이르는 조공도를 이용했다. 일본도는 동경을 지나 동해를 가로질러 일본 혼슈에 가는 길이었다. 신라도는 신라와 교류할 때만 아니라 가끔 발해 사신이 일본으로 갈 때도 이용했다. 돌궐, 거란 등 북방 민족과 교류할 때는 거란도를 이용했다. 발해 5도 가운데 처음에는 일본도를 가장 활발하게 이용했다. 당과 신라와 사이가 좋지 않았기 때문이다. 당과 공식 외교 관계를 맺은 뒤에는 영주도와 조공도를 활발하게 이용했다.

발해는 당과 친선 관계를 맺은 뒤 적극적으로 선진 문물을 받아들였다. 수도 상경을 장안성을 본떠 만든 것이 이를 잘 보여 준다. 당이 등주에 세운 발해관에는 사절단만 아니라 유학생과 상인 들도 드나들었다.

발해는 당과 신라를 견제하기 위해 일본과 교류도 계속했다. 발해와 신라의 관계는 8세기 말에 이르러 조금씩 좋아졌다. 하지만 두 나라는 여전히 서로 견제하고 경쟁했다.

발해는 당과 일본에 담비 가죽 등 모피류와 약재, 공예품 등을 수출했고 비단과 서적, 은, 공예품 등을 수입했다. 특히 담비 가죽은 당과 일본을 비롯한 동아시아 귀족들이 가장 갖고 싶어 하던 최고급 상품이었다.

장보고, 국제 무역로를 장악하다

그러나 9세기 들어 신라와 당이 혼란에 빠지면서 공무역은 사실상 중단되었다. 해적도 크게 늘어나 해상 무역이 큰 위기를 맞이했다. 당나라 군대에서 장교로 활약하던 장보고는 귀국하여 흥덕왕에게 완도에 청해진을 설치할 것을 요청했다.828년 완도는 당과 신라, 일본을 연결하는 국제무역 항로의 중간 지점이었다. 청해진 대사에 임명된 장보고는 군사 1만여 명을 모아 해적들을 소탕하고 한반도 서남해안의 해상권을 장악했다.

장보고는 중국 각지 신라방에서 활동하던 무역상들을 하나로 묶어 당-신라-일본을 연결하는 국제 무역망을 건설했다. 당과 일본 정부도 이를 인정하여 독자적으로 교역 사절단을 보낼 수 있는 권리를 주었다. 장보고는 이를 이용해 교관선이라 불린 배로 중계 무역을 하여 막대한 부를 쌓았다. 나아가 당시 인기가 있던 월주요 청자를 청해진에서 직접 생산해 수출했다. 장보고 상단은 엔닌을 비롯한 일본인 승려들이 당에 갈 때 데려다 달라는 부탁을 할 정도로 대단한 위세를 갖고 있었다.

강력한 경제력과 군사력을 갖게 된 장보고는 권력 쟁탈전에 개입하여 신무왕을 왕위에 올렸다. 하지만 왕위를 계승한 문성왕과 딸이 혼인한다는 약속은 깨지고 말았다. 골품제를 앞세운 진골 귀족의 반대를 뛰어넘지 못한 것이다. 장보고의 세력 확대에 위협을 느낀 진골 귀족들은

846년 장보고를 암살하고 청해진을 해체시켰다. 골품제에 얽매이지 않고 인재를 등용하며 세력을 키워 가는 장보고를 그냥 놓아둘 수 없었던 것이다. 그렇지만 그 뒤에도 강주, 나주, 송악 등에서는 해상 세력이 활발히 활동했다.

적산 법화원과 장보고 동상
1990년 중국 정부는 한국과 우호를 돈독하게 하기 위해 적산 법화원을 다시 세웠다. 가운데 거대한 장보고 동상이 서 있다. 복원은 일본 천태종을 창시한 엔닌이 쓴 『입당구법순례행기』를 토대로 했다. 그는 장보고 선단의 도움으로 중국에 가 공부했고, 순례기에 법화원의 모습과 규모 등을 자세하게 남겼다.

장보고 선단 무역로

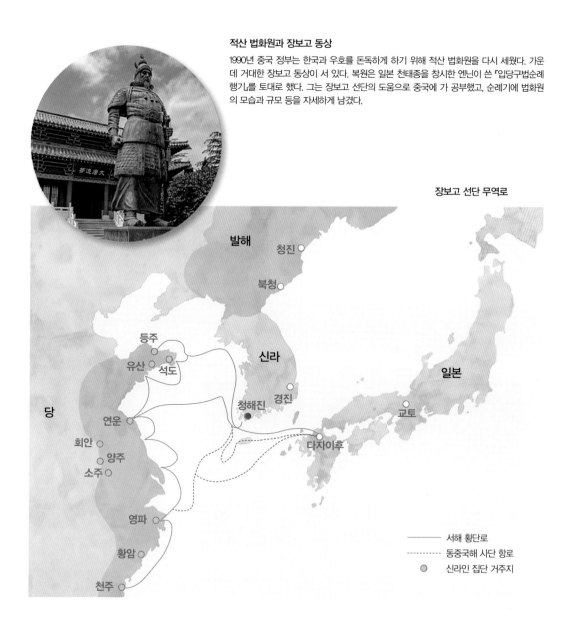

발해
청진
북청

등주
유산 석도
신라
일본

경진
청해진
교토

당
연운
회안
양주
소주
다자이후

영파
황암
천주

―――― 서해 횡단로
·········· 동중국해 사단 항로
◉ 신라인 집단 거주지

국경을 넘나든 사람들

• 발해인과 신라인, 당에서 경쟁하다

발해는 신라와 달리 최고 귀족 자제들이 당에 유학을 가서 빈공과에 응시했다. 빈공과는 당이 외국인을 대상으로 실시한 과거 시험이었다. 수많은 외국인들이 이 시험을 봤고 신라인, 발해인 들도 앞다투어 시험을 봤다. 합격자는 두 나라 가운데 신라인이 많았고 수석도 대개 신라인이 차지하였다.

그런데 872년 오소도가 발해인으로는 최초로 빈공과 수석을 차지했다. 해동성국이라 불리는 발해는 이제 학문으로도 신라를 제쳤다고 자부했다. 이런 자부심은 당이 외교 의례에서 발해보다 신라를 윗자리에 앉히는 것에 대한 불만으로 이어졌다. 897년 발해는 왕자 대봉예를 당에 사신으로 보내 외교 의례에서 두 나라의 자리를 바꿔 달라고 요청했다. 이제는 발해 국력이 신라보다 강하기 때문에 자리를 바꿔야 한다는 주장이었다. 당은 국력으로 자리를 바꿀 수는 없다며 요청을 거부했다. 비록 발해가 신라보다 강해졌지만 당으로서는 신라와의 전통적인 우호 관계를 깨뜨릴 수 없었던 것이다.

오소도가 수석을 차지하자 최치원은 엄청난 수치심에 다음 시험에 자신이 수석을 차지하여 복수하겠다고 다짐했다. 마침내 874년 수석을 차지한 그는 시험관이었던 당나라 예부상서 배찬에게 감사의 편지를 보냈다. "덕분에 이전의 치욕을 씻을 수 있었습니다. 앞으로는 흑시라도 바뀌는 일이 없게 될 것입니다."

최치원 영정

• 아프라시압 벽화

중앙아시아에 있는 사마르칸트는 고대 동서 교류의 중심지였다. 5~8세기 소그드인들은 이곳에서 국제적인 성격을 띤 문화를 꽃피웠다. 1965년 이곳 아프라시압 궁전에서 벽화가 발견되었다. 벽화에는 실크로드의 중심지답게 여러 나라에서 온 사신들이 그려져 있다. 그 가운데 고구려에서 온 사신 두 명도 있다. 궁전이 완성된 시기가 7세기 중반이기 때문에 두 사람은 연개소문이 보냈다고 추정된다. 이 벽화로 당과 동아시아 패권을 놓고 겨루던 고구려가 폭넓게 외교를 펼쳤음을 알 수 있게 되었다.

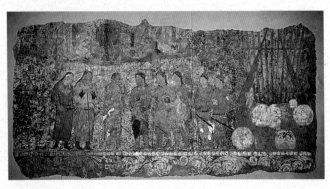

아프라시압 벽화

디지털로 원형 복원한 아프라시압 궁전 벽화. 오른쪽에 조우관을 쓴 두 사람이 고구려 사신이다.

• 서역 사람들, 우리나라에 오다

왼쪽 얼굴은 악학궤범에 나오는 처용 가면이다. 처용은 신라 헌강왕 때 온 서역 사람이다. 무슨 이유인지 처용은 나쁜 귀신을 내쫓는 능력이 있다고 전해져 왔다. 조선 시대까지 궁중에서 춤으로 공연될 정도로 문화적 가치를 인정받고 있었다.

경주에는 처용과 비슷한 얼굴을 한 조각상이 또 있다. 원성왕릉 앞에 서 있는 당당한 체구를 한 무인상이다. 몸을 약간 뒤로 젖히고 왼손에 몽둥이를 들고 오른손은 주먹을 불끈 쥐고 있다. 금방이라도 한 방 먹일 듯하다. 움푹 들어간 눈에 매부리코, 팔자 콧수염에 구레나룻이 처용과 똑같다. 머리에 쓴 모자는 신라 전통 모자가 아닌 이슬람식 터번이다. 이 무인석은 말하자면 왕릉을 지키는 경호원이며 실제로 왕이 살았을 때 왕을 지키는 호위 무사였을 가능성이 크다.

얼굴이나 복장으로 보아 이 사람은 분명히 서역 사람이다. 흥덕왕릉 앞에도 서역인 무인상이 서 있다. 신라 고분에서 발견된 흙인형에는 문관 복장을 한 서역인이 있다. 서역 고깔모자를 쓴 사람도 있다. 이 유물들은 서역인들이 신라 땅에 와서 살았고, 일부는 문관과 무관이 되었음을 알려 준다.

신라만이 아니다. 고구려 고분 벽화인 각저총 씨름도에도 큰 눈에 매부리코를 가진 서역인이 보인다. 왼쪽에서 씨름을 하는 남자이다. 뿐만 아니다. 고구려 고분 벽화에 그려진 옷이나 연꽃무늬, 그리고 모줄임천장 구조 등은 중앙아시아를 거쳐 들어온 서역 문화이다. 또한 고구려 시대의 벽화를 통해 당과 동아시아 패권을 놓고 겨루던 고구려가 폭넓게 외교를 펼쳤음도 알 수 있다.

발해도 마찬가지이다. 연해주 발해 성 밖에 있는 마을 터에서 실크로드 무역로를 주름잡았던 소그드 은화가 발견되었다. 동전이 발견된 것은 그 지역에서 소그드 인들이 왔거나 살고 있었음을 보여 준다.

서역과 교류는 우리가 생각한 것보다 활발히 이루어졌음을 아래 기록으로도 확인할 수 있다. 글이 과장되어 있긴 하지만 중세 아라비아 사람들이 신라를 알고 있었음은 틀림없다.

각저총 씨름도

"중국의 동쪽에 신라가 있는데, 그 나라에 들어간 사람은 그곳이 공기가 맑고 재부가 많으며 땅이 비옥하고 물이 좋을 뿐만 아니라 주민의 성격이 양호하기 때문에 그곳을 떠나려 하지 않는다."
"신라인들은 가옥을 비단과 금실로 수놓은 천으로 단장하며 식사 때는 금으로 만든 그릇을 사용한다."
　　　　　　　　　　　　　　　　　　　　　　　　　　　　　－ 아랍 지리학자 알 마크디시, 『창세의 역사서』

고려, 후삼국 통일	노비안검법 실시	과거 제도 실시	전시과 실시	최승로 시무 28조 건의	12목 설치	국자감 정비	거란 1차 침입, 서희, 강동 6주 획득	강조의
936년	956년	958년	976년	982년	983년	992년	993년	1009

1356년	1352년	1314년	1287년	1281년	1274년
쌍성총관부 탈환	공민왕 정방 폐지	만권당 설치	이승휴 『제왕운기』 저술	고려 원 연합군 2차 일본 원정 일연 『삼국유사』 저술	고려 원 연합군 1차 일본 원정

1359년	1363년	1366년	1376년	1377년	1380년	1388년	
홍건적 1차 침입	문익점 목화씨 가져옴	신돈 전민변정도감 설치	최영, 홍산에서 왜구 크게 격파	화통도감 설치(최무선), 『직지심체요절』 인쇄	이성계, 황산에서 왜구 크게 이김	이인임 축출, 이성계, 위화도에서 회군	

2

민족 통합과 자주 외교

고려 시대

❶ 고려, 후삼국을 통일하고 새 시대를 열다 ❷ 통치 조직을 정비하다 ❸ 고려, 거란의 침략을 물리치다 ❹ 지배 세력이 교체되다 ❺ 몽골과 전쟁하다 ❻ 원의 내정 간섭과 권문세족 ❼ 새로운 세금과 토지 제도를 마련하다 ❽ 고려, 경제를 발전시키다 ❾ 신분 질서를 다시 세우다 ❿ 사회 정책과 생활 모습 ⓫ 유학과 불교 ⓬ 고려의 문화와 과학 기술 ⓭ 고려 시대의 대외 교류

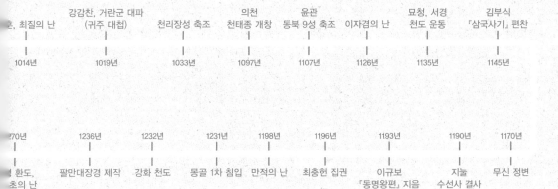

	강감찬, 거란군 대파			의천		윤관			묘청, 서경		김부식
흔, 최질의 난	(귀주 대첩)	천리장성 축조		천태종 개창		동북 9성 축조	이자겸의 난		천도 운동		『삼국사기』 편찬
1014년	1019년	1033년		1097년		1107년	1126년		1135년		1145년

270년	1236년	1232년		1231년	1198년		1196년		1193년		1190년	1170년
ㅣ 환도,	팔만대장경 제작	강화 천도		몽골 1차 침입	만적의 난		최충헌 집권		이규보		지눌	무신 정변
초의 난									『동명왕편』 지음		수선사 결사	

고려, 후삼국을 통일하고
새 시대를 열다

변화하는 동아시아 세계

10세기에 들어와 동아시아에는 큰 변화가 일어났다. 907년 강대한 세력을 자랑하던 당이 멸망했기 때문이다. 수도 장안을 중심으로 한 화북 지역에는 다섯 왕조가 잇달아 들어섰다. 강남과 파촉 지역에는 크고 작은 10개 나라가 세워졌다. 이 시기를 5대 10국 시대라 한다. 정치적 격변기이니만큼 당연히 무인들이 주도권을 장악했다.

5대 10국 시대는 960년 송이 다시 중국을 통일하면서 끝이 났다. 송은 황제권을 크게 강화하고 문반 관료를 중심으로 하는 통치 체제를 확립했다. 그러나 당에 비해 영토가 절반으로 줄고 주변 국가에 강력한 영향력을 행사하지 못했다.

반면 중국 주변 민속들은 세력을 크게 키웠다. 이들은 당의 영향을 받아 더욱 발전된 체제를 갖춘 나라를 세웠다. 서북쪽에는 탕구트족이 서하를 세웠다. 서쪽에는 토번이 있었고 남쪽에서는 대리가 송을 괴롭혔다.

특히 거란족은 918년 흩어진 부족을 통일하여 거란을 세웠다. 거란은 그 여세를 몰아 몽골 고원을 통일하고 926년에는 발해를 멸망시켰다. 몽골과 만주 전체를 차지한 대제국이 된 것이다. 947년에는 나라 이름을 요로 고쳤다. 거란은 5대 왕조의 주도권 다툼에도 영향력을 행사했다. 거란은 5대 왕조 중 세 번째인 후진의 요청을 받아들여 새 왕조를 열 수 있게 도와주었다. 그 대가로 오늘날 베이징을 포함한 연운 16주를 차지했다.

만리장성 남쪽에 있던 이 지역은 중요한 전략적 요충지였다. 특히 북방 민족이 중국에 진출하려면 꼭 확보해야 할 교두보였다. 거란도 이 지역을 발판으로 중국 전체를 차지하려고 했다. 이 때문에 5대 마지막 왕조 후주와 후주를 이은 송은 이 지역을 되찾으려고 노력했다. 하지만 성공하지 못하고, 연운 16주는 금, 원 등 북방 민족이 세운 국가들이 계속 차지하게 되었다.

후주 시대 5대 10국

일본에서는 9세기 중엽 천황을 중심으로 한 중앙 집권적 지배 체제가 흔들렸다. 지방 통제력이 약화되자 귀족과 호족 들은 장원을 확대하고, 이를 지키기 위해 무사를 고용했다. 무사들은 점차 독자적 세력으로 성장하여 무사^{사무라이}계급을 형성했다. 11세기 후반 무렵에는 무사들이 권력의 향배를 결정하기에 이르렀다. 마침내 무사들은 왕실, 귀족과 뒤엉켜 권력 쟁탈전을 벌였다. 내란은 12세기 말 미나모토노 요리토모가 가마쿠라 막부를 세우면서 끝났다. 이때부터 일본 국왕은 형식적으로 존재할 뿐 막부의 수장인 쇼군이 지배하는 봉건제가 이어졌다.

후삼국 시대가 열리다

통일 신라 중앙 정부는 9세기 말에 이르자 더 이상 전국을 통제할 수 없었다. 각 지역 유력자들이 독자적으로 권력을 행사하기 시작한 것이다. 이들은 스스로 성주, 장군이라 일컬으며 군대를 거느리고 그 지역의 군사권과 행정권을 장악했다. 크고 작은 수십 개 작은 왕국이 세워진 셈이다. 이렇게 새롭게 등장한 사람들을 호족이라고 한다. 이 중에는 촌주 출신도 있고 진골 귀족 출신도 있었다. 장교였던 사람도, 도적이었던 사람도, 무역을 하던 상인도 있었다.

호족들은 서로 경쟁하고 연합하면서 새로운 사회를 만들어 나갔다. 골품제에 불만을 품은 6두품 세력과 선종 승려들도 이들과 손을 잡았다. 마침내 10세기에 들어서자 견훤이 완산주^{전주}에서 후백제를 세웠다.^{900년} 궁예는 송악^{개성}에서 후고구려를 세웠다.^{901년} 이들이 나라를 세우는 데에는 옛 백제와 고구려 지역 백성의 지지가 큰 힘이 되었다. 신라가 삼국을 통일한 지 약 300년 만에 다시 삼국이 겨루는 시대가 열린 것이다.

발해는 926년 거란군이 상경을 공격하자 제대로 저항도 못 해 보고 함락당하고 말았다. 권력 쟁탈전으로 사실상 스스로 무너진 셈이었다. 하지만 발해인들은 나라를 되찾기 위해 끈질기게 부흥 운동을 벌였다. 왕자 대광현을 비롯한 많은 발해인들은 고려로 망명했다.

고려, 후삼국을 통일하다

후백제는 전라도와 충청도 지역의 경제력을 토대로 세력을 확장했다. 자주 신라를 침략하고 중국 5대 왕조와 외교 관계도 맺어 후삼국 시대 주도권을 장악하려 했다. 후고구려는 세력이 점점 강해지면서 철원으로 수

고려 건국과 후삼국 통일 과정

도를 옮기고 나라 이름을 마진에 이어 태봉으로 고쳤다. 궁예는 연호를 세우고 신라의 관제를 참작하여 새로운 관제를 마련하고 국가 체제를 갖추어 나갔다.

왕건은 송악을 근거지 삼아 해상 무역으로 성장한 호족 집안 출신이었다. 궁예 휘하의 장군이 되어 후백제와 치른 전쟁에서 많은 전공을 세웠다. 특히 목포와 나주 일대를 점령하고 제해권을 장악했다. 후백제를 배후에서 견제하고 중국으로 가는 뱃길도 끊는 큰 성과를 거둔 것이다. 이런 공적으로 왕건은 40살이 채 안 된 젊은 나이에 시중 지위에 올랐다.

제해권
무력으로 바다를 지배해 군사·무역·항해에 관해 실력 행사를 할 수 있는 권리.

궁예는 세력이 커지자 왕권을 강화하고 호족을 강하게 억압했다. 독단적 정치에 정국이 불안해지자 왕건은 군사를 일으켜 궁예를 내쫓았다. 추대 형식으로 왕위에 오른 왕건은 나라 이름을 고려로 고치고 연호를 천수라 했다.^{918년} 고려는 고구려를 계승한다는 뜻이다. 이듬해 수도를 자신의 근거지인 개성으로 옮겼다. 왕건이 즉위하자 적지 않은 호족들이 동요했다. 특히 충청도 지역에서는 반란이 일어났고 웅주^{공주} 부근 지역은 후백제로 넘어갔다.

왕건은 흩트러진 민심을 수습하기 위해 흑창을 설치하여 가난한 백성들을 구제하고 세금을 낮추었다. 무엇보다 호족들을 끌어안기 위해 노력했다. 먼저 전국에 있는 유력 호족의 딸과 혼인을 했다. 자제들은 송도에 올라와 견문을 넓히게 했다. 명주 호족 김순식을 비롯한 여러 유력 호족에게 왕씨 성을 내려 성을 포섭하기도 했다. 충성스런 신하에게 홍유, 배현경, 신숭겸, 복지겸처럼 새로운 성과 이름을 내리기도 하였다. 또한 신라에 대해서도 궁예와 달리 우호적인 태도를 취하고 중국 5대 왕조와 교류했다. 이런 정책 덕분에 정권의 기반이 점차 튼튼해졌다. 열세였던 후백제와의 경쟁에서도 고창^{안동} 전투를 계기로 우위를 차지하게 되었다. 고창 지역 호족이 왕건의 유화적인 정책에 왕건 편으로 돌아섰기 때문이었다.

왕건은 926년 발해가 멸망하자 유민들을 적극 포용했다. 935년에는 왕위 계승 문제를 놓고 내분이 일어난 후백제의 견훤과 더 이상 나라를 유지할 수 없다고 판단한 신라의 경순왕이 항복해 왔다. 특히 신라 지역 호족과 백성 들은 927년 경주를 공격했던 견훤보다 왕건에게 우호적이었다. 마침내 936년 고려는 후백제를 공격하여 세 나라를 다시 통일했다.

태조 왕건은 어떻게 나라의 기틀을 세웠을까

태조는 국가 기틀을 다지기 위해 백성의 생활을 안정시키고 호족을 통합하는 데 힘을 쏟았다. 민생 안정을 위한 대표적인 정책은 세율을 1/10로 내리고, 흑창을 설치하여 가난한 백성에게 곡식을 빌려준 것이었다. 이 밖에 일부이지만 노비가 된 양민을 풀어주었다. 불교를 숭상하고 연등회와 팔관회를 성대하게 연 것도 민심을 얻으려는 조처였다.

태조는 호족들을 통합하기 위해 자기 지역에 대한 지배권을 일부 인정했다. 지위에 따라 관직과 토지도 내렸다. 이와 함께 정략결혼과 사심관 제도, 기인 제도 등을 실시했다. 정략결혼은 전국의 유력 호족과 혼인 관계를 맺어 왕실을 든든하게 하려 한 것이다. 또한 중앙 고위 관리가 된 호족을 출신 지역의 사심관으로 임명했다. 이들에게 그 지역을 통제할 수 있는 영향력을 인정하고 대신 관리하는 책임을 지웠다. 기인 제도는 호족의 자제를 서울에 불러 그 지역에 대한 일을 자문하게 한 것이다. 사실상 볼모로 잡은 셈이었다. 두 제도는 지방관을 파견할 수 없는 현실에서 지방 호족을 견제하고 지방 통치를 보완하기 위한 조치였다.

후삼국을 통일한 뒤에는 정계와 계백료서를 지어 반포했다. 관리가 지켜야 할 규범을 제시하여 국왕과 신하의 구분을 엄격히 한 것이다. 후대 왕에게 남긴 훈요 10조는 왕실과 국가의 안녕을 위해 후대 왕들이 지켜야 할 정책의 기본 방향이었다.

또한 태조는 북진 정책을 추진하여 고구려의 옛 땅을 되찾으려 했다. 이를 위해 버려졌던 평양을 서경으로 삼아 개경에 버금가는 독립적인 행정 기구를 두었다. 책임자로 파견된 4촌 동생 왕식렴은 남쪽 백성을 이주시키고 군대를 길렀다. 그 결과 고려는 청천강에서 영흥만까지 영토를 넓힐 수 있었다. 북진 정책은 고구려의 옛 땅을 되찾겠다는 의지의 표현

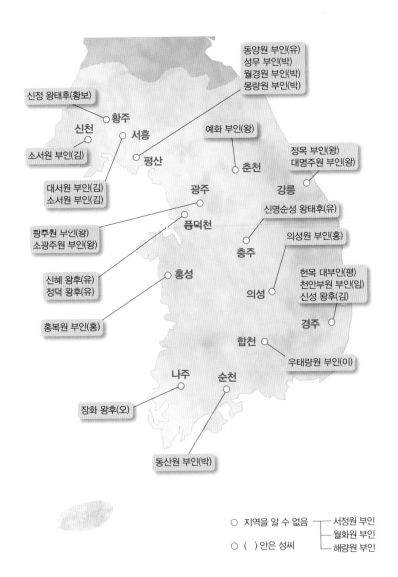

태조 왕건 부인들의 출신 지역

이자 왕실의 기반을 든든히 하기 위함이었다. 이 땅은 주인이라고 할 호
족이 없었기 때문에 왕실의 든든한 근거지가 되었다.

  이 덕분에 통치 질서가 자리를 잡고 왕권도 어느 정도 안정되었다. 하
지만 호족 세력은 여전히 강했고 태조가 죽자 왕권은 다시 흔들렸다. 외
척들이 서로 외손자를 왕위에 올리기 위해 치열한 경쟁을 벌였기 때문이

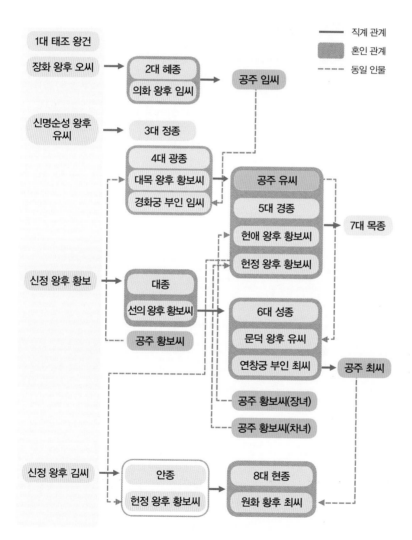

고려 초기 왕계표

고려 초기 왕실은 유력 호족과
의 정략결혼 및 근친혼으로 왕
권을 강화하려 했다.
태조에서 성종까지 공주들이
왕 씨가 아닌 이유는 어머니 성
씨를 따르거나 공주 유씨처럼
할머니 성씨를 따랐기 때문이
다. 안종과 헌정 왕후는 정식
결혼을 한 사이가 아니라 별도
로 표기하였다.

었다. 정략결혼이 가져온 결과이기도 했다. 혜종에 이어 정종마저 일찍 죽으면서 고려는 혼란에 빠졌다.

광종, 왕권을 강화하다

이런 상황에서 왕위에 오른 광종은 왕권을 강화하기 위한 개혁을 추진했다. 먼저 노비안검법을 시행했다. 본래 양인이지만 혼란한 시기에 노비가 된 자들을 다시 양인으로 회복시켜 준 것이다. 이 조치는 호족의 군사적 기반은 물론 경제적 기반까지 약화시킬 수 있는 정책이었다. 반면 국가는 재정 및 군사적 기반을 확대하고 왕권을 강화할 수 있었다. 이어서 과거제를 실시하여 관리 선출 방식을 바꾸었다. 유학적 소양을 갖춘 관리를 뽑아 세대 교체도 하고 새로운 분위기를 만들려 한 것이다. 또한 공복을 제정하여 관리의 기강을 바로잡았다. 스스로를 황제라 하고 개경을 황도라고 불러 국가의 위상과 국왕의 권위를 높였다.

• 당대등에서 호장으로

개정 이전

당대등 — 대등 ┬ (?) — 낭중 — 원외장 — 집사
              ├ 병부 — 병부경 — 면상 — 유내
              └ 식부 — 식부경

개정 이후

호장 — 부호장 ┬ (?) — 호정 — 부호정 — 사
               ├ 사병 — 병정 — 부병정 — 병사
               └ 사창 — 창정

고려 초 향리는 독자적인 행정 조직을 갖추고 지방을 통치하던 세력가였다. 이들은 원래 호족이었기 때문에 호칭도 당대등, 성주 등 중앙 관리와 다름없었다. 이들을 통제하기 위해 노력하던 고려 정부는 성종 때 지방 행정 조직을 정비하고 지방관을 파견했다. 이와 함께 향직 제도를 마련하고 호칭을 호장으로 바꾸었다. 독자적인 세력가에서 지방관을 보좌하는 지위로 떨어뜨린 것이다.

하지만 수령은 짧은 기간 동안 파견되었기 때문에 향리의 도움 없이는 업무를 보기 어려웠다. 특히 지방관이 파견되지 않은 속현에서는 향리가 사실상 수령처럼 지방을 실질적으로 지배했다.

광종은 자신에게 반대하던 외척과 공신, 호족 들을 대거 숙청하면서
자신의 정책을 밀고 나갔다. 하지만 광종이 죽자 공신과 호족 들이 신진
세력을 공격하여 많은 사람들이 희생되었다. 이런 혼란을 극복하기 위해
광종의 뒤를 이어 즉위한 경종은 호족과 신진 세력을 아우르는 정책을
펼쳤다. 전시과 제도가 바로 그것이었다.

성종, 새로운 통치 질서를 세우다

엄청난 혼란을 겪은 뒤 고려 지배층은 새로운 통치 질서를 세워야 한
다는 데 공감했다. 중앙 집권 체제를 확립하고 왕권과 신권이 조화를 이
루는 정치 체제가 그것이었다. 성종은 신하들에게 새로운 통치 질서를
세우는 방안을 물어보았다. 이때 올린 방안 가운데 채택된 것이 최승로
가 올린 〈시무 28조〉였다.

최승로는 먼저 태조에서 경종까지 정치를 되돌아보면서 왕건을 가장

• 최승로와 〈시무 28조〉

최승로는 935년(태조 18) 경순왕이 고려에 투항할 때 아버지 최은함과 함께 귀순했다. 최은함은 6두품 출신으로
최치원의 손자이다. 최승로는 일찍이 학문으로 이름을 날렸고 982년(성종 1) 최고 품계에 올랐다. 6월에 왕명으
로 '시무책 28조'를 올려 고려 왕조의 기틀을 만드는 데 큰 역할을 했다. 988년 12월에 수문하시중이 되었고 이
듬해 죽었다.

시무책은 급한 사안을 어떻게 해결할지 왕에게 건의한 글로, 고려 시대에만 존재한 것이 아니다. 여러 사람들
이 시대가 당면한 문제를 해결하기 위한 대책을 올렸다. 통일 신라 때 최치원이 진성여왕에게 건의한 〈시무 십
여조〉, 조선 시대 선조 때 이이의 〈만언봉사〉, 숙종 때 박세채의 〈시무만언봉사〉 등이 유명하다. 정치·사회적
문제점과 해결책 등이 제시되어 있어 그 시대의 정치·사회·경제·문화 등을 살필 수 있는 좋은 자료이다.

최승로의 〈시무 28조〉 가운데 지금 전해지고 있는 것은 22개 조항이다. 전체적으로 보면 최승로는 유학을 정치
지도 이념으로 삼아 나라를 다스려야 한다고 강조했다. 그는 태조가 펼친 정치를 이상적으로 평가하고 왕권과
신권이 조화를 이루는 통치 질서를 세우려고 했다. 불교를 수신의 도로 인정했지만 사찰과 승려의 사치와 횡포
는 막아야 한다고 강조했다.

높이 평가했다. 이 시기에 왕권과 신권이 가장 조화를 이뤘기 때문이었다. 당연히 광종은 가장 나쁜 평가를 받았다.

최승로는 유학을 정치 이념으로 삼아 새로운 통치 질서를 세워야 한다고 주장했다. 그를 비롯한 많은 6두품 출신 유학자들이 정치에 참여하고 있던 무렵이어서 이 방안은 많은 호응을 받을 수 있었다.

성종은 최승로의 건의를 받아들여 유학 정치 이념을 바탕으로 통치 체제를 구축해 나갔다. 중앙 관제는 2성 6부를 중심으로 정비하고 전국에 12목을 설치하여 지방관을 파견했다. 향리 제도도 정비하여 지방 세력을 약화시켰다. 또한 국립 대학인 국자감을 설치하고 지방에 경박사를 보내 유학 교육을 장려했다. 대신 불교 행사는 줄이고 토속적인 의례를 폐지했다.

최승로가 광종을 나쁘게 평가한 까닭

광종은 뛰어난 용모와 특출하게 영리한 자질로 태조의 사랑을 많이 받았습니다. 아랫사람을 접하는 데 예가 있었으며, 사람을 알아보는 데 관찰력을 잃지 않았습니다. 종친과 귀족이라고 사정을 두지 않았고, 항상 세력이 강한 자들을 눌렀습니다. 소원하고 천한 사람이라고 버리지 않았고, 홀아비 및 과부 등 불쌍한 이들에게 혜택을 베풀었습니다. 그가 즉위한 해로부터 8년간 정치와 교화가 맑고 공평하였으며 형벌과 상이 지나치지 않았습니다.

…… 말년에는 죄 없는 사람을 많이 죽였습니다. 더구나 경신년(960)부터 을해년(975)까지 16년간 간악하고 흉악한 무리들이 앞을 다투어 진출하면서 참소하여 헐뜯음이 크게 일어나 군자는 몸을 둘 곳이 없었고 소인만 뜻을 얻었습니다. <u>마침내 자식이 부모를 거스르고 종이 그의 주인을 비난 공격하니 윗사람과 아랫사람이 마음을 달리하고 임금과 신하의 몸이 하나가 되지 못했습니다. 오래된 신하와 경험 많은 장수들은 차례로 죽임을 당했고 가까운 친인척들은 모두 죽어 갔습니다.</u>

– 『고려사』 권93, 「열전」6, 최승로

신라 말·고려 초 호족들은 더 많은 토지와 노비를 차지하기 위해 갖가지 방법을 동원했다. 경제적 기반은 물론 사병으로 군사력까지 강화할 수 있기 때문이었다. 태조 때부터 고려 정부는 호족이 가진 노비 숫자를 줄이려고 했으나 호족의 반발로 큰 성과를 거두지 못했다.

마침내 광종은 956년(광종 7)에 억울하게 노비가 된 사람들의 본래 신분을 되찾아 주겠다는 노비안검법을 실시하였다. 노비가 해방되면 개인이 아닌 국가에 세금을 바치고, 사병이 아닌 국가의 군대에 편입되었다. 광종의 입장에서 호족 세력을 약화시키고 왕권을 강화할 수 있는 묘책이었던 셈이다.

노비안검법은 노비 해방법이 아니다. 원래 양민이었던 사람들에게 본래 신분을 되찾을 수 있게 한 것이다. 그런데 '안검'은 주인이 아니라 대상이 된 노비가 신고하는 방식으로 진행되었다. 아마도 밑줄 친 상황은 이런 방식과 깊은 연관이 있는 듯 보인다.

그렇지 않아도 노비안검법에 불만이 많았던 호족들은 이 방식에 크게 반발했다. 왕비마저 폐지를 강력히 주장했지만 광종은 반대 세력을 숙청하면서 흔들림 없이 이 정책을 밀고 나갔다.

통치 조직을
정비하다

중앙 행정 조직을 정비하다

고려는 당, 송의 행정 조직을 토대로 신라와 태봉의 관제를 참고하여 중앙 행정 조직을 정비했다. 중서문하성은 최고 행정 기관으로, 국가 정책을 논의하고 결정했다. 장관인 문하시중은 수상으로 관료를 통솔했다. 결정된 정책은 상서성에 소속된 6부가 나눠 맡았다. 이부와 병부는 문관과 무관 인사를 담당했고, 호부는 호구와 조세를 맡았다. 형부는 법률과 소송을, 예부는 외교와 교육 및 과거를, 공부는 각종 공사와 물품 생산을 담당했다.

중추원은 중서문하성과 함께 중앙 정치 조직의 핵심 기관으로, 군사 기밀과 왕명 출납을 담당했다. 어사대는 관리의 비리를 감찰하고, 삼사는 화폐와 곡식의 출납 및 회계를 담당했다.

중서문하성과 중추원은 이원적 구조였다

중서문하성은 상·하 2중으로 조직되어 구성과 맡은 일이 서로 달랐다. 상층 조직인 재부는 문하시중을 비롯한 평장사, 참지정사, 정당문학,

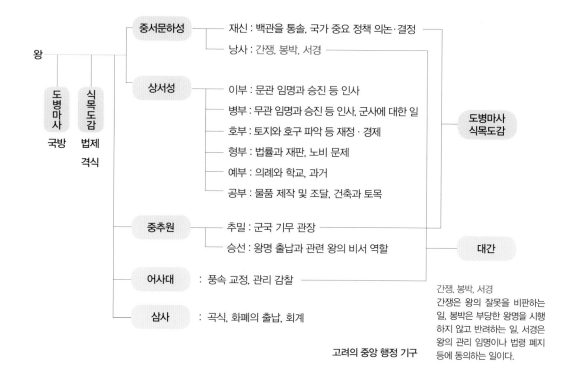

왕

도병마사 — 국방

식목도감 — 법제 격식

중서문하성
- 재신 : 백관을 통솔, 국가 중요 정책 의논·결정
- 낭사 : 간쟁, 봉박, 서경

상서성
- 이부 : 문관 임명과 승진 등 인사
- 병부 : 무관 임명과 승진 등 인사, 군사에 대한 일
- 호부 : 토지와 호구 파악 등 재정·경제
- 형부 : 법률과 재판, 노비 문제
- 예부 : 의례와 학교, 과거
- 공부 : 물품 제작 및 조달, 건축과 토목

중추원
- 추밀 : 군국 기무 관장
- 승선 : 왕명 출납과 관련 왕의 비서 역할

어사대 : 풍속 교정, 관리 감찰

삼사 : 곡식, 화폐의 출납, 회계

도병마사 식목도감

대간

고려의 중앙 행정 기구

간쟁, 봉박, 서경
간쟁은 왕의 잘못을 비판하는 일, 봉박은 부당한 왕명을 시행하지 않고 반려하는 일, 서경은 왕의 관리 임명이나 법령 폐지 등에 동의하는 일이다.

지문하성사 등 재신들로 구성되어 있었다. 이들 재신들은 국왕과 더불어 국가 주요 정책을 심의하고 결정했다. 결정된 정책을 상서성에 넘기면 6부에서 실행했다. 하층 조직은 낭사라 불린 관리들이 관리의 잘잘못을 비판하는 임무를 맡고 있었다. 한 기관에 각각 다른 일을 하는 두 기관이 있었던 셈이다.

중추원도 상하 2중으로 조직되어 있었다. 상층 조직 추부는 고위 관료인 추밀로 구성되어 군사 기밀을 담당했다. 하층 조직인 승선방은 승선들이 왕명 출납을 맡고 있었다. 같은 중추원에 소속되어 있었지만 추밀과 승선은 지위뿐만 아니라 하는 일도 서로 달랐다.

상서성도 상층 조직인 상서도성과 하층 조직인 6부로 되어 있었다. 상서도성에는 상서령을 비롯한 좌우복야 등 고위 관료가 있었다. 하지만 이들은 명예직이거나 실권이 없어 6부을 관장하지 못했다.

재신과 추밀, 서로를 견제하다

3성과 6부는 기본적으로 당을 본떠 만들었다. 당은 중서, 문하, 상서 등 3성에 정책의 입안과 심의, 집행을 나눠 맡겼다. 서로 견제하여 힘이 한곳에 쏠리지 않게 하기 위함이었다. 그런데 고려는 중서성과 문하성을 합쳤고, 중서문하성 재신들이 6부의 장관이라 할 판서를 나눠 맡았다. 상서도성의 고위 관료는 실권도 없었다. 사실상 1성 6부 체제나 다름없었다.

대신 고려는 송나라 추밀원을 본떠 만든 중추원에 중서문하성을 견제하는 구실을 하게 했다. 추밀은 재신에 비해 품계가 낮았다. 그렇지만 추밀은 재신과 함께 도병마사와 식목도감의 구성원이었다. 도병마사와 식목도감은 국방과 법제 등 중요한 나랏일들을 결정했다. 필요에 따라 열린 두 기구는 고려의 독특한 기관으로 만장일치 합의제로 운영했다. 이 때문에 추밀은 재신을 견제할 수 있었다.

대간, 왕과 재추를 견제하다

왕과 고위 관료들이 정치를 함부로 하지 못하게 하는 견제 장치도 있었다. 그 임무를 맡은 관리가 대간이었다. 대간은 중서문하성의 낭사와 어사대가 맡았다. 대간은 왕이 잘못한 일을 비판하거나 왕명을 시행하지 않고 되돌려 보낼 수 있었다. 간쟁, 봉박과 함께 관리 임명과 법령 개폐에 동의하는 서경이라는 권한도 갖고 있었다.

이로써 고려는 왕권과 신권이 조화를 이루고, 신하들이 서로 견제하고 균형을 잡을 수 있는 중앙 정치 조직을 만들었다. 하지만 낭사와 승신이 중서문하성과 중추원에 소속되어 있어 재신과 추밀에 힘이 쏠릴 수밖에 없었다. 비록 맡은 일이 달라도 같은 부서에 있는 고위 관리인 재신과 추밀의 눈치를 볼 수밖에 없었기 때문이다.

지방 행정 조직을 정비하다

지방 행정 조직은 성종 때 정비하기 시작해 현종 때 완성했다. 전국을 5도 양계로 나누고 개경 주변에 경기를 설치했다. 5도는 일반 행정 구역으로 안찰사가 파견되었다. 국경 지역에 설치한 양계는 군사 행정 구역으로, 병마사가 배치되었다. 5도 양계 아래에는 행정과 군사 중심지에 둔 4도호부 8목을 비롯해 일반 군현과 군사 요충지에 설치한 진이 있었다.

그런데 안찰사는 도내 전체 행정을 통솔하지 못하고 연락을 담당했을 뿐이었다. 실질적으로 중앙의 명령을 지방 군현에 전달하는 구실을 맡은 관리는 4도호부 8목에 파견된 지방관이었다. 계수관이라 불린 이들은 주변 지역 주현을 통솔하며 중앙 정부의 명령을 집행했다. 안찰사가 있었지만 실질적으로 중앙 정부-계수관-군현으로 이어지는 행정 조직을 운영한 것이다.

고려는 개경과 함께 평양, 경주를 서경과 동경으로 삼아 3경 체제를 갖추었다. 중기부터는 오늘날 서울을 남경으로 삼아 동경을 대신하게 했다. 또한 특수 행정 구역으로 향, 소, 부곡이 있었다. 향과 부곡은 농작물을, 소는 수공업품을 국가에 바쳤다. 구역 거주민은 양인 신분이었지만 일반 군현의 양인들보다 더 많은 세금을 내야 했다. 또한 거주지를 이전할 자유가 주어

고려의 지방 행정 조직

◈ 수도
◉ 3경
● 4도호부
○ 8목

백두산 ▲

천 리 장 성

안북 도호부
북계
동계

서경(평양) ◉
안변 도호부
동해

황주목
서해도
교주도

안서 도호부
◈ 개경(개성)
남경(서울) ◉

광주목 ○
양광도
충주목 ○

청주목 ○
황해

상주목 ○
경상도

안남 도호부
전주목 ○
동경(경주) ◉

전라도
진주목 ○

나주목 ○

탐라

지지 않았다.

지방관은 군현까지 보냈지만 모두 파견하지는 못했다. 관리가 파견된 주현보다 보내지 못한 속현이 더 많았다. 속현과 향, 소, 부곡은 주현에 파견된 수령의 통솔을 받았다. 조세와 공물 징수와 요역 징발 등 실질적인 행정 실무는 그 지역 향리들이 맡았다.

군사 조직을 정비하다

군사 조직은 중앙의 2군 6위와 지방의 주현군, 주진군으로 되어 있었다. 2군은 국왕의 친위 부대로 왕궁을 지키는 임무를 맡았다. 6위는 수도 경비와 국경 방어를 담당했다. 2군 6위에 소속된 군인들은 대부분 직업 군인이었다. 이들은 복무 대가로 군인전을 받고 역을 자손에게 물려주었다. 전공을 세우면 무신으로 신분을 높일 수 있었다.

2군 6위는 모두 45영 약 45,000명으로 편성되어 있었다. 1영은 약 1,000명으로 장군이 지휘를 하고 중랑장 2명이 보좌했다. 이들 밑에는

고려의 군사 조직

200명씩 편성된 부대를 지휘하는 낭장 5명이 있었다. 낭장은 별장 1명과 산원 1명씩을 거느리고 있었다. 그 아래로 50명씩 편성된 오를 지휘하는 교위와 25명으로 편성된 대를 지휘하는 대정이 있었다. 이들 무신들은 각각 장군방, 낭장방, 산원방, 교위방 등 회의 기구를 가지고 있었다.

2군 6위를 지휘하는 최고 지휘관은 상장군과 대장군으로 고려 최고 무신들이었다. 이들은 중방이라는 회의 기관에서 군사와 관련된 주요한 일을 합의 결정했다. 하지만 이들은 고려 중기까지 재추에 오르기 어려웠다. 군대의 최고 지휘권도 문신 귀족이 장악하고 있었다.

지방군은 16~60세 사이 일반 백성들로 구성되어 있었다. 5도에 근무한 주현군은 수령의 지휘를 받아 치안과 노역을 담당했다. 양계에 주둔한 주진군은 국경 지역 방비를 맡았다. 주현군은 농사와 군역을 동시에 담당한 예비군의 성격을 갖고 있었다. 반면 주진군은 사실상 상비군이었다.

학교를 세우다

고려는 젊은이들을 가르치고 관리를 기르기 위해 학교를 세웠다. 개경에는 국립 대학인 국자감을 만들고 지방에는 향교를 두었다. 향교는 오늘날 중고등학교에 해당했다. 국자감은 유학부와 기술학부로 되어 있었다. 유학부는 국자학, 태학, 사문학으로 나눠졌지만 공부 내용은 차이가 없었다. 주로 유학 경전을 배웠고, 산술과 시무책을 따로 배웠다. 기술학부는 법률을 배우는 율학, 여러 글씨체를 익히는 서학, 산술을 공부하는 산학이 있었다.

국자감 입학 자격은 신분에 따라 차별이 있었다. 국자학은 3품, 태학은 5품, 사문학은 7품 이상 관리 자제가 입학했다. 기술학부는 8품 이하 관리와 양민 자제들이 들어갔다. 향교에서는 주로 유학 교육을 실시했다.

과거와 음서로 관리를 뽑다

관리는 주로 과거와 음서로 뽑았다. 과거는 제술과, 명경과, 잡과, 승과가 있었다. 제술과에서는 당면한 정책 과제에 대한 해결책을 논하는 능력, 문학적 소양 등을 보았다. 명경과는 유학 경전을 얼마나 알고 있는지를 보았다. 잡과는 의학, 천문, 산술 등 실용적 학문을 시험했다. 승과는 교종과 선종으로 나눠 불교 경전에 대한 이해 능력을 알아보았다.

과거는 양인 이상의 신분이면 누구나 시험을 볼 수 있었다. 하지만 제술과와 명경과는 사실상 귀족과 향리의 자제들이 응시했다. 잡과는 기술관과 농민 자제들이 응시했다. 무신을 뽑는 무과는 거의 실시되지 않았다. 무신 집안에서 세습을 하거나 군인 가운데 발탁했다.

제술과와 명경과에 합격하면 문관으로, 잡과는 기술관으로 진출했다. 무관은 무신 집안이나 군인 가운데 능력 있는 사람을 뽑아 채용했다. 무신을 위한 교육 기관이 없었다는 점과 무과가 없었던 것은 무신이 차별 대우를 받았음을 뜻한다.

승과에 합격하면 교종과 선종으로 나눠 승계를 주었다. 대덕에서 시작하여 선종은 대선사, 교종은 승통까지 승진했다. 그 위로 명예직으로 국

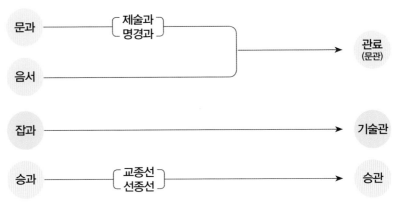

고려의 관리 등용 제도

왕의 자문 역할을 하는 왕사와 국사가 있었다. 승계를 가진 승려는 관료와 같이 대우받았다. 승통, 대선사 같은 고위 승려는 재상과 같은 대우를 받았다. 만약 이들이 위법 행위를 저지르면 관료처럼 처벌을 받았다. 승과와 승계는 국가가 승려를 관리했다는 의미와 함께 불교가 차지한 위상이 높았음을 알 수 있다.

음서는 과거를 보지 않고 관리가 되는 방법이었다. 왕실과 공신, 5품이상 귀족 자제들은 음서로 관리가 될 수 있었다. 게다가 음서로 관리가 되어도 출세에 거의 지장을 받지 않았다. 가문의 힘으로 시험도 없이 고위 관료가 될 수 있는 음서 제도는 고려가 귀족 사회임을 잘 보여 주고 있다.

3

고려, 거란의 침략을 물리치다

고려, 거란의 화친 제의를 거절하다

960년 송은 5대 10국으로 나뉘어 있던 중국을 통일했다. 하지만 당처럼 주변 국가에 강력한 영향력을 행사하지 못했다. 오히려 주변 국가들이 송을 압박했다. 특히 강대해진 요는 송에게 큰 위협이 되었다.

송과 요의 세력 범위

두 나라는 연운 16주를 놓고 여러 차례 전쟁을 벌였다. 송은 이 지역을 되찾아야 만리장성을 국경선으로 삼아 요의 위협에서 벗어날 수 있었다. 요는 이 지역을 교두보 삼아 중국 전체를 지배할 야심을 갖고 있었다. 결국 이 대립은 동아시아의 주도권을 차지하기 위한 경쟁이었다.

거란과 송은 서로 주도권을 잡기 위해 고려와 친교를 맺으려 했다. 거란은 942년 고려에 사신을 보내며 낙타 50마리를 선물했다. 그러나 고려는 거란 사신을 귀양 보내고 낙타는 굶겨 죽였다.^{만부교 사건} 거란이 다시 사신을 보내 화친을 요청했지만 거절했다. 반면 중국 5대 왕조에는 꾸준히 사절을 보냈다. 송이 통일하자 고려는 바로 사신을 보내 친선 관계를 맺었다. 선진 문물을 받아들이고 북진 정책을 추진하기 위함이었다.

거란, 고려를 침입하다

고려가 북진과 친송 정책을 취하면서 거란과의 관계는 점점 나빠졌다. 게다가 만주와 한반도 동북방에는 말갈이라 불리던 여진족이 호시탐탐 기회를 노리고 있었다. 이들은 발해 멸망 뒤 거란에 복속하고 있었지만 요주의 대상이었다. 만약 고려가 이들과 손이라도 잡는다면 거란에게 큰 위협이 될 수도 있었다. 고려가 발해 유민을 적극적으로 받아들이자 이런 우려는 더욱 커질 수밖에 없었다.

거기에 송까지 가담한다면 거란으로서는 감당하기 힘든 상황을 맞을 수도 있었다. 실제로 발해 유민이 930년 무렵 압록강 유역에 세운 정안국은 송과 손잡고 거란을 공격하려 했다. 우려가 현실화되자 거란은 먼저 980년 무렵 정안국을 정벌한 뒤 고려를 침략했다.

983년 거란은 수십만 대군을 동원하여 고려에 쳐들어왔다. 놀란 고려는 서경 북쪽을 포기하고 강화를 맺으려 했다. 하지만 서희는 거란의 속셈이 고려 정복에 있지 않음을 간파하고 담판에 나섰다. 마침 계속 밀리던 고려군이 발해 출신 대도수가 이끈 안융진 전투에서 승리를 거두었다.

서희, 외교 담판으로 강동 6주를 얻다

강화 회담이 열리자 거란 장수 소손녕은 평양을 내놓으라고 요구했다. 거란이 고구려를 계승했으므로 옛 고구려 땅은 거란 영토라는 주장이었다. 이에 서희는 고려야말로 고구려를 계승한 나라이다, 그런 논리라면 평양뿐만 아니라 지금 거란 수도 역시 우리 영토라고 반박했다. 물론 이런 명분론은 회담의 핵심 문제가 아니었다.

회담에서 가장 중요한 쟁점은 고려와 송의 관계 및 여진족 문제였다. 이 사실을 누구보다 잘 알고 있던 서희는 먼저 고려가 송과 관계를 끊는 것을 조건으로 청천강에서 압록강 사이의 여진족을 함께 몰아내자고 제안했다. 만약 두 나라 사이를 가로막고 있는 여진족을 내몰고 교통로를 확보하면 거란과 친선 관계를 맺겠다고 약속한 것이다. 송을 공격하기 위해 배후를 안정시키려 했던 거란은 이 제안을 받아들였다. 고려와 여진이 손잡는 사태를 막을 수 있다는 점에서도 이 제안은 매력적이었다.

강화가 성립되자 고려는 거란의 협조 아래 996년까지 이 지역에서 여진족을 몰아내고 6개의 성을 쌓았다. 피와 땀으로 얻은 이 땅을 압록강 동쪽에 있다고 해서 강동 6주라 한다. 강동 6주는 국제 외교 관계를 잘

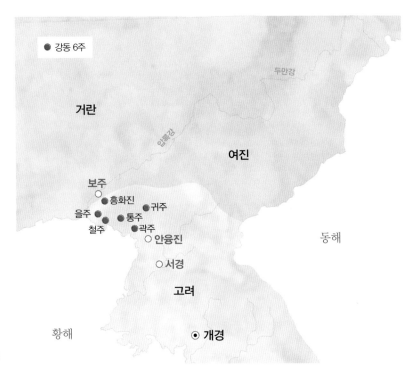

강동 6주

파악하여 이룩한 성과로 북진 정책의 결과물이기도 했다. 그 뒤 강동 6주
는 거란과 전쟁에서 중요한 기지 역할을 했다.

거란도 압록강 서쪽에 5개 성을 새로 쌓았다. 발해 멸망 뒤 여전히 남
아 있던 여진족의 영향력을 약화시키고 고려로 통하는 길을 확보한 것
이다. 이 지역 여진족은 요에게 복속을 하였지만 뿌리를 깊이 내리고 있
어 언제든 반기를 들 수 있었다. 거란 입장에서는 고려와 외교 관계를
맺은 동시에 그만큼 부담스러웠던 여진족까지 아우르는 성과를 거둔 셈
이다.

991년에는 압록강을 넘어 보주^{오늘날 의주} 일대에 내원성을 비롯한 3개의
성을 쌓았다. 고려를 압박하고 여진족이 송과 손을 잡지 못하게 하기 위
함이었다. 이곳은 고려와 교류하는 길목이자 침략의 교두보 구실을 하
였다.

양규, 거란군을 물리치다

거란은 고려와 관계를 매듭짓자 대군을 동원하여 송을 공격했다. 거
란은 송을 정복하지는 못했지만 1004년 해마다 비단 20만 필과 은 10만
냥을 받기로 하고 화약을 맺었다. 이를 전연의 맹이라 한다. 거란은 송에
대한 군사적 우위를 확고히 한 뒤 다시 고려를 압박했다. 고려가 약속을
지키지 않았다며 강동 6주를 돌려줄 것을 요구한 것이다.

사실 고려는 약속과 달리 송과 관계를 계속 유지하면서 군사력을 강화
하고 있었다. 이때 고려 내부에서는 왕위를 둘러싸고 정변이 일어나 목
종이 죽고 현종이 왕위에 올랐다. 거란은 이 정변을 구실로 1010년 다시
침략했다. 고려는 개경이 무너지고 현종이 나주까지 피난 가는 큰 위기
를 맞았다.

그러나 양규가 지휘하는 고려군이 강동 6주에서 거란군을 여러 차례
물리치며 승리를 거두었다. 병참선이 위협을 받자 거란은 고려가 현종

병참선
군사 작전이 이뤄지는 지역까
지 물자를 나르는 길.

이 직접 요에 가서 신하의 예를 갖춘다는 조건을 제시하자 물러갔다. 양규는 돌아가는 거란군을 여러 차례 공격하여 많은 전과를 올렸지만 결국 전사했다.

1011년, 개경에 돌아온 현종은 요에 간다는 약속을 지키지 않았다. 강동 6주를 반환하라는 요구도 들어주지 않았다. 오히려 거란과 관계를 끊고 송과 다시 교류했다. 거란은 고려가 약속을 지키지 않자 국경 지역에서 소규모 공격을 계속했다.

최질과 김훈, 무신 홀대에 분노하다

고려는 거란이 언젠가는 다시 대규모로 침략할 것을 예상하고 국방력을 강화했다. 문제는 거듭된 전쟁과 궁궐을 비롯한 개경을 정비하는 데 막대한 비용이 필요하다는 점이었다. 이에 일부 문신들이 주도하여 무신과 군인 들에게 지급한 토지 일부를 국고로 돌리기로 했다. 그렇지 않아도 차별 대우에 불만을 품고 있던 무신들은 이 조치에 강한 불만을 가질 수밖에 없었다.

1014년 11월 상장군 최질, 김훈 등이 이 정책을 주도한 문신들을 붙잡아 대궐로 쳐들어갔다. _{최질·김훈의 난} 놀란 현종은 무신을 천시한 문신들을 귀양 보내고 무신도 공이 높으면 문신처럼 재신과 추밀이 될 수 있게 하겠다고 약속했다. 쿠데타는 이듬해 3월 현종이 무신을 위한 잔치에 참석한 최질, 김훈 등 장군 19명을 죽이면서 끝이 났다. 그렇지만 고려 조정은 무신과 군인에 대한 처우를 개선하면서 이들을 달래기 위해 신경을 썼다.

강감찬 귀주에서 거란군을 크게 격파하다

1018년 12월 거란은 다시 10만 대군을 동원하여 고려를 침략했다. 고려는 강감찬을 상원수, 강민첨을 부원수로 삼아 20만이 넘는 대군을 편성하여 대비했다. 전쟁 초기 고려군은 굵은 밧줄로 쇠가죽을 꿰어 흥화진 성 동쪽 냇물을 막았다. 거란군이 오자 막았던 물을 터뜨리고 산골짜기에 매복시켰던 기병 1만여 명을 출동시켜 공격했다.

거란군은 적지 않은 피해를 입었지만 그대로 진격하여 개경 부근까지 나갔다. 그러나 고려군이 강력하게 저항하자 더 이상 버티지 못하고 돌아갔다. 강감찬이 이끄는 고려군은 퇴각하는 거란군을 쫓아가서 귀주성 부

흔히 귀주 대첩은 쇠가죽으로 청천강을 막았다가 터뜨려 승리했다고 알려져 있다. 하지만 기록화를 보면 그것이 사실이 아님을 알 수 있다. 귀주는 벌판이고 사료에서 보듯이 강감찬은 계획대로 지친 거란군을 귀주에서 맞서 전투를 벌였다. 이때 개경을 지키던 군대가 합세하고 비바람이 거란군 쪽으로 몰아쳐 크게 승리할 수 있었다.

2월에 거란군이 귀주를 지나자 고려군이 맞아 싸웠다. 양쪽 군대가 서로 비슷하여 승패가 결정되지 못했다. 그런데 개경을 지키던 고려군이 합세하고 때마침 비바람이 남쪽에서 몰아쳤다. 아군이 기세를 타고 용기 백배하여 맹렬히 공격해 거란군을 섬멸했다.
- 『고려사』 권94, 「열전」7, 강감찬

근 벌판에서 백병전을 벌여 대승귀주대첩을 거두었다. 거란군 10만 가운데 살아 돌아간 병사가 겨우 수천 명이었다고 한다.[1019년] 이를 계기로 두 나라는 전쟁을 중단하고 친교 관계를 회복하여 평화를 유지했다. 또한 거란은 의주 부근을 제외한 강동 6주가 고려 영토임을 공식 인정했다.

고려, 송, 거란 세력 균형을 이루다

이 승리로 고려와 요, 송 등 세 나라는 세력 균형을 이루게 되었다. 요는 고려를 완전히 복속시키지 못한 채 섣불리 송을 공격할 수는 없었다. 물론 송도 고려의 도움 없이 요에 함부로 쳐들어갈 수 없었다. 고려도 요를 물리쳤지만 북진 정책을 그대로 밀고 나가기 어려웠다. 그 결과 동아시아 국제 질서는 안정을 유지할 수 있게 되었다.

고려는 송과 공식 외교 관계를 단절했지만 교류는 계속했다. 거란과 고려는 사신이 오가며 활발하게 공무역을 했고, 고려는 거란에서 대장경을 들여왔다. 그 뒤 고려는 강감찬의 건의에 따라 개경 주위에 나성을 쌓고 국경선에 천리장성을 쌓았다.

숙종, 이자의를 물리치고 왕위에 오르다

세 나라가 세력 균형을 이루자 고려 사회는 안정되고 발전하였다. 먼저 중앙과 지방의 행정 조직 및 전시과 등 각종 제도와 법률이 뿌리를 내

• 거란이 고려와의 전쟁에서 얻은 것은?

흔히 거란은 고려와의 전쟁에서 얻은 것이 없다고 생각한다. 배후에 대한 걱정 없이 송을 공격해 중국을 통일하려 했던 계획이 무산되었기 때문이다. 하지만 고려와 송의 외교 관계를 단절시켜 국제 외교를 자국에 유리하게 만든 것만 해도 대단한 성과였다. 고려의 북진 정책을 단념하게 했고 고려가 여진과 손을 잡지 못하게 한 것도 큰 수확이었다.

렸다. 3만 대군으로 여진족을 토벌하여 동북방도 안정되었다. 왕권과 신권이 조화를 이룬 가운데 유학과 불교가 균형과 견제를 이뤄 귀족 문화가 꽃을 피웠다.

이런 문벌 귀족 사회의 전성기를 연 왕은 문종^{재위 1046~1083}이었다. 고려사는 이 시대를 이렇게 평가한다. "문종 시대, 창고에는 해마다 곡식이 쌓였고 집집마다 살림이 넉넉하고 나라는 부유했다. 사람들은 이때를 태평성세라 불렀다." '해동공자'라 불린 최충이 시중을 지내고 문헌공도를 세운 시기도 바로 이때였다. 장인으로 재상을 지낸 이자연은 불교 세력을 왕실의 든든한 후원자로 만들었다.

하지만 문벌 귀족 세력이 점점 강해지면서 통치 기반이 다시 흔들리기 시작하였다. 특히 이자연의 세 딸이 문종의 왕비가 되면서 인주 이씨 세력이 왕권을 위협할 정도로 커졌다. 문벌 귀족 사이에 갈등도 커졌다. 2군 6위를 중심으로 한 군사 조직도 제대로 움직이지 않았다. 백성들은 권세가에게 땅을 빼앗기고 떠돌나 도적이 되었으며, 미륵불이 나타났다는 소문이 빠르게 퍼져 나갔다. 여기에 여진족이 점차 통합을 하면서 국경을 빈번하게 침략하자 위기는 더욱 커졌다. 게다가 문종을 이은 순종이 3개월 만에 죽고, 선종은 10년을 갓 넘기고 죽었다. 이어 헌종이 어린 나이에 왕위에 오르면서 왕권을 둘러싼 다툼이 심해졌다.

이런 혼란 속에 1095년^{헌종 1년} 이정의 아들 이자의는 누이 원신궁주가 낳은 왕윤을 왕위에 올릴 모의를 하였다. 계림공^{숙종}이 이 반란을 진압하고 헌종을 상왕으로 받들고 왕위에 올랐다. 숙종은 즉위하자 남경으로 천도를 꾀하고 부국강병을 내세워 개혁을 단행하였다. 동생인 대각국사 의천의 건의를 받아들여 화폐를 주조한 것도 국정을 쇄신하기 위함이었다. 많은 귀족들의 반대에도 별무반을 새롭게 만든 것 또한 마찬가지였다.

윤관, 동북 9성을 개척하다

여진은 숙신, 말갈 등으로 불리던 종족이다. 발해가 멸망한 뒤 여진족은 만주와 한반도 북부에 부족 단위로 흩어져 살았다. 두만강 유역에 살던 여진족은 때로 국경을 침범했지만 토산물을 바치며 고려를 부모의 나라로 섬겼다. 고려는 식량과 의복 등을 주고 추장에게는 관직을 주면서 우호적인 관계를 유지했다.

12세기 초 요와 고려에 복속했던 여진은 완안부를 중심으로 통일을 이루었다. 세력이 강해지자 여진은 자주 고려 동북쪽 국경 지역을 침략했다. 고려는 윤관에게 군대를 주어 보냈지만 거듭 패하고 말았다. 강력한

동북 9성

9성은 지금까지 함흥평야에 있었다고 여겨 왔다(1학설). 그런데 길주, 웅주까지 있었다는 주장(2학설), 두만강을 넘어 훨씬 북쪽에 있었다는 주장(3학설)도 있다.

기병대를 가진 여진족 군대를 보병을 중심으로 한 고려군이 막기는 어려운 일이었다. 하지만 무엇보다 '이자의의 난'에서 보듯이 통치 기반이 흔들려 대응을 제대로 할 수 없었기 때문이었다.

숙종은 1104년 윤관의 건의대로 전국적인 규모로 별무반이라는 특별 부대를 만들었다. 별무반은 기병 부대인 신기군과 보병 부대 신보군, 그리고 항마군으로 편성되었다. 신기군과 신보군은 주로 일반 백성이, 항마군은 승려와 사원에 소속된 농민들로 구성되었다. 사실상 당시 일반 백성 대부분이 동원된 셈으로 부대 전체 규모가 17만 명이 넘었다. 직업 군인이 아닌 병농일치 군대 성격을 지닌 별무반은 국왕이 전국의 군역 대상자들은 직접 장악하겠다는 의지를 보인 것이기도 하였다.

1107년^{예종 2} 3년 동안 준비를 마친 윤관은 별무반을 이끌고 천리장성을 넘어 여진을 토벌했다. 고려군은 이 지역에 9개의 성을 쌓고 남쪽 백성을 이주시켰다.

여진은 9성을 끊임없이 공격하면서 조공을 바치겠다며 이 지역을 돌려 달라고 요청해 왔다. 고려도 계속되는 여진의 공격을 막아 내기 어려웠다. 게다가 거란을 경계할 필요도 있어 내부에서는 돌려주자는 의견이 커졌다. 그러잖아도 숙종과 예종의 개혁에 불만을 가졌던 문벌 귀족들이 목소리를 높인 것이다. 결국 2년이 채 안 되어 9성을 허물고 이 지역을 여진에게 돌려주었다.

병농일치
병농은 군사의 일과 농사일을 이른다. 병농일치는 평상시에 생업에 종사하다가 비상시에 군인으로 동원되는 체제를 의미한다.

척경입비도
윤관이 9성을 쌓은 다음 이곳이 고려 땅이라는 비석을 세우는 장면을 그린 기록화이다. 조선 후기에 만든 『북관유적도첩』에 실려 있다.

금·남송의 세력 범위
몽골은 금에 포함되지 않지만
금은 이 지역에 강력한 영향력
을 갖고 있었다.

고려, 여진에 사대하다

9성을 돌려받은 뒤 여진은 세력이 더욱 커져 1115년 금을 세우고 고려에 형제 관계를 요구했다. 한편 거란은 금이 공격해 오자 고려에 원병을 요청했다. 고려는 두 나라의 요구를 모두 받아들이지 않았다. 오히려 이 기회를 이용하여 보주를 차지하고 압록강까지 영토를 넓혔다.

1125년 금은 드디어 송과 손잡고 요를 멸망시켰다. 얼마 가지 않아 동맹은 깨지고 금이 송을 공격했다. 고려는 송으로부터 함께 금을 치자는 제안을 받았지만 거절했다. 1127년 금은 송의 수도 카이펑을 점령하고 황제를 사로잡았다. 이를 정강지변이라고 한다. 송은 강남으로 쫓겨 내려가 나라를 다시 일으켜 세웠다. 이를 남송이라 한다. 고려는 남송이 금을 공격하기 위해 길을 빌려 달라는 제안도 거절했다.

중원을 차지한 금은 고려에 군신 관계를 요구해 왔다. 이에 대해 찬반 의견이 대립했지만 결국 고려는 이 요구를 받아들였다. 금이 동아시아의 강대국으로 성장한 현실을 인정한 것이다. 이때부터 고려와 금의 관계는 몽골이 등장할 때까지 약 100년 동안 무력 충돌 없이 유지되었다.

운두산성에는 송 황제 무덤이 있다

(조선) 숙종 정유년에 강희 황제(청나라)가 오라총관인 목극등을 시켜 백두산에 올라가 두 나라 경계를 정하게 했다. 이때 목극등이 두만강을 따라 회령 운두산성에 왔다가 성 밖 큰 언덕에 여러 무덤이 있는 것을 보았다. 그 지방 사람들이 어느 황제의 능이라고 하자 목극등이 파 보게 했다. 무덤 곁에서 나온 비석에 '송제지묘'라는 네 글자가 새겨져 있는 것을 확인하고 봉분을 도로 크게 쌓고 돌아갔다. 이리하여 금나라 사람이 말하던 오국성이 송제가 머물렀다는 기록이 있는 운두산성이란 것을 비로소 알게 되었다. 그러나 송제라고 했기 때문에 이 무덤이 송나라 휘종의 무덤인지 흠종의 무덤인지 알 수가 없었다.

운두산성은 동해와 겨우 2백여 리 떨어져 고려와 바닷길로 매우 가까웠다. 또 고려 땅 전라도와 (남송 수도) 항주는 바다가 좁아서 순풍을 만나면 배로 7일 만에 닿을 수 있다. 만일 (남송) 고종이 몰래 고려에게 부탁하여 동해에 배를 띄워 군사 1천으로 운두산성을 습격하게 했다면 휘종·흠종과 비빈들을 빼돌려 바닷길로 고려 땅에 데려올 수 있었을 것이다. 그리고 전라도에서 다시 배로 항주로 모셔 갔더라면 천하에 둘도 없는 큰 사건이 되었을 것이다. 그러나 안타깝게도 고종은 아비를 걱정하기는커녕 서호에서 놀기만 했다. 불효가 하늘에 사무쳤고 천고에 한탄스러운 일이다.

그러나 고종은 죽은 지 백 년이 못 되어 도둑 중에게 무덤이 파헤쳐지는 화를 당했다. 휘종은 비록 타향에서 죽어 묻혔지만 지금까지 무덤이 보존되어 있다. 돌고 도는 하늘의 이치는 알 수 없는 것이다.

-『택리지』

북송의 8대 황제 휘종

택리지에서 말한 송 황제 무덤의 주인은 북송 황제 휘종이다. 휘종은 정강지변 때 큰아들 흠종과 함께 금에 잡혀갔다. 휘종과 흠종의 왕후 및 왕자와 공주도 모두 끌려갔다. 요행히 탈출한 휘종의 9번째 왕자 조구가 양자강을 건너 송을 다시 세웠다. 조구는『택리지』에서 이종환이 하늘에 사무친 불효를 저질렀다고 한 남송 황제 고종이다. 갖은 모욕을 당한 두 황제는 마지막에는 송에서 가장 멀리 떨어진 함경도 회령 오국성으로 유폐당했다. 여기서 두 황제는 고향으로 돌아갈 날을 기다리다 휘종은 1135년에, 흠종은 1161년에 죽었다. 명필이자 예술가로 널리 알려진 휘종은『고려도경』을 만들게 한 황제이기도 하다.

휘종의 유해와 고종의 어머니 위씨는 고종의 요청으로 송에 돌아왔다. 하지만 흠종은 끝내 귀국을 못했다. 황제 자리가 위태로워질 것을 염려한 고종이 남몰래 금에게 돌려보내지 말라고 요청했기 때문이다.

운두산성 함경북도 회령군에 있다. 두만강변에 높이 솟은 운두산의 험한 산세를 이용해 만들었다.

4

지배 세력이
교체되다

문벌 귀족 사회가 성립되다

고려 사회는 성종 이후 새로운 통치 질서가 자리를 잡았다. 사회가 안정되면서 신분 질서도 세워져 갔다. 새로이 지배층이 된 사람들은 호족과 6두품 출신 유학자들이었다. 이들 가운데 여러 대에 걸쳐 고위 관리를 배출한 집안이 나타났다. 문벌 귀족이라 부르는 이들은 진골 귀족을 대신하여 최고 지배층이 되었다.

문벌 귀족들은 과거와 음서를 통해 관직에 나가 재신과 추밀이 되어 정치를 이끌어 갔다. 또한 물려받은 땅과 함께 과전과 공음전을 받아 탄탄한 경제적 기반을 갖추었다. 이런 권력 기반을 더욱 굳건히 하기 위해 서로 혼인 관계를 맺었다. 특히 왕실과 혼인하려고 했다. 외척이 되면 권력을 한층 강화할 수 있기 때문이었다.

문벌 귀족 사이에는 크게 두 가지 흐름이 있었다. 하나는 고구려를 계승해야 한다는 집단이었고, 다른 하나는 신라를 중요시해야 한다는 부류였다. 전자는 북진 정책을 추진하면서 자주성을 강조했다. 반면 후자는 안정을 우선시하며 강대국을 중심으로 한 국제 질서를 인정했다. 이들은 서로 경쟁하면서 고려 전기 정치를 비교적 안정적으로 이끌었다. 후자라 해도 개혁적인 자세를 보이며 상대를 인정했다.

문벌 귀족, 보수화되다

하지만 문벌 귀족들은 안정된 사회 질서 속에서 점차 보수화되어 갔다. 동아시아 국제 질서가 안정된 것도 한몫했다. 고구려 계승 의식이 점점 약해지면서 북진 정책도 사실상 포기했다. 신라를 중요시한 귀족들이 주도권을 잡으면서 이런 경향은 더욱 강해졌다.

권력이 문벌 귀족들에게 쏠리면서 신진 세력은 갈수록 출세하기 어려워졌다. 과거로 중앙에 진출한 신진 세력들은 문벌 귀족에 반감을 가질 수밖에 없었다. 여기에 개경의 영향력이 강해지면서 서경을 비롯한 지방 세력들은 점점 소외당하게 되었다. 특히 북진 정책의 전진 기지였던 서경의 중요성은 급격히 약해졌다.

왕권마저 제약을 당하자 왕들은 지방에서 올라온 신진 세력을 측근으로 삼았다. 이들과 함께 문벌 귀족을 견제하기 위함이었다. 윤관과 같은 일부 개혁적 문벌 귀족들도 뜻을 함께했다. 하지만 문벌 귀족의 힘은 쉽게 꺾이지 않았다. 숙종과 예종은 윤관과 측근들과 함께 여진 정벌을 추진했다. 대부분 문벌 귀족들은 여기에 반대했고, 결국 9성을 여진에게 돌려주고 윤관을 내쫓았다.

그렇다고 문벌 귀족 집단 안에서 아무런 문제가 없었던 것은 아니다. 안산 김씨, 해주 최씨 등 특정 가문이 권력을 독점하면서 귀족 사이에 세력 차이가 나타났기 때문이다. 우열로 나눠진 문벌 귀족 사이에는 당연히 갈등이 일어났다.

이자겸이 난을 일으키다

이런 갈등은 12세기에 들어와 폭발하기 직전에 이르렀고 인주 이씨가 권력을 독차지하면서 최고조에 달했다. 인주 이씨는 이자연 때 세 딸이 문종의 왕비가 되면서 문벌 귀족 가문으로 올라섰다. 그 뒤 예종 때까지 숙종비를 뺀 모든 왕비 자리를 독차지했다. 누구도 넘보지 못하는 최고 귀족 가문이 된 셈이다. 특히 이자겸은 예종에게 둘째 딸을 시집보냈다. 이어 외손자인 인종에게 다시 셋째와 넷째 딸을 시집보냈다. 언니와 동생이 시어머니와 며느리의 관계가 된 것이다. 왕권을 뛰어넘는 권력을 차지하지 않고는 있을 수 없는 일이었다.

인종은 왕권을 회복하기 위해 측근 세력들과 함께 이자겸을 제거하려 했다. 더 큰 권력을 잡으려 했던 이자겸은 이를 빌미로 행동을 개시했다. 이자겸은 병권을 장악하고 있던 척준경과 손을 잡고 난[이자겸의 난]을 일으켜 궁궐을 불태우고 인종을 감금했다.[1126년] 권력을 장악한 두 사람은 반대파를 누르고 금과 사대 관계를 맺었다. 척준경은 윤관을 도와 여진 정벌에 큰 공을 세운 뛰어난 무장이었다. 하지만 9성 반환 뒤 금에 대해 신중한 태도로 돌아섰다.

사돈 관계였던 두 사람은 이자겸이 왕이 되려 하면서 사이

왕실과 경원 이씨의 혼인 관계도

가 멀어졌다. 인종은 척준경을 회유하여 이자겸을 제거하는 데 성공했다. 이어 척준경도 이자겸의 난 때 궁궐을 침범한 죄로 탄핵을 받아 쫓겨났다.

인종은 김부식 등 문벌 귀족과 정지상 등 측근 세력의 도움으로 이자겸의 난을 간신히 진압할 수 있었다. 하지만 왕의 권위는 땅에 떨어졌고 민심도 크게 흔들렸다. 문벌 귀족 사회도 분열되고 고려는 위기를 맞이했다.

묘청, 서경 천도 운동을 일으키다

이를 타개하기 위해 인종은 개혁 정치를 시도했다. 그런데 개혁 방향을 놓고 이자겸의 난을 진압하는 데 손을 잡았던 세력이 크게 둘로 갈라졌다. 하나는 서경 출신 정지상을 비롯한 신진 세력이었다. 다른 하나는 김부식을 중심으로 한 개경 문벌 귀족들이었다.

신진 세력들은 자주성을 되찾고 왕권을 강화해야 한다고 주장했다. 이에 부응하여 묘청 등 서경 세력은 풍수지리설을 내세워 서경 천도를 적극 추진했다. '수도를 옮겨야 민심을 수습하고 나라를 새롭게 만들 수 있다'는 것이었다. 또한 '황제를 칭하고 연호를 쓰며^{칭제건원} 금을 정벌하자'고 주장했다. 윤언이 등 일부 개혁적 문벌 귀족들은 서경 천도는 반대했지만 칭제건원에는 찬성했다.

반면 문벌 귀족 대부분은 이 주장에 반대했다. '풍수지리와 같은 도참으로는 당면한 어려움을 타개할 수가 없다', '천도는 백성들만 고통스럽게 할 뿐이다', '정치는 지금처럼 유학으로 이끌어야 한다', '섣부르게 자주를 내세우지 말고 국제 관계의 현실을 인정해야 한다'고 주장했다.

한때 인종은 서경에 대화궁을 짓고 여러 차례 행차했다. 하지만 개경 귀족들이 강력히 반발하자 불탄 궁궐을 다시 짓는 쪽으로 방향을 바꾸었다. 이에 묘청 등은 1135년 서경에서 난을 일으켜 국호를 대위라 하고

도참
암시나 상징으로 앞으로 일어날 일의 길흉화복을 예언하는 것.

연호를 천개로 정했다. 서북 지방 대부분은 여기에 호응했다.

하지만 인종은 대위국 황제에 오르기를 거부했다. 결국 난은 김부식이 이끈 관군의 공격으로 약 1년 만에 진압되었다. 김부식은 정지상 등 서경 천도를 지지한 세력을 제거하고 윤언이마저 쫓아낸 후 정권을 장악했다.

무신들, 정변을 일으키다

두 차례 반란이 진압된 뒤 문벌 귀족 사회는 안정을 되찾았다. 하지만 문벌 귀족들은 더욱 보수화되고 사치와 향락을 일삼았다. 그나마 있던 견제 세력이 사라지자 문벌 귀족 중심 지배 체제가 더욱 강화되면서 나타난 결과이기도 했다.

고려 사회는 문신이 정치를 주도했다. 군사 지휘권도 문신이 갖고 있었다. 하지만 거듭된 대외 전쟁으로 무신의 힘은 점점 커져 갔다. 문종 때 전시과를 개정하면서 문무 차별이 없어진 것이 이를 잘 보여 준다. 여기에 두 차례 반란으로 무신의 위상이 더욱 높아졌다. 척준경은 여진 정벌의 공으로 재상에 올랐고 이자겸의 난에 중요한 역할을 했다.

하지만 무신에 대한 차별은 오히려 심해졌다. 힘이 강해진 무신으로서는 불만도 커질 수밖에 없었다. 군인들도 군인전을 제대로 지급받지 못하고 각종 잡일에 동원되어 불만이 늘어만 갔다. 무신과 군인의 불만은 왕과 일부 문신들이 걱정할 정도였다. 무신들이 현종 때 쿠데타를 일으켜 약 100일 동안 정권을 잡은 적이 있기 때문이었다.

마침내 1170년 정중부, 이의방 등 무신들은 군인들의 지지를 받아 정변을 일으켰다. 이들은 많은 문신들을 제거하고 새로운 왕을 세웠다. 무신 정변이 일어나자 이에 반대하며 문벌 귀족들과 깊은 관련이 있던 교종 승려들이 승병을 동원해 난을 일으켰지만 모두 진압되었다. 동북면 병마사 김보당과 서경 유수 조위총 등도 정중부와 이의방 등에 반대하며 난을 일으켰다.

최씨 무신 정권이 세워지다

무신들은 중방을 통해 권력을 행사하면서 문신이 차지했던 고위 관직을 독차지했다. 이들은 문벌 귀족이 저지른 부정부패를 격렬하게 비난했지만 혼란을 바로잡지는 못했다. 오히려 갖가지 불법적 방법으로 토지와 노비를 늘리고 사병을 길러 정권을 잡기 위해 경쟁했다. 이 때문에 무신 정권 초기에는 무신들 사이에 권력 싸움이 일어나 집권자가 자주 교체되었다. 먼저 정중부가 이의방을 죽이고 정권을 잡았다. 정중부는 경대승에게 죽임을 당했다. 경대승이 얼마 가지 않아 병으로 죽고 이의민이 정권을 장악했다.

30여 년 동안 이어진 권력 다툼은 이의민을 제거한 최충헌이 집권하면서 멈추었다. 최씨 집안은 4대에 걸쳐 60여 년 동안 권력을 독점했다. 최충헌은 최고 권력 기관으로 교정도감을 새로 만들어 국정을 총괄했고 또한 도방을 두어 신변 경호와 함께 반대 세력을 감시했다. 그는 집권 초기에 봉사 10조와 같은 개혁안을 제시하여 흐트러진 정치 기강을 세웠다. 하지만 스스로 권력을 강화하기 위해 토지와 노비를 늘리고 농민 항쟁을 탄압했다.

최충헌에 이어 집권한 최우도 교정도감을 장악하여 권력을 행사했다. 또한 정방을 설치해 문무 인사권을 장악했다. 인사 기준으로는 학문적인 소양과 함께 행정 실무 능력을 중요시했다. 이 덕분에 향리 자제들이 중

무신 집권기 집권자와 최고 권력 기관

앙 관리로 많이 진출했다. 무신 정권이 안정되자 그는 문신들을 정방과 정치 자문을 맡은 서방에 참여시켰다. 또한 삼별초를 설치하여 도방과 함께 정권을 유지하는 군사적 기반으로 삼았다.

백성들, 새 세상에 대한 희망을 갖다

무신 정변으로 문벌 귀족 사회에서 유지되고 있던 전통적인 권위가 무너졌다. 게다가 무신들 사이에 벌어진 권력 다툼으로 행정 체계도 허물어져 지방 통제력도 크게 약해졌다. 신분제도 흔들려 하층민들 가운데 벼락출세한 사람이 적지 않았다. 이의민처럼 노비 출신이지만 최고 권력자에 오르기도 했다.

하지만 기대와 달리 백성들의 삶은 그다지 달라지지 않았다. 무신들도 문벌 귀족들과 별로 다름이 없었기 때문이다. 이들은 문벌 귀족이 그랬듯이 불법으로 농장을 확대하고 노비를 늘렸다. 지방 수령이 된 무신들도 마찬가지였다. 무신들이 권력을 잡기 위해 경쟁하다 보니 규정보다 세금을 많이 거두는 일도 더 빈번해졌다. 견디지 못한 백성들은 고향을 버리고 떠돌이가 되었다. 세력가 집에 들어가 노비가 되거나 도적이 되는 사람도 적지 않았다.

마침내 백성들은 전국적으로 대규모 항쟁을 일으켰다. 봉기는 무신 정변 뒤 약 30년 동안 집중적으로 발생했다. 특히 향, 소, 부곡 등 특수 행정 구역과 속현에서 많이 일어났다. 이는 봉기가 가혹한 수탈과 함께 신분 질서의 변동에 영향을 받았음을 보여 준다. 통제력이 약하되고 하극상 풍조가 번지면서 하층민들도 신분 상승에 대한 욕구와 새로운 세상에 대한 희망을 갖게 된 것이다.

농민 · 천민, 사회 변화를 부르짖다

농민들이 가장 먼저 항쟁에 참여한 곳은 서경이었다. 1174년 서경 유수 조위총이 난을 일으키자 많은 농민들이 가세했다. 2년여 만에 난이 진압된 뒤 백성들은 스스로 봉기를 일으키기 시작했다. 공주 명학소 주민

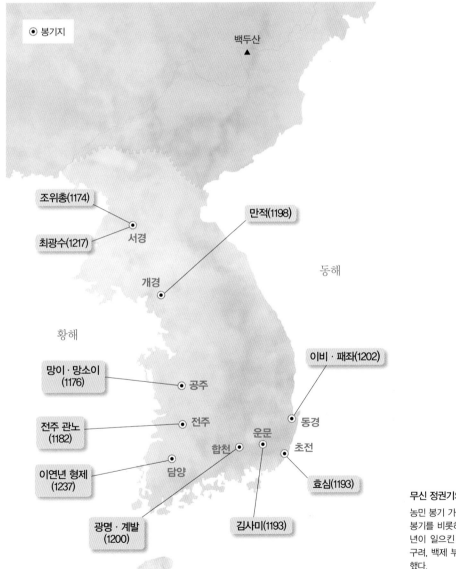

무신 정권기의 봉기
농민 봉기 가운데 1202년 경주 봉기를 비롯하여 최광수, 이언년이 일으킨 봉기는 신라, 고구려, 백제 부흥을 내세우기도 했다.

들은 일반 군현보다 무거운 부담에 시달리고 있었다. 이들은 1176년 망이·망소이를 중심으로 공주 명학소를 일반 군현으로 승격시켜 줄 것을 요구하며 들고일어났다.

망이·망소이는 정부가 보낸 토벌군을 무찌르고 충청도 일대를 점령했다. 진압에 실패하자 정부는 명학소를 충순현으로 승격시켜 그들을 달랬다. 이 조치가 효과를 보여 봉기의 기세가 꺾이고 말았다. 사태가 진정되자 정부는 다시 토벌에 나섰다. 망이·망소이는 속았다는 것을 깨닫고 다시 봉기했지만 실패하고 말았다. 이런 토벌 방식은 다른 봉기에도 그대로 이용되었다.

이어 전주에서는 1182년 관청 노비들이 가혹한 부역 동원에 반발하여 봉기를 일으켰다. 1193년에는 경상도 운문^{청도}과 초전^{울산}에서 김사미와 효심이 지휘하는 농민 봉기가 일어났다. 이들은 지방관의 탐학을 호소하

• 왕후장상의 씨가 따로 있느냐

정중부가 권력을 잡은 뒤 천한 종 가운데 높은 자리에 오른 사람이 많았다. 왕후나 장수, 재상이 될 수 있는 사람은 정해져 있지 않다. 때가 오면 누구나 할 수 있는 것이다. 언제까지 우리가 몽둥이찜질을 당하면서 뼈 빠지게 일만 해야 한단 말인가? (중략)
먼저 최충헌 일당을 제거하자. 그리고 각자 자기 주인들을 때려죽이고 노비 문서를 불태워 버리자. 그러면 이 나라에서 천인이 없어지고 우리들이 높은 자리를 차지할 수 있다.

-『고려사』「열전」최충헌조

최충헌이 사노비였던 만적(?~1198)이 노비를 모아 놓고 한 말이다. 무신 정변이 일어난 뒤 천민 출신 가운데 고위직에 오른 사람이 적지 않았다. 이의민은 최고 집권자에 오르기도 했다. 때로는 재산을 모아 노비에서 벗어나기도 했다. 하지만 이들은 모두 개인적인 능력으로 자신의 신분을 상승시켰다.
반면 만적은 노비 신분에서 개인적으로 벗어나는 것을 목표로 삼지 않았다. 봉기를 일으켜 신분 제도를 없애고 정권을 잡으려 했다. 이 점에서 만적은 사회 모순을 개인의 문제가 아니라 사회 구조에서 찾아 해결하려 한 선구자로 평가를 받고 있다.

며 바로잡아 줄 것을 요구했다.

최충헌이 집권한 뒤 강력한 탄압과 회유로 농민 봉기가 잠시 주춤했다. 하지만 노비들이 일으킨 신분 해방 운동은 오히려 거세게 일어났다. 대표적인 예가 최충헌의 사노비였던 만적이 일으킨 난이다. 그는 노비들이 힘을 합쳐 봉기하면 새 세상을 열 수 있다고 주장했다. 무신 정변 뒤 천한 사람들이 높은 자리에 올라갔듯이 우리도 고위 관료가 될 수 있다는 것이었다. 적지 않은 노비가 여기에 호응을 했지만 밀고자가 생겨 실패하고 말았다.

봉기는 실패했지만 만적의 난은 무신 정권 시기 사회적 분위기를 잘 나타낸다. 사회 변화를 바라는 백성의 봉기는 고려 왕조를 부정하는 단계로 나가기도 했다. 경주와 서경, 그리고 전라도 담양에서 신라와 고구려, 백제 부흥을 내건 항쟁이 일어났다.

무신 정권 기간 동안 일어났던 하층민의 봉기들은 성공하지는 못했다. 하지만 속현이 주현이 되고 특수 행정 구역을 폐지시키는 성과를 거두었다. 하층민들이 '우리도 사람이다'라는 생각을 하게 만든 것도 큰 변화였다.

5

몽골과
전쟁하다

고려, 몽골과 만나다

최씨 무신 정권이 안정될 무렵 동아시아 정세가 크게 바뀌었다. 1206년 칭기즈 칸이 몽골 초원에 흩어져 살던 **부족을** 통일하여 몽골 제국을 세웠기 때문이다. 칭기즈 칸은 20여 년 만에 초원 지대 전부와 중국 화북 및 만주 지역을 차지했다. 금을 대신하여 동북아시아의 강자가 된 것이다. 이어 오고타이 칸은 1234년 금을 완전히 멸망시키고 서아시아와 동유럽까지 진격했다. 1271년에는 쿠빌라이 칸이 남송을 멸망시키고 원을 세웠다.

이 과정에서 거란족도 요를 다시 일으키려고 했고 여진족은 동진국을 세웠다. 거란족 가운데 일부가 몽골에 쫓겨 1216년 고려를 침입했다. 거란족은 평양 동북쪽에 있는 강동성을 중심으로 한반도 동북 지방을 장악했다. 한때는 황해도

몽골 제국의 영토

칭기즈 칸 사망 직후 영토
몽골 최대 영토

고려
개경

까지 나타날 정도로 형세가 대단했다. 고려는 이들을 토벌하여 강동성까지 밀어냈다. 몽골도 군대를 보내 먼저 동진국을 복속시켰다. 이어 이들과 함께 동북 지방에서 거란족을 몰고 내려와 강동성을 포위했다. 마침내 1219년 몽골과 고려는 함께 강동성을 공격하여 함락시켰다. 이를 계기로 고려는 몽골과 교류하기 시작했다.

최우, 항전을 결정하다

그러나 몽골이 무리하게 많은 공물을 요구하면서 두 나라 사이에 긴장이 높아졌다. 커져 가던 갈등은 1225년 몽골 사신이 고려에 왔다가 귀국

대몽 항쟁

하는 도중 살해되면서 폭발했다. 몽골이 사신 살해 책임을 물으며 대군을 보내 침략한 것이다. 고려군은 박서가 귀주성에서, 최준명이 안북부에서 승리를 거두었다. 하지만 총사령관 살리타가 이끄는 몽골군이 개경을 압박하면서 전세가 불리하게 돌아갔다. 최씨 무신 정권은 서둘러 강화를 맺어 급한 불을 껐다. 몽골군은 개경과 북쪽 점령 지역에 감독관으로 다루가치를 두고 돌아갔다.

다루가치
원나라가 고려의 내정을 간섭하려고 파견한 관직.

몽골의 내정 간섭이 갈수록 심해지면서 권력 기반이 흔들리자 집권자 최우는 항전을 결심했다. 최우는 많은 반대에도 불구하고 강화도로 천도하여 끝까지 항쟁하겠다고 선언했다. 백성들도 산성이나 섬으로 들어가게 했다.

고려가 장기 항전을 준비하자 몽골은 다시 고려로 쳐들어왔다. 그러나 처인성에서 총사령관 살리타가 김윤후에게 사살되면서 바로 철수했다. 이후 몽골군은 고려 왕이 직접 몽골에 와서 항복할 것을 요구하며 약 30년간 일곱 번에 걸쳐 쳐들어왔다. 전쟁이 30년 내내 계속된 것은 아니었다. 하지만 한 번 침입할 때마다 몽골군은 전국을 휘젓고 다녔다.

오랜 전쟁으로 국토는 황폐해졌고 수많은 백성들이 죽거나 포로로 잡혀갔다. 황룡사 9층 목탑과 초조대장경 등 귀중한 문화재도 불타 버렸다. 하지만 무신 정권은 백성들을 지키기 위한 별다른 노력을 하지 않았다.

대몽 항전에 앞장선 사람들은 이름 없는 백성들이었다. 처인성 전투에서 김윤후와 함께한 사람들은 부곡민이었다. 충주성에서는 노비가 주축이 된 군대가 몽골군을 물리쳤고, 관악산 초적들도 대몽 항전에 나섰다.

무신 정권이 무너지다

무신 정권은 몽골군을 물리치기보다는 강화도를 지키는 데 관심을 두고 있었다. 강화도는 방어하기 좋고, 안전한 해로를 이용하여 조세를 거두어들일 수 있었다. 그래서 지배층들은 강화도에서 개경에 있을 때와 다름없이 화려하게 생활했다. 연등회와 팔관회도 해마다 거르지 않고 열었다.

하지만 전쟁이 길어지면서 무신 정권의 기반은 점점 약화되었다. 악화된 민심을 수습하기 위해 대장경을 다시 만드는 등 여러 가지 노력을 했지만 기대만큼 효과를 보지 못했다. 백성의 고통을 돌보지 않고 사치와 향락을 일삼는 무신 정권에 대한 불만은 갈수록 커져 갔다. 고려 정부 안에서 강화를 해야 한다는 목소리도 점차 커졌다. 최우가 죽은 뒤 최항이 정권을 이어받았지만 상황은 점점 나빠졌다. 1258년 김준이 최항을 이은 최의를 제거하면서 최씨 무신 정권은 무너졌다.

집권자가 된 김준은 계속 항쟁하겠다고 했지만 더 이상 버티기 어려웠다. 이듬해 강화를 주장하는 세력이 득세하여 몽골과 강화가 성립되었다. 그럼에도 무신 정권은 김준을 죽인 임연과 아들 임유무로 이어졌다. 하지만 예전과 같은 위세를 갖고 있지 못했다. 결국 1270년 고려 조정이 개경으로 다시 옮겨 가면서 무신 정권은 끝이 났다. 허수아비였던 왕이 다시 정치를 이끌게 된 것이다.

삼별초의 항쟁

삼별초, 끝까지 항쟁하다

고려 정부가 강화를 결정하자 무신 정권의 핵심 군대였던 삼별초가 반기를 들었다. 삼별초는 최우가 치안 유지를 위해 만든 야별초에서 시작되었다. 규모가 늘자 야별초는 좌별초와 우별초로 나뉘었다. 여기에 몽골군에게 잡혔다가 탈출한 병사로 이뤄진 신의군을 합쳐 삼별초가 되었다.

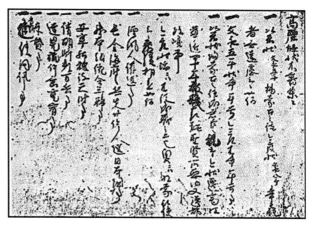

고려첩장불심조조

삼별초는 1271년 일본에 문서를 보내 몽골이 공격할지도 모르니 손을 잡고 함께 대항하자는 요청을 하였다. 이 자료는 일본이 삼별초 문서와 3년 전에 고려 정부가 보낸 문서를 비교하여 차이점을 정리한 것이다. 3년 전(문영 5년) 보낸 서장에서는 몽골 연호를 썼는데 1271년의 편지에는 쓰지 않았다. 또한 이전 서장에서는 "몽골 덕에 귀부하여 군신의 예를 이루었다"고 했는데, 이번에는 강화로 천도한 지 40여 년이나 지났고, 오랑캐를 따르는 것은 옛 성현이 꺼린 일이라 했으며 또 진도로 천도한 일을 말했다. 삼별초가 차츰 자주적인 방향성을 띠고 활동했음을 알 수 있다.

삼별초는 사병이 아니라 공적인 군대였다. 하지만 무신 집권자들은 삼별초를 특별히 대우하며 사병처럼 부렸다. 삼별초는 무신 집권자에게 충성을 다하고 반대파들을 제거하는 데에도 앞장섰다. 전쟁 초기 삼별초는 대몽 항전에 나서기도 했다. 하지만 대부분 기간은 항몽 전쟁보다 최씨 무신 정권을 유지하는 데 힘을 쏟았다. 김준이 정권을 잡을 때도 임연이 김준을 죽일 때도 결정적인 역할을 한 정치 군인이었다.

삼별초는 배중손의 지휘 아래 따로 왕을 세우고 진도로 근거지를 옮겼다. 이들은 전라도와 경상도 연안 지역을 장악하고 조세 수송로를 차단하여 개경 정부를 압박했다. 일본에 사신을 보내 몽골군이 일본을 공격할 것에 대비하여 손잡을 것을 제안하기도 했다. 그러나 1273년 고려와 몽골 연합군에게 밀려 배중손이 죽고 섬이 함락당했다. 남은 세력들이 제주도로 가서 항전을 계속했지만 결국 진압당하고 말았다.

삼별초 항쟁은 정치 군인으로서 특권을 빼앗기지 않으려는 것으로 볼 수도 있다. 하지만 끝까지 몽골에 대항하여 싸우겠다는 무신 정권의 마지막 자존심을 지켰다고 할 수도 있다. 3년에 걸친 장기간의 항쟁은 백성의 지지가 없이는 불가능한 일이었다. 이 점에서 삼별초 항쟁은 몽골에 굴복하기를 거부하는 고려인의 기백을 잘 보여 줬다는 평가를 받는다.

세조 구제가 고려에 미친 영향

첫째, 옷과 머리에 쓰는 관은 고려의 풍속에 따라 바꿀 필요가 없다.

둘째, 사신은 오직 원 조정에 보내는 것 이외에 모두 금지한다.

셋째, 사신이 개경으로 다시 돌아가는 것은 고려 조정에서 시간을 조절할 수 있다.

넷째, 압록강 둔전과 군대는 가을에 철수한다.

다섯째, 전에 보낸 다루가치는 모두 철수한다.

여섯째, 몽골에 자원해 머무른 사람들은 조사하여 돌려보낸다.

- 세조 구제

원은 내정 간섭을 본격화하며 고려에 공녀, 환관 등 사람과 식량을 요구하고 평안도와 함경도, 제주도를 직할령으로 만들었다. 또한 다루가치를 파견하고 호구 조사 결과를 보고하라는 등의 요구가 갈수록 심해졌다.

고려 국왕도 원나라 황제 눈 밖에 나면 왕위를 지킬 수 없었다. 당연히 친원 세력들이 날뛰었고, 이들은 여러 차례 고려를 아예 원 제국의 일부로 만들려는 시도를 하였다. 그때마다 고려를 지키려는 사람들은 위의 여섯 가지 사항 곧 원 세조가 약속한 '세조 구제'를 가지고 이를 막아 냈다.

세조 구제(世祖 舊制)는 원 세조 쿠빌라이가 고려와 강화를 하면서 한 약속이다. 몽골 제국에게 정복당한 나라는 모두 독립국 지위를 잃고 몽골 제국이 되었다.

그런데 원 세조가 고려에게 이런 파격적인 약속을 한 까닭은 무엇일까?

고려 태자(원종)가 항복을 하러 가는 도중에 4대 몽케 칸이 죽었다. 몽골 제국은 아리크 부케와 쿠빌라이 사이에 치열한 왕위 쟁탈전이 일어나 큰 혼란에 빠졌다. 누구한테 항복할지 고민하던 태자는 쿠빌라이를 선택하였다. 쿠빌라이는 이를 하늘의 뜻이 자신에게 있음을 보여 줬다고 여겨 크게 기뻐했다.

실제로 이 결정은 왕위 경쟁을 벌이던 쿠빌라이에게 큰 힘이 되었다. 그 보답으로 쿠빌라이는 파격적인 약속을 한 것이다. 세조 구제로 불린 이 약속은 원 간섭기 고려에 큰 영향을 미쳤다. 쿠빌라이는 사실상 원의 시조로 후대 황제 그 누구도 이를 무시할 수 없었기 때문이다.

아리크 부케와 쿠빌라이 각각 몽케 칸의 막냇동생과 둘째 동생.

6

원의 내정 간섭과
권문세족

원, 고려 내정을 간섭하다.

원과의 강화는 곧 내정 간섭의 시작이었다. 삼별초 항쟁을 진압한 여몽 연합군은 바로 일본 원정군으로 개편되었다. 원이 항복 요구를 거절한 일본을 정벌하러 나섰기 때문이었다. 두 차례 일본 원정에 고려는 군대와 전함을 비롯한 막대한 물자를 조달해야만 했다. 원정은 두 번 모두 태풍으로 실패했다. 흔들리던 일본 가마쿠라 막부도 전쟁 여파로 무너지고 말았다. 비록 승리를 했지만 방어 준비에 쓴 비용과 승리에 대한 보상 문제 등으로 통제력을 잃어버린 탓이었다.

고려는 30년 넘는 항쟁 덕분에 독립국으로서 지위를 유지했다. 하지만 자주성에 큰 상처를 입었다. 고려 국왕은 대대로 원의 공주와 결혼하여 고려는 원의 사위 나라가 되었다. 왕실 용어와 관제도 제후국에 걸맞게 낮추어야만 했다. 이제 고려 국왕은 '~조', '~종' 같은 묘호를 쓸 수 없었고 '~왕'이라 불리었다. 그것도 원에게 충성을 다하라는 뜻으로 앞에 충 자를 붙여 충렬왕, 충선왕 등으로 불렸다. 원나라에 의해 하루아침에 왕위에서 쫓겨나는 일도 잦았다. 충렬왕과 아들 충선왕 때 처음 그런 일이 일어났다. 충숙왕과 충혜왕 때에도 같은 일이 벌어졌다. 공민왕도 강제로 내쫓긴 충정왕을 이어 왕위에 올랐다. 복식과 이름도 몽골식으로 바뀌었다. 충선왕의 몽골 이름은 이지르부카였다.

원은 일본 원정을 위해 설치했던 정동행성을 계속 유지하고 다루가치를 두어 고려 내정을 간섭했다. 만호부를 설치하여 군사권도 통제했다. 고려는 금, 은과 인삼 등 특산물을 징발당했고, 원에 매를 바치기 위해 응방이라는 관청도 설치했다. 게다가 원은 여성을 공녀라는 이름으로 강제로 뽑아 갔고 환관도 요구했다.

또한 고려는 전 국토 가운데 1/4 이상을 원에게 빼앗겼다. 원은 평안도와 함경도 및 제주도에 각각 동녕부, 쌍성총관부, 탐라총관부를 설치하여 직접 지배했다. 평안도와 제주도는 충렬왕 때 돌려받았지만 쌍성총관부는 계속 유지되었다.

원 | 여진 | 석주 | ○ 함선진(의주) | 화주 | 동녕부 설치(1270) 원의 반환(1290) | ○ 서경 | 쌍성총관부 설치(1258) 공민왕 때 수복(1356) | ○ 은율 | ○ 풍주 | ⊙ 개경 | 정동행성 설치(1280) | 고려 | 탐라총관부 설치(1273) 원의 반환(1300) | 제주

원 간섭기에 설치된 직할령

권문세족이 등장하다

원의 간섭이 계속되면서 몽골어 역관이나 환관, 응방 출신, 원 공주 수행원 등이 권세를 누렸다. 이들은 전통적인 문벌 귀족 일부와 무신 집권기에 새로 등장한 가문 등과 함께 후기 지배 세력을 이루었다. 이들을 권문세족이라 한다. 이들은 대체로 친원적인 성향을 갖고 있었다. 적지 않은 권문세족은 고려보다는 원을 따르는 부원배였다.

권문세족은 도평의사사를 장악하여 국정을 자기 마음대로 운영했다. 도당이라 불린 도평의사사는 도병마사를 확대 개편한 것이지만 성격이

전혀 달랐다. 임시가 아닌 상설 합의 기관이었고 동시에 국가의 모든 행정을 직접 관장하는 최고 행정 기관이었다. 지방관에게 지시하는 모든 명령은 물론 왕이 사사로이 내린 부탁도 도당을 거쳐야 했다.

권문세족은 문벌 귀족에 비해 관직을 중요시했다. 고려 전기에 비해 가문을 유지하기 위해서는 높은 관직에 오르는 것이 필요했기 때문이다. 이에 따라 이들은 과거와 음서를 적극 활용하여 관직에 진출했고, 높은 관직을 독점해 후대에 지위를 물려주었다. 또한 대규모 농장을 차지하고 양민을 억압하여 노비로 삼는 등 사회적 폐단을 일으켰다. 심지어 일부 권문세족은 고려를 원의 명실상부 완전한 속국으로 만들려고 하기도 했다.

부원 세력
원에 충성하며 득세한 정치세력.

원의 내정 간섭과 부원 세력의 책동으로 고려의 사회·경제적 모순은

• 기황후와 기철

기황후(추정)와 남편 혜종 초상화

기황후(?-1369)는 원 혜종의 황후이다. 몽골 이름은 솔롱고 올제이 후투그로 알려졌다. 공녀로 원에 갔다가 혜종의 총애를 받아 귀빈이 되어 아이유시리다라(북원의 2대 황제 소종)를 낳았다. 외국인을 황후로 삼을 수 없다는 반대를 물리치고 1340년 제2황후로 책봉되었다. 1353년 아이유시리다라를 황태자로 세웠다.

종고조부 기윤위는 최충헌의 측근으로 활동했다. 고조할아버지 기윤숙은 상장군과 문하시랑 평장사를 지냈다. 증조할아버지 기온은 고려 고종의 부마였다. 아버지 기자오는 음서로 벼슬에 나갔지만 고위직에 오르지는 못했다. 이곡(이색의 아버지)이 지은 행장에 따르면 성품이 관대하고 온후하면서도 높은 사람에게 청탁하는 것을 좋아하지 않았다고 한다. 1340년 기황후가 혜종의 제2황후가 되자 기자오는 영안왕에 추증되었다. 오빠 기철은 정동행성 참지정사를 거쳐 대사도에 이르렀다. 고려에서도 정승에 임명된 뒤 덕성부원군에 봉해졌다. 기씨 집안은 원 황실의 일원으로 우대를 받고 기철은 영안왕의 후계자로서 대우를 받았다. 원에서 치르는 공식 행사에서 기철은 고려 왕과 동급이거나 더 우대받았다. 당연히 원은 물론 고려에서도 위세가 매우 컸다. 충혜왕을 폐위시키는 데 영향력을 발휘했고, 충정왕에 밀려 왕이 되지 못했던 공민왕을 왕위에 올린 세력도 기씨 가문이었다. 친원파의 우두머리로 권세를 누리던 기철은 1356년 공민왕이 연 연회에 참석했다가 아들, 조카와 함께 죽임을 당했다. 오빠의 죽음에 격분한 기황후는 원 혜종을 움직여 충선왕의 서자 덕흥군을 고려 왕으로 앉히고 고려를 침공했으나 실패했다.

갈수록 심해졌다. 이를 개혁하려는 시도가 여러 차례 있었으나 원과 부원 세력의 반대로 번번이 실패했다. 충선왕은 세자 시절 나랏일을 주무르던 충렬왕 측근들을 죽였다. 이어 아버지를 밀어내고 왕위에 올라 권세가의 농장을 몰수하는 등 개혁을 추진했다. 하지만 권문세족의 반발과 원의 견제로 1년도 안 되어 실패하고 충렬왕이 다시 왕위에 올랐다. 충선왕은 충렬왕이 죽은 뒤, 10년 만에 다시 왕위에 올랐지만 개혁을 다시 추진하지는 못하였다. 이 사건은 원과 권문세족의 힘이 어느 정도인지 잘 보여 준다. 또한 개혁은 왕 혼자가 아니라 뒷받침하는 세력이 있어야 성공할 수 있다는 것도 알 수 있다.

공민왕, 개혁을 추진하다

14세기 중반 원이 쇠퇴 조짐을 보였다. 이 틈을 타서 공민왕은 과감하게 개혁을 추진했다. 대외적으로는 원의 간섭을 극복하고 대내적으로는 왕권을 강화하려는 의도였다. 공민왕은 막강한 세력을 행사하며 수탈을 일삼는 기철의 가족과 측근을 축출해 기씨 일가의 전횡을 막아 냈다. 노책, 권겸 등 부원 세력도 숙청했다.

이어 공민왕은 정동행성을 혁파하고 정방도 폐지하여 자주성을 되찾고 권문세족이 차지했던 인사권을 빼앗았다. 원의 연호 사용을 금지하고 왕실 호칭과 관제 및 복식도 원래대로 바꾸었다. 또한 원이 지배하고 있던 쌍성총관부를 공격하여 빼앗긴 영토를 되찾았다. 이때 쌍성총관부에서 고위 관리를 지내던 이자춘이 고려에 투항하여 큰 공을 세웠다. 그

공민왕이 수복한 영토

수복한 지역

백두산

강계   갑주
초산   창진   길주
의주

안북부   화주
(쌍성총관부, 철령위)
서경

가 바로 이성계의 아버지이다.

공민왕의 개혁은 권문세족의 반발과 홍건적의 침입 등으로 어려움을 겪었다. 이를 타개하기 위해 공민왕은 개혁 성향의 승려 신돈을 등용했다. 신돈은 전민변정도감을 설치하여 권력가들이 불법으로 만든 농장을 빼앗고 억울하게 노비가 된 사람을 해방시켰다. 백성들은 '성인이 났다'며 엄청난 지지를 보냈다. 또한 공민왕은 권문세족을 약화시키고 왕권을 강화하기 위해 성균관과 과거 제도를 재정비했다. 이를 통해 이색, 정몽주, 정도전 등 신진 사대부가 정치적으로 성장할 수 있었다.

공민왕이 추진한 개혁 정치는 권문세족의 강한 반발에 신돈이 제거되고 공민왕마저 시해당하면서 중단되고 말았다. 하지만 신진 사대부들은 권문세족에 맞서 개혁을 꾸준히 추진했다.

신진 사대부, 권문세족에 맞서다

'사'는 학문을 하는 사람을 뜻하고 '대부'는 관료를 가리킨다. 곧 사대부

• 공민왕의 개혁은 절반의 성공이었다?

종묘 공민왕 신당 안에 있는 공민왕과 왕비 노국대장공주의 영정

흔히 공민왕의 개혁은 절반의 성공이라고 한다. 원명 교체기를 이용하여 원의 간섭을 물리치는 데는 성공했지만, 원을 등에 업고 권력을 오롯이 차지한 권문세족을 도려내는 것은 실패하였기 때문이다. 과연 그럴까? 조선 왕조를 세운 신진 세력들이 만들고자 했던 나라는 공민왕이 꿈꾸었던 나라와 달랐을까? 왕조는 바뀌었지만 이루려고 했던 꿈은 비슷하지 않았을까? 신진 사대부들은 공민왕이 개혁 정치를 폈기 때문에 성장했고 그 덕분에 새로운 나라를 만드는 결실을 이뤘다고 볼 수 있다. 그렇다면 공민왕의 개혁은 온전히 이뤄졌다고 여길 수 있지 않을까? 조선 왕조에서 가장 중요한 건물인 종묘 한쪽에 공민왕 사당을 세우고 초상화를 모신 것은 바로 이를 말해 주는 것이 아닐까?

는 학자이면서 관료이고 관료이면서 학자라 할 수 있다. 사대부는 무신 집권기에 등장했다. 무신 정변으로 쫓겨난 문신 대신 향리층이 과거를 통해 중앙 관리로 진출했다. 기존 문신과 달리 정치는 물론 행정 실무에도 밝았지만 무신 정권 때에는 무신을 뒷받침하는 데 머물렀다.

신진 사대부들은 원 간섭기에 주자학을 연구하고 보급하면서 정치 세력으로 성장했다. 물론 권문세족에 밀려 많은 어려움을 겪고 고위 관직에 진출하기도 어려웠다. 하지만 충선왕 때처럼 개혁을 시도하는 시기가 되면서 권문세족에 맞서는 정치 세력으로 부각되기 시작했다. 이들은 공민왕의 개혁 정치에 힘입어 본격적으로 중앙 정계에서 두각을 나타내었다.

신진 사대부는 대지주였던 권문세족과 달리 대부분 중소 지주였다. 이 때문에 권문세족이 농장을 확대하면 이들에게 영향을 미치게 되었다. 또 이들은 권문세족과 달리 토지를 직접 경영했기 때문에 생산력 향상에 많은 관심을 두고 있었다. 이 덕분에 중국에서 선진적이었던 강남 농법 등이 들어오고 농업 기술이 크게 발전할 수 있었다.

강남 농법
양쯔강 이남에서 주로 사용된 농업 방식. 대표적으로는 '수전 농업'이 있다.

신진 사대부들은 성리학을 새로운 사회를 만들기 위한 개혁 지도 이념으로 삼았다. 신유학이라 불린 성리학은 도덕과 명분을 내세우고 실천 윤리를 강조하고 있었다. 이들은 불교 교리가 비현실적이고 불교 사원과 승려들이 부패의 온상이라고 보고 불교를 강력하게 비판했다. 불교와 권문세족이 밀접히 연결되어 있기 때문에 불교 비판은 권문세족에 대한 공격이기도 했다.

이와 같이 신진 사대부들은 권문세족과 정치는 물론 사회·경제·사상적 입장이 달랐다. 이들은 고려 사회의 모순을 해결하기 위해 대대적인 개혁이 필요하다고 주장했다. 대외적으로도 원이 아닌 친명 정책을 추진해야 한다고 주장했다. 따라서 이들은 공민왕과 뜻을 같이할 수 있었다.

신흥 무인 세력이 성장하다

원 말기 중국 각지에서 한족들이 봉기를 일으켰다. 이들은 머리에 붉은 수건을 둘러 홍건적이라 불렸다. 홍건적은 원의 토벌과 내분으로 한 때 세력이 크게 약화되었다. 그런데 1359년^{공민왕 2} 홍건적 가운데 일부가 원에 쫓겨 고려를 침입했다. 1361년에는 더 큰 규모로 다시 쳐들어와 개경이 함락당하고 공민왕은 복주^{안동}까지 피난을 갔다. 고려군은 이듬해 개

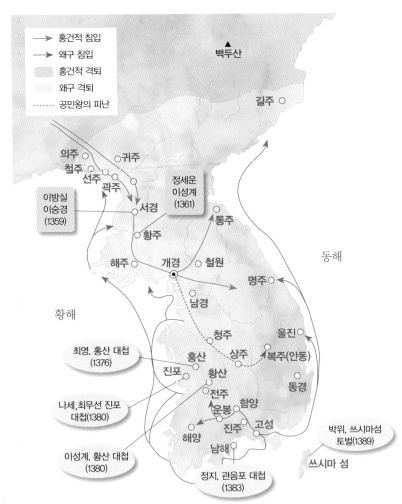

홍건적과 왜구의 격퇴

1359년 홍건적 1차 침입 때에는 이방실, 이승경 등이 활약해 함락한 서경을 되찾고 압록강 너머로 물리쳤다. 홍건적 2차 침입 때에는 정세운이 지휘하는 고려군이 활약해 1362년 개경을 되찾았다.

경을 탈환하였다.

고려 말에는 왜구도 자주 침입했다. 이들은 오합지졸 도적 떼가 아니었다. 때로는 수백 척이나 되는 함대를 이룰 정도로 조직된 군대나 다름없었다. 왜구는 해안가는 물론 내륙 깊숙이 쳐들어와 약탈을 일삼았다. 서해안을 돌아 강화도까지 쳐들어오기도 했다. 이 때문에 연안 평야 지대가 쑥대밭이 되고 조세 운송도 어려워졌다. 놀란 조정에서는 개경이 위험하다며 철원으로 수도를 옮기자는 논의를 하기도 했다.

이런 상황 속에서 신흥 무인 세력이 등장했다. 이들은 공민왕의 개혁을 뒷받침하고 홍건적과 왜구를 물리치면서 크게 성장했다. 대체로 이성계나 정지처럼 지방 출신이었고 실력으로 두각을 나타내었다. 물론 공민왕을 뒷받침한 세력 중에는 최영 같은 권문세족 출신도 있었다.

최영과 이성계는 홍건적과 왜구를 물리치면서 명성을 쌓았다. 특히 내륙 깊숙이 들어온 대규모 왜구를 홍산과 황산에서 물리쳤다. 이런 활약으로 이들은 백성과 조정의 신망을 받아 국민적 영웅이 되었다.

이에 힘입어 신흥 무인 세력은 신진 사대부와 함께 권문세족에 맞설 정치 세력으로 우뚝 섰다. 마침내 이들은 공민왕을 이은 우왕을 후견하며 전횡을 일삼던 이인임을 제거하는 데 성공했다. 이때 명이 쌍성총관부가 다스리던 땅을 차지하겠다고 통보했다. 최영을 따르는 사람들은 요동 정벌을 주장했다. 반면 이성계와 신진 사대부는 외교적 해결을 주장했다. 결국 고려 조정은 최영의 주장대로 요동 정벌을 단행했다. 그러나 이성계가 위화도에서 군대를 돌려 최영을 숙청하고 정권을 잡았다.

이 무렵 신진 사대부는 온건파와 급진파로 갈라졌다. 온건파는 고려 왕조를 유지하면서 점진적으로 개혁하자고 주장했다. 급진파는 왕조를 바꿔서라도 개혁을 추진해야 한다고 주장했다.

7

새로운 세금과
토지 제도를 마련하다

세금 제도를 정비하다

고려 정부는 후삼국을 통일한 다음 무엇보다 먼저 세금 제도를 정비했다. 국가 재정을 안정적으로 확보해야만 나라를 제대로 운영할 수 있기 때문이었다. 민심을 수습하고 백성들의 생활을 안정시키기 위해서도 필요한 일이었다. 이를 위해 고려 정부는 토지와 호구를 조사하여 토지 대장^{양안}과 호적을 만들었다.

양안에는 땅을 소유한 사람을 비롯하여 토지 면적과 모양 등을 기록했다. 논밭은 비옥도에 따라 3등급으로 나눴다. 당시 토지를 재는 단위는 결이었다. 결은 평이나 제곱미터와 달리 정해진 면적이 없었다.

1결은 곡식 약 100짐을 생산하는 토지 면적을 가리키는 단위였다. 따라서 토지 비옥도에 따라 1결의 면적이 달랐다. 이 때문에 공평 과세를 위해 농지를 3등급으로 나눈 것이다. 그래야 기름진 땅이나 척박한 땅이나 수확량이 비슷해지고 세금도 거의 같게 된다.

호적에는 호주를 비롯한 가족의 이름과 나이 등 가족 상황, 신분 관계 등을 기록했다. 물론 노비가 있으면 함께 적었다.

정부는 양안과 호적을 토대로 조세와 공물을 부과했다. 군대를 소집하거나 요역을 동원할 때도 이용했다.

조세, 요역, 공물을 거두다

조세는 토지에서 거둔 세금이다. 일반 백성에서 귀족까지 논밭을 소유한 사람은 생산량의 1/10을 세금으로 냈다. 물론 귀족들이 직접 농사를 지을 리가 없다. 이들은 노비를 부리거나 소작인에게 땅을 빌려주었다. 그 대가로 수확량의 5/10를 지대로 받았다. 여기서 귀족들은 1/10을 세금으로 냈다. 세금은 법적으로 지주가 내는 것이기 때문이다.

공물은 베, 종이, 과일 등 지방 특산물을 거둔 것이다. 중앙 정부가 필요한 특산물을 토지와 인구 등을 고려하여 각 군현에 할당하면, 군현은 호를 단위로 거두어들였다. 공물은 해마다 일정하게 내는 상공과 필요할 때 거두는 별공이 있었다. 공물은 백성들에게 조세보다 큰 부담이었다. 특히 광물과 수공업품을 전문적으로 생산하는 소에 사는 사람들은 일반 백성에 비해 부담이 더욱 컸다. 일부 공물은 베나 곡식으로 대신 바치게 하여 개경 시장에서 필요한 물품으로 바꾸기도 했다. 이런 대납은 고려 후기에 갈수록 확산되었다.

부역은 국가에서 15~59세 양인 남자를 일정 기간 대가 없이 동원하는 것으로, 군역과 요역이 있었다. 요역은 주로 궁궐·성곽 축조 등 각종 토목 공

고려 시대 조운로와 조창

고려
안란창
개경
흥원창
덕흥창
하양창
영풍창
진성창
안흥창
부흥창
통양창
해릉창
석두창
해룡창
장흥창

탐라

······ 조운로
◆ 13조창
—— 주요 교통로

사와 세금 운반 등에 동원되는 형태를 말한다. 이 밖에 상인들에게 거두는 상세와 어민들이 내는 어염세, 선세 등이 있었다.

세금을 개경으로 운반할 때는 주로 수로를 이용했다. 먼저 각 군현은 거둔 곡식과 공물을 가까운 조창으로 보냈다. 강이나 해안가에 설치한 조창은 전국에 13개가 있었다. 조창에 모인 조세와 공물은 조운선을 이용해 개경에 있는 경창으로 운반했다. 경창에 보관된 세금은 관리의 녹봉, 국방비, 왕실 경비 등에 사용했다.

세금 제도는 어떤 문제를 가지고 있었을까

세금 제도의 문제점은 우선 제도 자체에 있었다. 부과 기준과 물품이 합리적이지 않은 것이다. 가장 문제가 된 것은 공물이었다. 공물의 부과 기준은 실질적으로 호이다. 그런데 호는 작은 집도 있고 큰 집도 있다. 이것을 고려하지 않는다면 같은 양을 부과한다고 가정했을 때 당연히 작은 집에 사는 사람이 불리해진다. 게다가 사과나 굴비 같은 특산물은 곡물에 비해 크기가 일정하지 않다. 이를 고려하지 않고 무게가 아닌 개수로만 따지면 공정성이 떨어질 수밖에 없다. 또한 특산물은 해거리를 하기도 하고 시간이 지나면 나지 않기도 한다. 이를 고려하지 않는다면 문제는 더욱 커진다.

토지 대장을 만들고 세금을 걷는 과정에서도 여러 가지 불합리한 점이 생겼다. 세금은 양안과 호적을 토대로 각 군현에 할당되었다. 두 문서를 제대로 만들고, 수령들이 공정하게 거둔다면 큰 문제는 없었다. 하지만 관리와 실무를 담당한 향리들이 권세가나 지방 유력자 들을 봐준다면 문제가 생긴다.

양안을 만들 때 논밭을 비옥도에 따라 3등급으로 나누었는데 이는 농민에게 불리할 가능성이 있었다. 토지 실태를 정확하게 파악하지 못해 개간지를 오래된 농지로 보아 힘없는 백성들은 원래 내야 할 세금보다

해거리
과실 나무의 열매가 한 해씩 걸러 많이 열리는 일.

186

더 내야 하는 일이 벌어지기도 했다.

고려 시대 많은 농민들은 국가나 귀족의 땅을 빌려서 농사를 짓고 살아갔다. 이때 조세는 소유권자가 내는 것이 원칙이어서 땅 주인에게 지대만 내면 된다. 그런데 일부 땅 주인은 자신들이 내야 할 세금마저 소작인에게 떠넘겼다. 힘든 처지에 있는 소작인들은 억울하지만 땅 주인의 몫까지 낼 수밖에 없었다.

공물은 군현에 할당한 액수가 정해져 있었다. 그런데 지방관이 각 가정의 경제 능력을 고려하지 않아 문제가 생기는 경우가 많았다. 유력자들이 제대로 내지 않는 세금 부담은 바로 백성에게 갈 수밖에 없기 때문이다. 대납에 따른 피해도 갈수록 커져 갔다. 대납을 한 관리와 세력가들이 원래 액수보다 훨씬 많은 수량을 거두어들여 백성들에게 큰 고통을 주었기 때문이다. 게다가 후기로 갈수록 별공이 크게 늘어나 백성들을 힘들게 만들었다. 실무를 담당하는 향리마저 곤욕을 치를 정도였다.

요역은 농번기에는 동원하지 않는 것이 원칙이었다. 동원 날짜도 정해져 있었다. 하지만 현실은 달랐다. 규정된 날짜를 넘겨 동원되고, 지배 세력이 사사로이 별장을 지을 때도 동원했다. 게다가 요역을 나가면 식사도 스스로 마련해야 했다. 가난한 백성들은 굶어 가면서 일을 해야만 했다.

이런 불합리한 점 때문에 고려 후기에는 부과 기준이 집이나 사람이 아닌 토지를 비롯한 재산으로 바뀌어 갔다. 부과 기준이 바뀐 데에는 농업 생산력이 발전하고 봉기에 따른 피지배층의 소외 해제 등 사회 경제적 원인도 작용했다.

전시과 제도를 마련하다

고려 정부는 세금을 곡물이나 특산물로 거두었다. 이 때문에 세금 징수와 배분을 화폐를 사용하는 지금처럼 할 수 없었다. 전국에서 거둔 세금을 개경에 가져와서 그것을 용도에 따라 배분한다면 비용과 수고로움이 엄청날 것이기 때문이다.

해결책은 곡물을 모두 서울로 가져오지 않고 필요한 곳에서 거둬 쓰게 하는 것이었다. 제주도에서 걷은 세금은 제주도에서 쓰게 하고, 함경도 국경 초소에 필요한 비용은 국경 부근 마을에서 거두어 쓰면 된다. 이렇게 하면 우선 조세 징수와 운반에 따른 번거로움이 없어지고 인력과 비용이 크게 줄 것이다. 징수에서 배분에 이르기까지 기간도 크게 짧아진다. 이를 잘 관리하여 지켜 나간다면 나라 살림을 큰 어려움 없이 꾸려 갈 수 있었을 것이다. 바로 이 때문에 고려가 만든 제도가 전시과였다.

전시과에서 지급되는 토지들

고려 정부는 우선 전국 토지를 크게 공전과 사전 두 가지로 나누었다. 공전은 정부기 국방비와 관리 녹봉 등을 주기 위해 직접 세금을 거두는

• 고려 시대의 공전과 사전

국·공유지(왕실·관청 소유지)

민전(귀족, 관리, 농민의 소유지)

국가가 조세를 거두는 토지	개인(귀족·관리 등)이 조세를 거두는 토지
공전	사전

고려 시대에는 모든 땅에 지금처럼 땅 주인이 있었다. 주인이 귀족, 관리, 농민 등 개인이면 그 땅은 민전이고, 국가나 관청 등이면 국공유지였다.
민전의 소유권은 국가나 세력가들이 함부로 빼앗을 수 없었다. 세금만 제대로 내면 이 소유권은 땅을 팔지 않는 한 자손 대대로 물려줄 수 있었다.
민전을 소유한 사람은 국가에 세금을 냈다. 이 세금을 국가에 내면 공전, 개인에게 내면 사전이라 불렀다.

토지이다. 사전은 관청이나 개인에게 세금을 거두는 권리를 주어 운영비나 봉급으로 쓰게 한 토지였다.

사전은 지급 대상이나 용도에 따라 다양했다. 먼저 관리에게 품계에 따라 토지와 땔감을 얻을 수 있는 임야를 지급했다. 향리에게는 외역전을, 군인에게는 군인전을 주었다. 군인전은 군역을 세습하면 자손에게 세습되었다. 자손이 없으면 유가족에게 구분전을 주었다. 관청은 공해전을 지급받아 부서 운영에 필요한 경비를 조달했다. 왕실과 사찰도 내장전과 사원전을 지급받았다. 공신에게 공신전을 주고, 5품 이상 고위 관리에게는 공음전을 주었다. 하급 관리의 자제로 관직에 오르지 못한 자에게 한인전을 지급했다. 공음전이 문벌 귀족에게 준 특혜라면 한인전은 지배층으로서 신분을 이어갈 수 있게 한 것이다.

전시과에서 지급한 권리는 토지 소유권을 준 것이 아니다. 국가가 그 토지에서 조세를 거둘 권리 곧 수조권을 준 것이다. 따라서 수조권은 관리가 사망하거나 관직에서 물러나면 반납해야 했다. 그러나 공음전, 구분전과 같이 세습되는 토지도 있었다.

전시과 제도 정비 과정

고려 정부가 전시과 제도를 마련한 까닭은 신라 말 무너진 토지 제도를 바로잡고 땅에 대한 국가 지배를 강화해 국가 경제를 효율적으로 운영하기 위해서였다. 통치 질서를 바로 세우고 지배층의 경제 기반을 마련하는 것도 중요한 목적이었다.

통일 직후 고려는 공신들에게 역분전을 지급했다. 하지만 정상적인 토지 지급이라기보다 논공행상의 성격이 강했다. 드디어 광종 때 이뤄진 관료 제도 정비에 힘입어 10세기 후반 전시과 제도를 마련했다. 시정 전시과는 관직과 인품을 기준으로 토지를 지급했다. 문제는 인품이 관직에 비해 합리성이 떨어진다는 점이었다. 인품은 평가하는 사람에 따라 주관

논공행상
공적의 크고 작음을 따져 상을 주는 일.

이 들어갈 여지가 많다.

이 때문에 통치 체제의 기틀이 갖추어진 10세기 말에는 기준에서 인품을 뺐다. 관직만으로 지급하게 된 것이다. 개정 전시과에서는 현직 관리와 함께 산관에게도 토지를 지급했다. 산관은 실제 근무는 하지 않고 품계만 받은 관리를 말한다. 또 같은 품계를 갖고 있어도 무관은 문관보다 적게 받았다.

전시과 제도는 거란과 전쟁이 마무리된 11세기 중반에 다시 정비되었다. 지급할 토지가 점점 줄어들어 신진 관리에게 줄 토지가 모자라게 되었기 때문이다. 공음전 등 세습되는 토지가 갈수록 늘어났고, 과전도 제대로 반납되지 않은 것이 주된 이유였다. 거란과 치른 전쟁에서 공을 세운 무신과 군인 사이에도 차별에 대한 불만이 점점 높아졌다. 비록 최질·김훈의 난은 진압했지만 고려 정부로서는 무신들을 배려하지 않을 수 없었다. 이를 반영하여 경정 전시과에서는 현직 관리에게만 토지가 지급되고, 문무관의 차별이 거의 없어졌다.

전시과가 무너지다

전시과 제도는 문벌 귀족의 특권이 강화되면서 제대로 운영되지 못했다. 특히 이자겸의 난과 무신 집권기를 거치면서 사실상 기능을 상실했다. 권력자들은 불법으로 대규모 농장을 경영했고, 신진 관료들에게 과전을 지급하는 것조차 어렵게 되었다.

고려 정부는 13세기 후반 녹과전 제도를 시행해 이러한 문제를 해결하려 했다. 전시과와 가장 큰 차이는 지급 지역을 경기에 한정한 것이다. 관리들이 자주 가 볼 수 있게 하여 권세가들이 함부로 겸병하지 못하게 막기 위함이었다. 그러나 원 간섭기를 거치면서 토지 문제는 더욱 심각해졌다. 농장은 산천을 경계로 하거나 주와 군에 걸쳐 있다고 할 정도로 커졌다. 또한 불법적으로 수조권을 행사하여 한 땅에 여러 명이 수조

겸병
둘 이상의 것을 하나로 합쳐 가짐.

권을 행사하기에 이르렀다. 국가 재정은 바닥이 났다. 토지 문제로 백성의 불만은 폭발 직전이었고 지배 계급 사이에서도 갈등이 커졌다. 나라가 망할지도 모르겠다고 염려할 정도였다.

과전 농민은 울고 싶다

전시과에서 사전은 일반적으로 백성의 사유지인 민전에 설치되었다. 민전은 매매, 상속, 기증, 임대 등이 가능한 개인 소유지였다. 당연히 이 민전이 과전이 된다고 해서 소유권을 빼앗기지 않는다. 나라에 내야 할 세금을 관리에게 내면 그뿐이다.

하지만 현실은 달랐다. 자기 땅이 과전이 되면 땅을 받은 관리가 마치 주인인 듯 행세했다. 먼저 그해 수확량이 얼마인지를 관리가 결정했다. 조세는 수확량에 따라 결정된다. 이 때문에 수확량을 부풀려 1/10보다 많이 받아 가는 관리가 적지 않았다. 특히 흉년이 들면 문제는 더욱 심각했다. 게다가 농민은 조세를 관리 집까지 직접 운반하거나 옮기는 데 필요한 비용을 부담했다. 이것들을 모두 합치면 대략 수확량의 1/6~1/5 정도가 되었다고 한다.

관리들은 지방에 있는 과전에 관리인을 두어 관리했다. 일부는 시장에 내다 팔고 일부는 조운을 이용하여 개경까지 운반했다. 드물기는 하지만 소유권을 빼앗기는 농민이 생기기도 했다. 농민이 농사를 제대로 짓지 않거나 조세를 내지 않으면 관리는 그 땅을 빼앗을 권한을 가지고 있었다. 일부 세력가들이 이를 악용하여 농민이 가진 소유권을 빼앗은 것이다.

8

고려,
경제를 발전시키다

고려, 농업 발달에 힘쓰다

고려 시대 국가 경제의 기반은 농업이었고 대부분 백성들은 농민이었다. 이 때문에 고려 정부는 농업을 장려하여 국가 재정을 확보하고 농민 생활을 안정시키려 했다. 우선 농번기에는 농민들을 동원하지 못하게 했다. 자연 재해를 당하면 세금을 줄이거나 면제해 주었다.

또한 농토를 늘리기 위해 황무지를 개간하면 일정 기간 소작료나 조세를 감면해 주었다. 주인이 없는 땅이면 소유권을 인정하기도 했다. 이 때문에 개간된 농토가 꾸준히 늘어났다. 처음에는 산기슭과 산등성이를 따라 개간을 했다. 후기에 갈수록 보, 저수지, 방조제 등 수리 시설이 늘어나면서 연해안 지역이 개간되었다.

하지만 개간에 따른 혜택은 골고루 가지 않았다. 개간을 하려면 많은 사람이 필요했고 큰돈이 들어가기 때문이었다. 바닷물을 막아 갯벌을 간척하는 일은 더욱 그랬다. 당연히 이를 감당할 수 있는 일부 지배층들은 대규모 개간으로 넓은 땅을 차지할 수 있었다. 반면 가난한 농민들은 지배층들이 눈길을 주지 않던 가파른 산을 개간하여 다랑이 논을 만들었다.

고려 정부는 농업 기술을 발전시키는 데에도 힘을 쏟았다. 호미, 보습 등 농기구를 개량하고 시비법도 발전시켰다. 풀과 가축 및 사람의 똥을 섞어서 묵힌 퇴비는 지력을 북돋는 데 효과가 있었다. 여기에 소를 이용한 깊이갈이가 일반화되었다. 이에 힘입어 농사일이 덜 힘들어지고 지력을 높일 수 있게 되자 휴경지가 점차 줄어들었다. 고려 후기가 되면 연안 지역에 있는 농토에서는 해마다 농사를 지을 수 있게 되었다.

쌀 품종도 개량되었고 중국에서 가뭄에 강한 벼와 일찍 수확할 수 있는 벼 등 신품종도 도입되었다. 밭농사에서는 2년 3작 윤작법이 점차 보급되었다. 여전히 직파를 하는 논이 대부분이었지만 고려 말 남부 일부 지방에는 모내기법^{이앙법}이 보급되었다. 또한 원에서『농상집요』등 농서를 수입하고 목화씨를 가져와 목화를 재배하는 등 선진 농법도 적극적으로 받아들였다.

직파
모내기를 안 하고 논밭에 직접 씨를 뿌림.

국가 주도에서 민간 주도 수공업으로

고려 전기 수공업은 관청과 소 수공업을 중심으로 발전했다. 관청 수공업은 무기, 가구, 금은 세공품 등 국가와 귀족들이 필요한 물품을 주로

• 농업 발전에도 고려의 민중들이 살기 어려웠던 까닭

고려 시대 농업 생산력은 꾸준하게 발전했다. 이에 힘입어 일부 농민과 천민은 재산을 모아 신분을 상승시키기도 했다. 하지만 대부분은 살기가 어려웠다. 민전을 소유했지만 그것만으로 생계 유지가 어려웠기 때문이다. 어쩔 수 없이 이들은 국·공유지나 다른 사람의 소유지를 빌려 농사를 지었다. 게다가 귀족과 향리의 수탈과 고리대로 농민의 생활은 갈수록 어려워졌다. 몰락하는 농민이 늘어나자 이자가 원금만큼 불어나면 그 이상 받지 못하게 했지만 큰 성과는 없었다.

반면 귀족은 물려받은 민전과 노비를 비롯해 관료가 되면 과전과 녹봉을 받았다. 농업 생산력이 발달하자 토지에 대한 귀족들의 관심도 더 높아졌다. 이들은 개간이나 권력을 이용하여 땅을 억지로 빼앗아 대규모 농장을 갖게 되었다. 그것을 노비에게 경작시키거나 양민에게 소작을 주어 생산량의 반을 지대로 받았다.

만들었다. 중앙과 지방 관청에 소속된 기술자들을 공장이라 불렀다. 이들은 기술과 노동력을 제공하는 대가로 급료를 받았다.

전국에 흩어져 있던 소에서는 다양한 수공업품을 생산하여 국가에 바쳤다. 소에서는 금, 은, 철과 종이, 먹, 도자기 등 국가와 귀족은 물론 일반 백성이 필요한 모든 물건을 만들었다. 하지만 수공업품을 생산하는

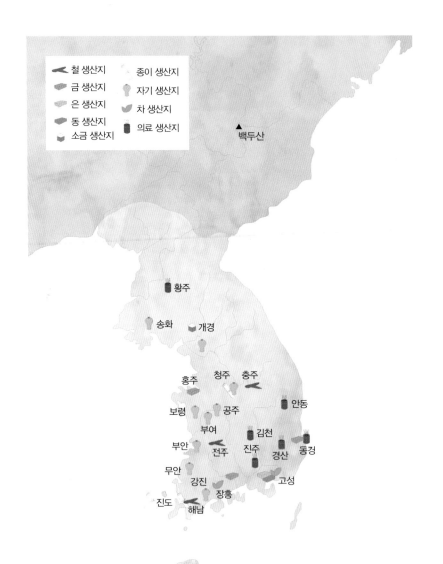

고려의 소 분포

일은 매우 힘들어서 소민들은 일반 농민보다 훨씬 어렵게 생활했다. 소에 대한 대우도 좋지 않았다. 이 때문에 도망치는 사람이 적지 않았고, 망이 · 망소이처럼 봉기를 일으키기도 했다.

고려 후기에는 민간과 사원 수공업이 발달했다. 민간 수공업은 주로 소규모 가내 수공업 형태로 이루어지고 있었다. 농민들은 삼베나 모시 등을 짜서 직접 사용하고 공물로 바치기도 했다. 화폐처럼 사용하기도 하고 시장에 내다 팔기도 했다. 그런데 소가 해체되고 상업이 발전하면서 전문적으로 수공업품을 만드는 사람들이 점점 많아졌다. 정부가 시장에서 물건을 조달하면서 관청 수공업이 위축된 것도 영향을 미쳤다. 대우가 나빠지자 관청에서 나와 독립한 공장들은 놋그릇이나 도자기 등 다양한 물품을 생산했다.

사원은 자체적으로 필요한 물품을 생산하는 경우가 많았다. 이 때문에 일찍이 사원 수공업이 발전하여 삼베, 모시 등 직물과 기와, 소금, 술 등을 만들었다. 솜씨 좋은 승려나 노비가 만든 물건은 품질이 뛰어나 시장에서 인기가 높았다. 사원 수공업은 고려 후기에 불교가 세속화되고 권력과 가까워지면서 갈수록 규모가 커졌다.

도시를 중심으로 상업이 발달하다

고려는 농업을 중요시했지만 상업도 권장하는 편이었다. 상업은 도시를 중심으로 발달했다. 특히 정치와 경제의 중심지였던 개경에서 크게 발전했다. 고려 정부는 개경 중심지에 시전을 만들고 경시서를 두어 감독하게 했다. 시전은 주로 관청이 필요한 물건을 조달하고 남는 관용품을 처분하는 일을 했다. 물론 귀족을 비롯한 개경 주민들이 필요한 생활용품도 팔았다. 또한 개경과 서경, 동경 등 대도시에는 책, 약, 술, 차, 비단, 소금 등을 파는 관영 상점도 운영했다. 관청 수공업에서 만든 비단, 소금 등을 여기서 팔았다.

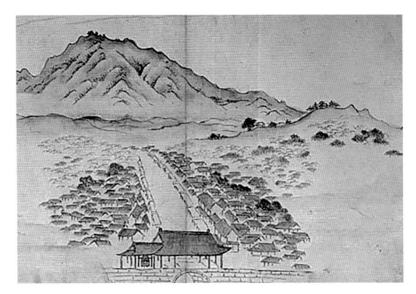

강세황이 그린 〈송도 전경〉

개성 내성 남대문에서 외성으로 큰길이 곧게 쭉 뻗어 있다. 남대가라 불린 길 양쪽에는 상점들이 늘어서 있다. 고려 때에는 바로 그 자리에 시전들이 있었다.

　지방에서는 관아나 사원 근처에서 비정기적으로 장시가 열렸다. 장시가 열리면 농민들은 물물 교환으로 필요한 물건을 사고팔았다. 마을을 돌아다니며 물건을 팔던 행상들도 장시에서 상거래를 했다. 사원도 적극적으로 파, 마늘 등 농산물은 물론 수공업품과 술을 내다 팔았다.

　상업 활동은 농업 생산력의 발전에 따라 후기에 갈수록 더욱 활발해졌다. 개경에서는 시전이 늘어나고 규모도 커졌다. 공물 대납이 늘어나면서 업종별로 전문화가 되기도 했다. 도시의 상업 발전과 함께 지방 장시도 많아져 행상들의 활동이 더욱 활발해졌다.

　상업은 교통로를 중심으로 발달했다. 상인들은 조운로를 이용하여 곡물과 소금, 도자기, 직물 등을 배로 운반하고 전국에 판매했다. 특히 개경 경창으로 가는 모든 조운선이 통과하는 예성강 입구의 벽란도는 상업과 무역의 중심지로 성장했다. 육로를 이용한 상업 활동도 점차 활기를 띠었다. 주요 도로에 여행자를 위해 만든 원院이라 불린 여관이 상업 중심지가 되기도 했다. 상업이 발전하면서 부자가 된 상인과 수공업자 들이 나타났고, 일부는 관리가 되기도 했다.

고려 정부, 화폐를 만들다

상업 활동에는 주로 쌀과 베 등 현물 화폐를 이용했다. 고려 정부가 상업 활동을 장려하기 위해 금속 화폐를 만들어 개경을 중심으로 금속 화폐도 사용되었다. 성종 때는 우리나라에서 처음으로 건원중보를 만들었다. 동국통보에 이어 숙종 때는 삼한통보, 해동통보, 해동중보를 만들었다. 베 약 100필에 해당하는 고액 화폐인 활구^{은병}도 만들었다.

숙종은 국가 재정을 튼튼히 하고 왕권을 강화하기 위해 화폐 사용을 적극 추진했다. 당시 고려 경제를 장악하고 있던 세력은 문벌 귀족과 사원 승려였다. 화폐를 사용하여 돈의 흐름을 투명하게 파악하면 이들을 견제할 수 있었기 때문이었다.

원 간섭기에는 원의 지폐인 '보초'를 들여와 사용했고, 공양왕 때는 종이로 만든 저화를 발행했다.

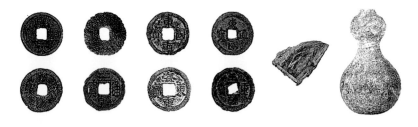

고려 시대의 금속 화폐, 은병(윗줄 맨 오른쪽)과 중통보초(아래쪽)

고려는 철이나 구리로 화폐를 만들었다. 중국 화폐를 본떠 바깥은 둥글고 가운데 네모난 구멍을 뚫었다. 순은을 일정한 모양으로 만들어 사용하기도 했다. 이 쇄은을 규격화한 것이 은병이다. 동전 1개를 1문(푼), 또는 닢이라고 했다. 10문(文)은 1전(錢), 10전은 1냥, 10냥은 1관(貫)이다. 은병은 은 1근으로, 표주박 모양으로 만들었다. 병 주둥이가 넓기 때문에 활구(闊口)라고 부르기도 하였다. 1331년(충혜왕 1)에 크기를 줄인 소은병을 만들었다. 그래도 1개 가치가 5승포 15필에 해당했다.

중통보초는 원 세조가 지원보초와 함께 만든 지폐이다. 액면 가치가 10문에서 2000문까지 9종이 있었다. 고려에 들어와 국내는 물론 원과 무역에도 사용하였다. 고려와 원의 공통 화폐로 두 나라 경제가 그 만큼 긴밀하게 연결되어 있음을 보여 준다.

하지만 금속 화폐는 상업이 번창한 개경에서만 사용되었다. 개경을 빼면 화폐가 필요할 정도로 유통 경제가 활성화되지 않았고, 자급자족을 하던 농민들도 그다지 필요성을 느끼지 못했기 때문이다. 귀족들도 금속 화폐를 적극적으로 사용하지 않았다. 은병은 워낙 가격이 높아 대외 무역에 쓰이거나 상류층이 사용했을 뿐이었다.

송과 활발히 무역하다

고려는 여러 나라와 활발히 무역했다. 무역은 조공을 통한 공무역이 중심이었지만 민간 무역도 했다. 고려 전기 가장 활발하게 교역한 나라는 송이었다. 거란과 외교 관계를 맺고 국교가 단절된 뒤에도 민간 무역은 계속되었다. 두 나라 상인은 거의 해마다 서로 상대방 나라에 가서 장사를 했다. 남송 때에도 5년에 한 번씩은 송 상인이 고려에 올 정도였다. 상인뿐만 아니라 고려 젊은이와 승려 들이 송에 가서 선진 학문을 배웠다.

고려는 비단과 약재, 서적 등 왕실과 귀족이 필요한 물품을 수입하고, 종이, 먹, 인삼 등을 수출했다. 종이와 먹은 질이 좋아 송의 문인들에게 인기가 있었다. 무역로는 주로 바닷길이 이용되었고, 개경과 가까운 벽란도가 국제 무역항으로 번성했다.

거란, 여진, 일본과 무역하다

사행 무역
사신을 외국에 보낼 때 겸하는 무역.

각장
여진, 거란 등과 고려 사이에 교역이 이루어진 무역장. 의주, 정주 등에 있었다.

거란과 무역은 송에 비해 활발한 편이 아니었다. 주로 조공을 통한 사행 무역이 이루어졌고, 국경에 설치한 각장에서 두 나라 상인들이 교역을 했다. 고려는 곡식, 문방구 등을 수출했고 말, 모피 등을 수입했다.

여진과 교역도 계속 이루어졌지만 적극적이지 않았다. 초기에는 여진이 말과 철갑을 바치면 농기구, 곡식 등을 주는 방식으로 교역했다. 거란처럼 각장 무역도 이루어졌다. 금이 건국된 뒤에는 사행 무역을 했다.

일본과는 정식 국교를 맺은 적이 없어 공무역은 이루어지지 않았다.

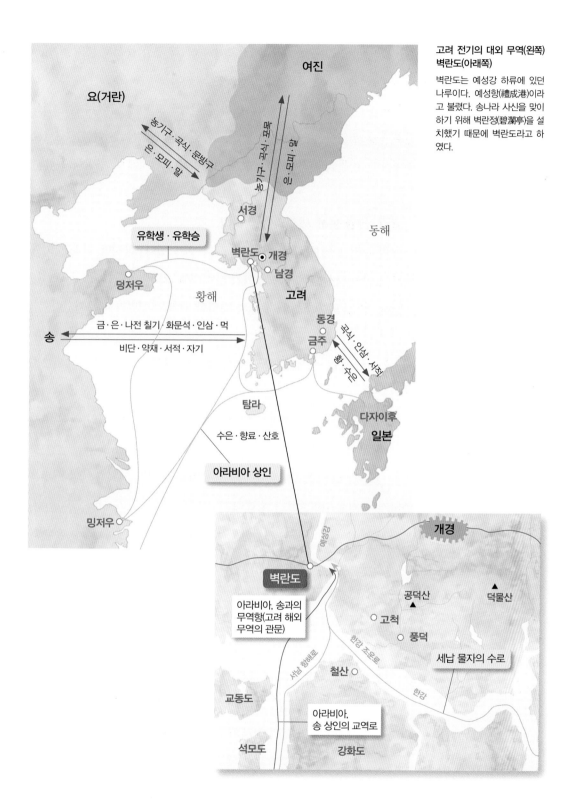

고려 전기의 대외 무역(왼쪽)
벽란도(아래쪽)

벽란도는 예성강 하류에 있던 나루이다. 예성항(禮成港)이라고 불렸다. 송나라 사신을 맞이하기 위해 벽란정(碧瀾亭)을 설치했기 때문에 벽란도라고 하였다.

여진

요(거란)

농기구·곡식·문방구
은·모피·말

농기구·곡식·포목
금·파머·은

유학생·유학승

서경

벽란도 개경
남경

덩저우

황해

고려

동해

금·은·나전 칠기 / 화문석·인삼·먹
송
비단·약재·서적·자기

동경
금주

곡식·인삼·서적

유황·수은

탐라

수은·향료·산호

다자이후
일본

아라비아 상인

밍저우

아라비아, 송과의
무역항(고려 해외
무역의 관문)

벽란도

개경

공덕산
덕물산

고척

풍덕

서남 항해로

한강 조운로

세납 물자의 수로

철산

한강

교동도

아라비아,
송 상인의 교역로

석모도

강화도

일본 상인이 황과 수은 등을 가지고 와 곡식과 인삼 등으로 바꾸는 방식의 교역을 했다.

한편 대식국인이라 불린 아라비아 상인들도 고려에 와서 수은, 향료, 산호 등을 팔았다. 비록 몇 번 오지는 않았지만 한 번 오면 꽤 큰 규모로 다녀갔다. 이들을 통하여 고려라는 이름이 서방 세계에 알려지게 되었다.

고려, 원을 통해 세계와 무역하다

고려 후기 무역은 대몽 전쟁으로 잠시 주춤했다. 하지만 원과 강화를 하고 왕실이 다시 개경으로 돌아가면서 대외 교역이 어느 때보다 활기를 띠었다. 동서 교역을 장악한 원과 긴밀한 관계를 맺었기 때문이었다. 고려가 많은 나라들과 교역을 함에 따라 여러 나라 사람들이 고려에 왔다. 색목인이라 불린 서역인들도 고려에 들어와 장사를 했고 관리가 되기도 했다.

색목인
몽골 정권에 협력한 터키인, 이란인, 아랍인을 이르던 말.

원 간섭기 공무역은 조공 무역 형식으로 이뤄졌다. 두 나라 왕실이 혼인 관계를 맺고 왕래가 더욱 많아지면서 교역량도 점점 늘었다. 민간 무역은 공무역보다 규모가 더욱 컸다. 상인들은 공식 교류단의 수행원을 통하거나 직접 대도^{베이징}를 왕래하며 무역을 했다. 고려 상인들은 인삼, 모시, 말 등을 팔고 사치품, 생활 용품, 서적 등을 수입했다. 물론 일본과의 무역도 전기에 비해 활기를 띠었다.

무역이 활발해지며 왕실이 직접 대외 무역에 나서기도 했다. 충렬왕의 왕비인 제국 대장 공주는 인삼을 중국 강남에 팔아 많은 이익을 얻었다. 충숙왕은 상인 출신 색목인을 관리로 등용했다. 충혜왕은 원에서 무역을 한 경험을 살려 직접 대외 무역에 나섰다.

하지만 원 간섭기 동안 고려는 막대한 공물을 바쳤다. 고려 왕이 원에 가져가는 선물도 많아 고려 경제에 큰 짐이 되었다.

신안 앞바다의 보물선

1975년, 신안 앞바다에서 고기를 잡던 어부의 그물에 도자기 6점이 걸려 올라왔다. 소문이 퍼지자 도굴꾼이 몰려들어 청자를 건져 올렸다. 엄청난 유물이 있다는 것이 확인되자 문화재청은 이듬해 본격적인 발굴에 나섰다. 1984년까지 11차례에 걸친 작업 끝에 나온 유물은 엄청났다. 모두 합쳐 2만 3500점이 넘는 도자기를 비롯한 칠기, 금속 공예품 등과 동전 800만 개, 자단목 1017개, 선체 조각 445개가 나왔다. 박물관 하나를 채울 어마어마한 양이었다.

규모뿐만이 아니었다. 중국에서 만든 도자기는 신품으로 최고급 제품이었다. 그것도 접시나 연적 같은 제품은 한두 개가 아니라 나무 상자 속에 10개 또는 20개씩 포개 끈으로 묶은 상태로 나왔다. 배 밑에 실린 자단목도 보통 목재가 아니라 아열대에서 나는 최고급 목재였다. 단향이라 불린 자단목은 불상이나 고급 가구, 공예품을 만들 때 썼다. 그 위에 놓여 있던 중국 동전은 무게가 무려 28톤이 넘었다. 아마도 불상을 만들 때 사용할 재료로 실렸던 듯하다.

이 많은 유물을 실은 배는 규모도 만만치 않았다. 최대 길이 34m, 폭 11m에 무게는 200톤이 넘었다. 오늘날 해군 고속정 참수리급보다 더 큰 초대형 무역선이었다. 규모에 걸맞게 이 무역선은 동남아시아와 고려, 일본 항로를 누비고 다녔을 것이다. 어쩌면 인도를 돌아 서아시아까지 갔을지도 모른다. 자단목에 한자와 함께 새겨진 아라비아 숫자는 이런 생각이 결코 상상이 아님을 보여 준다. 아라비아 숫자는 지중해 지역과 서남아시아에서 온 상인들이 원산지를 드나들며 남긴 흔적이었다.

신안선은 1323년 중국에서 출발하여 일본 하카타항으로 가다 풍랑을 만나 불행히도 좌초되고 말았다. 사찰을 다시 짓고 불상을 새로 만들 꿈도, 큰돈을 벌려 했던 꿈도 물속으로 가라앉고 말았다.

신안선 예정 항로와 침몰 위치

9

신분 질서를
다시 세우다

신분 제도가 정비되다

고려는 신분제 사회였다. 크게 귀족, 중류층, 양민, 천민으로 구분되었다. 신분은 세습되었고 신분에 따라 사회적 지위와 생활 모습이 달랐다. 하지만 골품제와 달리 신분을 상승시킬 수 있는 길이 꽉 막힌 것은 아니었다. 적어도 원칙적으로는 신분을 양인과 천인으로 나눴기 때문이다. 귀족에서 양민까지는 모두 양인이었고, 양인에게는 벼슬길이 열려 있었다.

귀족은 최고 신분으로 정치 · 경제적 특권을 갖고 있었다. 중류층은 통치 질서가 자리를 잡으며 새롭게 등장한 신분 계층으로 귀족과 양민 사이에서 행정 실무를 맡은 하급 지배 계급이었다. 이들은 과거를 볼 수 있었고 귀족이 될 수도 있었다. 양민도 제한적이었지만 과거로 신분을 상승시킬 수 있었다. 드물지만 천민도 재산을 모아 양민이 될 수 있었다.

귀족, 고려를 이끌다

귀족은 고려를 이끈 지배층이었다. 왕족과 5품 이상 고위 문무 관리들이 여기에 속했다. 이들은 과거와 음서로, 출세할 수 있는 기회가 다른

귀족
왕족, 문무 고위 관료

양인

중류층
하급 관리, 서리, 향리, 남반, 하급 장교

지배 계층

양민
농민, 상인, 수공업자, 향·소·부곡민

피지배 계층

천인 ── **천민**
공·사노비, 화척, 진척, 재인

화척은 도살업자, 진척은 나루에 상주하며 사람과 짐을 운송한 사공, 재인은 광대를 일컫는다.

신분에 비해 훨씬 많았다. 가문의 후광을 업고 고위 관리가 될 가능성도 크게 높았다. 음서라는 특권을 이용하여 벼슬길에 쉽게 나갈 수 있었고, 과거에 합격하지 않더라도 재상이 되는 데에 어려움이 없었기 때문이다.

경제적으로도 귀족들은 토지와 노비를 물려받아 탄탄한 기반을 갖고 있었다. 여기에 과전 및 공음전을 받아 다른 신분보다 잘 먹고 잘살 수 있었다. 때로는 권력과 백성의 어려운 처지를 이용해 땅을 헐값에 사들이거나 사실상 빼앗기도 했다.

귀족이라고 모두 같지는 않았다. 대대로 고위 관리를 배출한 문벌 귀족은 귀족 가운데에서도 특권층이었다. 현종의 장인으로 덕종, 정종, 문종의 외할아버지인 김은부 집안, 여섯 명의 수상을 비롯하여 재상을 20명 가까이 배출한 최충 집안, 문종부터 예종까지 왕비 자리를 사실상 독차지한 이자겸 집안 등이 대표적 문벌 귀족이다.

최고 귀족은 정치적 변동에 따라 문벌 귀족에서 무신으로, 권문세족으로 바뀌었다. 하지만 특권층이라는 데는 변화가 없었다. 다만 후기로 갈수록 관료적 성격이 강해져 고위 관직에 대한 관심이 높아졌다.

중류층, 행정 실무를 맡다

중류층은 통치 체제의 말단에서 행정 실무를 담당한 하급 지배층이다. 하급 관리와 하급 장교, 중앙 관청과 궁중에서 행정 실무를 담당한 서리와 남반, 지방 관청에서 행정 실무를 맡은 향리 등이 중류층이었다.

향리는 세금을 거두고 간단한 소송을 맡아 진행했다. 주현군 가운데 관청, 성, 사찰 등을 건축할 때 동원되는 군대를 지휘하는 임무도 맡고 있었다. 향리들은 특히 지방관이 없는 속현에서 더 큰 영향력을 가지고 있었다. 이들은 자신들이 담당하던 업무를 직역으로 세습했고, 그 대가로 토지를 받았다.

중류층 안에도 신분적 차이가 있었나. 향리는 크게 상층과 하층으로 나눠져 있었다. 상층 향리는 통치 체제 정비 과정에서 지방에 남은 호족 출신이었다. 이들은 고려 초 당대등, 대등으로 불리며 자기 지방을 실질적으로 지배했다. 성종 때 향직 제도 개편으로 호장, 부호장으로 칭호가 낮춰졌지만 여전히 지방의 유력자였다. 이들은 하층 향리를 거느리며 행정 실무를 총괄했고, 혼인도 자기들끼리 했다. 과거 응시 자격에서도 귀족과 큰 차이가 없어 중앙 관직에 진출하는 데 별다른 제약이 없었다. 이덕분에 과거에 합격하는 사람이 적지 않았고, 일부는 문벌 귀족이 되기도 했다. 무신 정권 이후 중앙 관리로 활발하게 진출한 신진 세력들도 대부분 이들이었다.

하지만 대부분 중류층들은 관직에 나가도 고위직에 오르기 힘들었다. 대개 7품 정도까지 올라갈 수 있었다. 같은 상층 향리라고 해도 특수 행정 구역 향리는 과거로 중앙 관직에 나가도 5품 이상으로 올라갈 수 없었다.

양민, 조세와 공납, 역을 부담하다

양민은 상인과 수공업자도 있지만 대다수가 농민으로 백정[白丁]이라고 불렀다. 백정은 관직이나 군역과 같은 특정한 의무를 지지 않는 백성이라는 뜻이다. 백정 농민들은 민전을 소유하거나 남의 땅을 빌려 생활했다. 이들은 양인으로서 조세와 공납, 역을 부담했고, 과거에 응시할 수 있는 자격이 있었다. 하지만 문과를 보기는 실질적으로 어려웠다. 출세를 하고 싶으면 일반적으로 잡과를 보거나 군인이 되어 공을 세우는 길을 택했다.

일반 군현이 아닌 특수 행정 구역인 향, 소, 부곡 등에 사는 양민도 있었다. 이들은 신분상으로는 양민이었지만 백정 농민에 비해 차별을 받았다. 자유롭게 이사를 할 수도 없었고 세금도 더 많았다. 과거도 볼 수 없었고 승려가 될 수도 없었다. 향과 부곡에 사는 사람은 주로 농사를 짓고 소에 거주하는 사람은 주로 수공업에 종사했다.

노비, 재산으로 간주되다

천민은 대부분이 노비였다. 노비는 재산으로 간주되어 매매, 증여, 상속되었다. 노비는 토지와 함께 중요한 재산이었다. 농사를 짓고 집안 잡일을 하는 데 필요했기 때문이었다. 노비가 자식을 낳으면 소유권은 여자 노비를 소유한 주인 몫이었다. 여자 노비값이 남자 노비보다 더 비싼 이유가 바로 여기에 있었다. 노비는 대개 노비와 결혼을 했지만 양민과 결혼을 하기도 했다. 이 경우 그 자식들은 모두 신분이 노비가 되었고, 소유권은 노비를 소유한 주인 몫이었다. 부모 가운데 한 명이 노비이면 자녀도 노비가 된다는 이 법으로 후기로 갈수록 노비가 많아졌다.

노비는 국가가 소유한 공노비와 사원이나 개인이 소유한 사노비가 있었다. 공노비는 입역 노비와 외거 노비로 나눠졌다. 입역 노비는 관청에서 잡다한 일을 하고 급료를 받아 생활했다. 외거 노비는 국공유지에서 농사를 지어 일정 액수를 바치고 남은 것으로 먹고살았다.

　사노비는 주인집에서 살며 심부름과 온갖 잡일을 하는 솔거 노비와 따로 사는 외거 노비가 있었다. 외거 노비는 주인 집 땅을 경작하여 일정량을 바쳤다. 이를 신공이라 한다. 이들은 재산과 집을 가질 수 있었고 솔거 노비에 비해 자유로웠다. 드물기는 하지만 부를 쌓아 신분을 상승시키는 경우도 있었다. 하지만 이들이 부담하는 신공은 백정 농민보다 많았고 차별 대우를 견뎌야 했다. 권력가 집안이라면 주인을 등에 업은 솔거 노비가 더 나을 수도 있었다.

　이 밖에 양수척, 화척, 재인, 기생 등도 천민으로 취급받았다. 양수척은 여기저기를 떠돌며 버들고리를 만들어 팔았다. 화척은 소, 돼지 등을 잡아 팔았고, 재인은 광대놀음으로 살아갔다.

버들고리
버들가지를 엮어 만든 상자로
옷이나 책을 넣어 두는 데 썼다.

향리에서 귀족으로

고려 시대에는 신라와 달리 향리도 귀족으로 올라갈 수 있었다. 성리학을 처음 소개한 사람으로 유명한 안향 집안과 유청신을 통해 이를 확인해 보자.

> 안향의 아버지 안부는 흥주 고을 아전으로 의업을 배워 과거에 급제하여 벼슬이 밀직부사에 이르렀다.
> 안향은 어릴 때부터 학문을 좋아하여 원종 초년에 과거에 급제하여 교서랑에 임명되었다. 얼마 뒤 다시 찬성사가 되었다. 안향이 학교가 날이 갈수록 쇠퇴되는 것을 근심하여 양부(첨의부와 밀직사의 대신들)와 의논했다.
> "재상의 직임은 인재 교육이 제일 긴급한 일인데 지금 양현고(陽賢庫)가 완전히 탕진되어 선비들을 양성할 비용이 없으니 6품 이상 인원들은 각각 은 1근씩, 7품 이하 인원들은 베를 차등 있게 내게 하여 양현고에 돌려주어 그 본전을 남겨 두고 이식만을 가져다 쓰도록 하되 이름을 섬학전(贍學錢)이라고 하기를 바란다." 양부가 이에 동의하고 왕에게 그대로 보고했다.
> 안향은 늘그막에 항상 주자의 초상화를 걸어 두고 그를 사모하고 자기 호를 회헌이라 지었다.(주자의 호가 회암이다.)
> 그의 아들은 안우기이다. 충렬왕 때에 과거에 합격했고 여러 관직을 지나 국학 전주, 우승지로 임명되었고 밀직부사로 승진했다. 충숙왕이 즉위하자 밀직부사 겸 대사헌으로 임명되었다.
> 그의 아들은 안목이다. 안목은 과거에 급제하여 충숙왕 때에 판전교시사가 되었다. 여러 번 승진하여 밀직부사로 임명되었고 공민왕 때에 순흥군으로 책봉되었다.
>
> - 『고려사』 「열전」

안향의 아버지는 흥주 지방의 향리로 있다가 개경으로 상경해 의술을 공부했고, 정3품 밀직부사에 올랐다. 이런 배경을 원동력 삼아 안향은 과거 준비에 집중할 수 있었고, 18살에 급제했다. 향리 집안이었던 안씨 가문은 안향의 손자 대에 이르러 노비들에게 땅을 개간하게 했고, 수만 결에 이르는 개간지를 소유할 수 있게 되었다. 한편 유청신(?~1329)은 고이 부곡 향리 출신이었다. 몽골어를 잘해 여러 차례 원에 사신으로 가 공을 세웠다. 충렬왕의 총애를 받아 부곡 향리는 5품 이상 오를 수 없다는 법규를 뛰어넘었다. 1294년(충렬왕 20)에 우승지가 되었고, 1296년에는 재신의 지위에 올랐다. 고려를 원의 직할령으로 만들자는 입성 운동을 벌이기도 했다.

> 유청신은 처음 이름이 비였다. 장흥부에 소속된 고이 부곡 출신이었다. …… 나라 제도에 부곡인은 공을 세워도 5품을 넘을 수 없었다. 유청신은 몽골어를 잘해 여러 차례 원나라에 사신으로 가서 일을 잘 처리했다. 이 때문에 충렬왕이 특별히 교서를 내리기도 했다. 또 그의 출신지 고이 부곡을 고흥현으로 승격시켰다.
>
> - 『고려사』 권125 「유청신 열전」

10

사회 정책과 생활 모습

백성을 보호하라

고려는 백성을 보호하기 위해 여러 가지 사회 제도와 시책을 시행했다. 그래야만 국가를 안정적으로 운영할 수 있기 때문이었다. 먼서 개성과 서경 및 12목에 상평창을 설치했다. 상평창은 풍년에는 곡식을 사들이고 흉년에는 싸게 팔아 물가를 안정시켰다. 의창은 태조 때 설치한 흑창을 확대 개편한 것이다. 평상시 저장한 곡식으로 흉년 등 어려운 일을 당한 백성을 구제했다.

병들고 아픈 사람들을 위해 개경과 서경에 동·서 대비원과 혜민국을 설치했다. 대비원은 갈 곳이 없는 어려운 사람들도 돌보아 주었다. 제위보는 기금을 마련하여 이자로 가난한 사람들을 돌보고 치료해 주었다. 홍수나 진염병 등 새해가 발생하면 임시로 구제도감 등을 설치하여 백성을 구호했다.

법률을 정비하다

고려는 신라와 태봉의 법을 바탕으로 당과 송의 법을 참고하여 법률 제도를 정비했다. 형벌은 태형, 장형, 도형, 유형, 사형 등 다섯 종류가 있었다. 태는 가는 매로, 장은 굵은 몽둥이로 볼기를 치는 것이었다. 도는 일정 기간 감옥에 가두고 강제로 노동을 시키는 방식이었다. 유는 변방이나 외딴 섬에 보내는 형벌이었고, 사는 죄인을 죽이는 형벌로 교수형과 참수형이 있었다. 사형은 공정한 판결을 위해 3심제로 신중하게 처리했다. 도형부터는 장형을 맞고 나서 벌을 받았다.

고려는 신분제 사회답게 같은 죄를 저질러도 신분에 따라 처벌이 달랐다. 관리나 승려 등은 유형에 해당하는 죄를 지어도 유배를 가지 않았다. 대신 고려의 독특한 형벌인 귀향형을 받았다. 귀향형은 지위와 특권은 빼앗겼지만 오지가 아닌 고향으로 돌아가는 형벌이었다.

형법과 관련된 업무는 형부가 총괄했다. 지방에서는 중요 사건을 빼면 수령이 맡아서 처리했다. 이때 일상생활과 관계가 되는 것은 관습법을 많이 참고했다.

향도, 마을 공동체 조직으로 거듭나다

향도는 불교 미륵 신앙에 토대를 둔 농민 공동체 조직이었다. 향도는 크게는 군이나 현, 작게는 촌락 단위로 운영을 했다. 사원을 짓거나 탑, 불상을 만드는 데는 많은 사람이 필요했다. 이때 향도는 모두가 잘사는 미륵 세계가 하루라도 빨리 오기를 바라면서 공사를 주도했다. 향나무를 갯벌에 묻는 매향 활동도 향도가 주도했다. 매향은 나라의 평안과 미륵 세계로의 도달을 기원하는 의식이었다. 향도는 불교 행사뿐만 아니라 혼례, 제사 등 큰일이 있을 때 서로 돕는 역할도 했다.

이렇게 향도는 함께 힘을 모아야 할 일이 있으면 앞장서서 그 일을 담당했다. 가난한 백성들이 혼자서 하기 힘든 일을 함께 힘을 모아 이겨 내기 위한 조직이었던 것이다. 이 때문에 향도는 종교를 떠나 점차 마을 공동체를 유지하고 통합하는 조직으로 바뀌어 갔다.

여성이 존중받은 고려의 친족 제도

고려 시대 가구 대부분은 부모와 자녀로 이뤄져 있었다. 혼인은 여자는 18세, 남자는 20세 무렵 했고, 일부일처가 원칙이었다. 비슷한 신분끼리 혼인했고 근친혼과 동성혼도 했다. 특히 왕실에서는 권력을 강화하기 위해 근친혼이 자주 이뤄졌다.

혼인한 뒤 많은 남자들은 처가에서 장인 장모를 모시고 살았다. 부모들도 딸과 살기를 바랐고 사위도 장인 장모와 가깝게 지냈다. 사회적 대우에서도 부모와 장인 장모를 똑같이 대접했다. 장례 의식에서도 중국과 달리 친가와 외가, 처가에 차이를 두지 않았다. 중국의 제도를 받아들였지만 고려 사회에 맞게 바꾼 것이다.

고려 시대 여성들은 남성에 비해 사회 활동에 많은 제약이 있었다. 하지만 일상생활과 친족 관계에서 남녀의 지위는 거의 같았다. 고려 시대 사람들은 아들과 딸, 친손자와 외손자를 차별하지 않았다. 이 때문에 부모 봉양도 제사도 아들 딸 구분 없이 나눠 했고, 대를 잇기 위해 양자를 들이지도 않았다. 재산은 아들과 딸에게 골고루 상속했고, 음서의 혜택도 사위나 조카, 친손자와 외손자 모두 받을 수 있었다. 부정을 막기 위

• 친족 호칭으로 본 고려 사회

친족은 혈연 관계나 혼인으로 맺어진 사람 가운데 일정한 범위 안에 있는 사람을 말한다. 1990년 이전에는 친족의 범위를 부계 8촌, 모계 4촌 이내로 보았고 남녀 차별이 있었다. 부계와 모계의 차별은 호칭에서도 나타난다. 지금 우리는 아버지 쪽 친척과 어머니 쪽 친척을 다르게 부른다. 아버지 쪽은 친할아버지, 친할머니, 삼촌, 고모라고 한다. 반면 어머니 쪽은 외할아버지, 외할머니, 외삼촌, 이모라고 한다.

그런데 고려 때는 그렇지 않았다. 친할아버지와 외할아버지를 모두 '한아비(할아비)'로 불렀다. 삼촌과 외삼촌은 모두 '아자비(아찬아비)'라고 했다. 고모와 이모도 '아지미(아찬어미)'로 같았다. 이런 호칭에서 우리는 고려 사회가 조선 시대만큼 남녀 차별이 심하지 않음을 알 수 있다. 친척 호칭은 조선 중기까지 이어지다가 후기에 와서 오늘날처럼 바뀌었다.

해 가까운 친족과 관련된 부서나 연고지에 근무를 못 하는 상피제에서도 남성과 여성의 친족을 동등하게 간주하기는 마찬가지였다. 삼촌과 외삼촌, 이모부와 고모부, 형제와 자매의 아들과 함께 근무할 수 없었다. 족보에는 친손과 외손이 모두 들어갔고 여성이 호주가 될 수 있었다. 호적에 기록되는 순서도 아들딸 구분 없이 태어난 순서대로 적었다.

고려 시대 여성들은 비교적 자유롭게 재혼을 했다. 재혼한 여성과 자녀도 차별 없이 사회 활동을 했다. 이혼을 하면 재산을 나누는데, 결혼할 때 가져온 재산은 당연히 여자 몫이었다. 후손이 없으면 친정으로 귀속되었다.

신분에 따라 사는 모습이 달랐다

고려 시대에는 신분에 따라 사는 모습이 달랐다. 귀족들은 개경에 큰 집을 갖고 있었고 지방에는 별장을 두고 있었다. 이들은 비단옷에 금, 은으로 된 그릇이나 청자 등을 사용하며 사치스럽게 살았다. 반면 백성들은 주로 초가집에서 삼베옷을 입고 질그릇에 밥을 먹으며 힘들게 살았

● 팔관회

부산 삼광사에서 열린 팔관회 재현 행사 중 국광 행렬

팔관회는 불교에서 꼭 지켜야 할 계율인 8개 계율을 지키려는 불교 의식이었다. 하지만 신라에서 시작된 팔관회는 유학, 풍수지리, 민간 신앙 등이 융합된 성격을 띠고 있었다. 고려에서는 왕이 주관하여 해마다 11월 15일에 하늘과 명산대천, 용에게 국가의 안녕과 왕실의 번영을 기원했다. 성종 때 최승로의 건의로 잠시 중단한 것을 빼면 고려 전 시기에 걸쳐 열렸다. 팔관회가 열리면 관료들이 왕에게 하례를 했다. 지방 관들은 지역 특산물을 선물로 바쳤다. 여진 및 탐라의 사절과 송나라 상인들도 축하 선물을 바치고 무역을 했다. 이런 모습을 보면서 백성들은 왕에 대한 존경심을 갖게 되고, 고려가 황제국이라는 자부심을 느낄 수 있었다.

다. 보통 보리와 조를 주식으로 하루에 두 끼를 먹었다. 반찬으로는 배추와 무 등 채소류를 많이 먹었다.

고려 사람들은 불교 국가답게 초파일, 연등회, 팔관회 등 불교 행사가 열리면 수많은 사람들이 함께 즐겼다. 설날이나 대보름, 단오, 칠석, 추석 등 명절에도 여러 가지 놀이를 하며 놀았다. 백성들이 가장 좋아한 놀이는 그네와 씨름이었다. 태권도와 비슷한 수박희와 축구를 닮은 축국 등도 좋아했다. 귀족과 왕족 들 사이에서는 격구도 유행했다. 무신들은 수박희와 격구 등으로 용맹함을 뽐내기도 했다. 무신 집정자 이의민은 청년 장교 시절 수박희를 잘하여 의종의 총애를 받아 특별 진급하기도 했다.

격구
말을 타고 숟가락처럼 생긴 긴 막대기로 공을 쳐 상대방 골문에 넣는 경기. 페르시아에서 시작하여 인도, 중국, 한국 등으로 전파되었다.

장례식, 특정한 신앙에 얽매이지 않았다

고려 시대에는 불교와 유교, 도교와 민간 신앙 등 다양한 신앙과 사상이 함께 공존했다. 장례 때에도 특정한 신앙에 얽매이지 않았다. 불교와 도교, 민간 신앙 등을 가리지 않고 여러 신들이 죽은 이를 보살펴 주기를 바랐다. 장례와 제사가 토착 신앙과 융합된 불교와 도교 의례로 치러진 것은 이 때문이었다.

물론 불교 국가답게 많은 경우 장례는 사원이 주관하여 치렀다. 빈소를 사원에 마련하고 유골은 화장하여 사원에 봉안했다. 제사도 대체로 사원이 주관했다. 이를 통해 불교는 사람들의 마음속에 깊이 자리 잡았다.

불교의 영향으로 화장을 하는 사람도 많았지만 매장도 많이 했다. 시신을 목관에 넣어 풍수지리가 좋은 곳에 덧널무덤이나 돌덧널무덤을 만들어 묻었다. 가난한 백성들은 구덩이에 그냥 묻기도 했다. 껴묻거리를 넣을 때에는 삼국과 남북국 시대와 달리 젓가락, 숟가락, 동전, 자기 그릇 등 평소 사용하던 것을 함께 묻었다. 저세상에서도 이 세상과 같은 삶을 누린다고 믿었기 때문이다.

고려 시대의 차 문화

남송 시대 화가 유송년이 그린 명원도시도(타이완 고궁박물원)이다. 사람들이 둘러서 차 겨루기를 하고 있다. 한 사람이 주둥이가 긴 찻주전자를 높이 들어올려 찻그릇에 붓고 있다. 아마도 거품을 잘 내기 위해서일 것이다.

고려 시대 귀족들은 차를 마시며 겨루기를 했다. 차 겨루기는 세 가지가 있었다. 하나는 찻그릇이 얼마나 좋은지에 관한 것이었다. 다음은 커피 맛을 보고 원산지를 알아맞히듯 차의 원산지를 맞추는 것이었다. 마지막으로 가루 녹차를 만들어 찻물 표면에 금이 얼마나 빨리 갈라지느냐 하는 것이었다. 지금 바리스타들이 커피 표면에 무늬를 만드는 것과 비슷할까?

차 겨루기를 할 만큼 차가 유행한 이유는 고려가 불교 국가였기 때문이다. 불교 행사를 할 때 차는 빠지지 않았고, 평소에도 스님들은 차를 마시며 마음을 닦았다. 차 문화는 점차 문인과 학자 들에게 퍼져 나갔다. 국가는 개경에 다점을 만들어 차를 사거나 마실 수 있게 했다. 개인이 운영하기도 했고, 지방에서도 사원을 중심으로 운영했다. 다점에는 일반 백성도 갈 수 있었지만 주 고객은 귀족과 승려 등 지배층이었다.

차 문화가 유행함에 따라 다완을 비롯한 다구류가 많이 필요했다. 고려 전기 청자 가마터를 발굴하면 절반 이상이 다구류이다.

차는 국내산과 수입산이 있었다. 수입차는 대부분 송에서 들여왔다. 조공 무역과 민간 무역으로 들여온 차는 중국 황실에서 마시던 용봉차를 비롯한 고급 차에서 등급이 낮은 것까지 다양했다. 국내산은 대부분 다소에서 생산하여 공납으로 바친 것이다. 철소, 금소처럼 다소에서는 차를 전문적으로 만들어 바쳤다. 큰 사찰은 자체적으로 차를 공급하는 마을을 거느리고 있기도 했다. 국내에서 차 재배가 가능한 곳은 남쪽 지방밖에 없었다. 그런데 차를 생산하기는 쉽지 않았다. 차밭이 지금처럼 평지에 있는 것이 아니었기 때문이다. 산에 야생으로 자란 차나무에서 찻잎을 따기란 여간 어려운 일이 아니었다. 이규보가 쓴 시에 그것이 잘 나타나 있다.

(보낸) 시를 보자 화계에서 놀던 때가 홀연히 생각나네. …… 이 운봉의 차를 품평하면 아직 맡아 보지 못한 향기인데 남방에서 마시던 맛 완연하구나. 따라서 화계에서 차 따던 일 논하네. 관에서 감독하여 노인과 어린이까지 징발했네. 험준한 산중에서 간신히 따 모아 머나먼 서울에 등짐 져 날랐네. 이는 백성의 애끓는 피땀이니 수많은 사람의 피땀으로 바야흐로 이르렀네. …… 산림과 들판 불살라 차의 공납 금지한다면 남녘 백성들 편히 쉼이 이로부터 시작되지.

　　　　　　　　　　　-『동국이상국집』권 13「손한장이 다시 화답하기에 차운하여 기증하다」

11

유학과
불교

유학, 정치 지도 이념으로 자리 잡다

남북국 시대 정치에서 유학은 점점 비중이 커져 갔다. 후삼국 시대에도 유학자들은 각 나라에서 중요한 역할을 맡았다. 고려도 새로운 나라를 만들기 위해 유학을 중요시했다.

태조 왕건은 국가 운영을 유학에 토대를 두고 하겠다는 방침을 밝혔다. 불교를 중요시했지만 정치 이념은 유학으로 삼겠다는 뜻을 밝힌 것이다. 광종은 과거제를 실시하여 유학을 공부한 인재를 등용했다. 성종은 개경에 국자감을 세우고 지방에 향교를 만들어 본격적으로 유학 교육에 나섰다.

유학은 성종 때 통치 체제를 정비하면서 정치 이념으로 확고하게 자리를 잡았다. 이때 가장 큰 구실을 한 사람이 최승로였다. 최승로는 유학에 토대를 둔 새로운 국가 건설과 사회 개혁을 추구했다. 그렇다고 무조건 중국을 따르자고 주장하지는 않았다. 그는 정치 제도는 당연히 중국을 본받아 고쳐야겠지만, 일상생활에서까지 전통과 관습을 중국식으로 바꿀 필요가 없다고 했다. 이 주장은 고려 초기 유학자들이 진취적이고 자주적인 성격을 가지고 있었음을 보여 준다. 이런 생각은 최승로만 가지고 있는 것은 아니었다. 새 나라를 세우겠다는 열망을 품고 있던 지배층의 일반적인 성향이기도 했다.

최승로의 〈시무 28조〉 중 현재까지 전해지는 조항

분야	조목	내용
국방 관계	1	국방비를 절감할 것.
불교 관계	2	공덕재를 왕이 직접 베풀지 말 것.
	6	사찰의 고리대업을 금지할 것.
	8	승려 여철을 궁궐에서 내보낼 것.
	10	승려가 역관에 유숙하는 것을 금지할 것.
	16	사찰을 마구 짓지 못하게 할 것.
	18	불상에 금, 은을 입히지 못하게 할 것.
	20	불교는 몸을 닦는 근본이고, 유교는 나라를 다스리는 근원이므로 불교 의식인 공덕과 유교 통치 행위인 정사를 균형 있게 할 것.
사회 문제	4	관리를 공정히 선발할 것.
	7	지방관을 파견할 것.
	9	신분에 맞추어 복식을 입게 할 것.
	12	섬 사람들의 공역을 줄여 줄 것.
	15	궁궐에서 일하는 노비 수를 줄일 것.
	17	신분에 따라 가옥의 규모를 맞추게 할 것.
	19	삼한 공신의 자손에게 벼슬을 줄 것.
	22	노비의 신분을 엄격히 규제해서 미천한 자가 윗사람을 욕하지 않게 할 것.
왕실 관계	3	왕실을 호위하는 군졸 수를 줄일 것.
	14	왕은 신하를 예로써 대우할 것.
중국 관계	5	중국과 사사로운 무역을 금지할 것.
	11	예악(禮樂)을 비롯한 유교 도리는 중국 문물을 본받더라도 의복 등은 우리(고려) 풍속에 따를 것.
토착 신앙 관계	13	연등회, 팔관회의 규모를 줄이고 의식에 사용하는 인형을 만들지 못하게 할 것.
	21	음사(淫祀)를 제한할 것.

역관
외교 사절이 숙박하는 곳.

음사
귀신에게 지내는 제사.

사학이 발전하고, 유학이 보수화되다

유학은 과거 시험에서 주요 과목이었고 국자감과 향교에서도 주요 교과목이었다. 이 때문에 지배층의 필수적인 교양으로 확고하게 뿌리를 내렸다. 귀족들도 자제에게 유학을 가르쳐 문벌 귀족으로서 지위를 강화하려 했다.

유학이 발달하면서 유학 예법을 정리한 『상정고금례』 등 유학 서적이 활발하게 편찬되고 출판되었다. 사립 대학교라 할 수 있는 사학도 세워졌다. 사학에서는 유학 경전과 역사서를 비롯하여 시, 부, 송, 시무책 등 과거 응시에 필요한 공부를 했다.

• 최승로가 주장하는 수신의 도와 치국의 도

예·악·시·서의 가르침과 군신·부자의 도리는 마땅히 중국을 본받아 비루한 풍속을 고쳐야 합니다. 하지만 그 밖의 거마(車馬)·이복 제도는 그 나라의 풍속대로 하여 사치와 검소를 알맞게 할 것이며 굳이 중국과 같이할 필요는 없습니다. …… 우리나라는 봄에는 연등회를 벌이고 겨울에는 팔관회를 합니다. 그런데 사람이 많이 동원되고 쓸데없는 노동이 많으니, 줄일 것은 줄여 백성이 힘을 낼 수 있게 해 주소서. 또 갖가지 인형을 만들어 비용이 매우 많이 듭니다. 그런데 한 번 쓰고 난 후 바로 부수어 버리니 매우 사리에 맞지 않습니다. 더구나 인형은 흉례에 쓰는 것이어서 중국 사신이 상서롭지 못하다면서 얼굴을 가리고 지나쳤습니다. 원컨대 지금부터는 사용을 금지하소서. …… 성상께서 날로 더욱 조심하여 스스로 교만하지 않고, 아랫사람을 대할 적에 공손히 할 것을 생각하고, 혹시 죄지은 자가 있을 때 처벌의 경중을 모두 법대로 결정한다면 태평할 수 있을 것입니다. ……
불교를 행하는 것은 몸을 닦는 근본이며 유교를 행하는 것은 나라를 다스리는 근원이니, 몸을 닦는 것은 다음 생을 위한 밑천이며 나라를 다스리는 것은 곧 지금의 할 일입니다. 오늘날은 지극히 가깝고 다음 생은 지극히 머니, 가까운 것을 버리고 먼 것을 구하는 일이 또한 그릇된 것이 아닙니까."

– 『고려사절요』 권2, 성종문의대왕 임오 원년 6월

최승로(927~989)는 〈시무 28조〉에서 통치 제도와 사회 질서를 확립하는 것은 중국을 따라야 한다고 주장했다. 그렇다고 풍속과 의복까지 모두 바꿀 필요는 없다고 보았다. 이어 이름난 유학자답게 불교 행사가 지나치게 사치스럽다며 규모를 줄여야 한다고 주장했다. 그리고 몸을 닦는 데는 불교가 유용하지만 나라를 다스리는 데는 유학만 한 것이 없다고 강조했다.

사학은 대개 과거를 주관한 경력을 가진 고위 관료 출신들이 세웠다. 가장 먼저 세워진 사학은 11세기 중엽 최충이 세운 9재 학당이었다. 9재 학당은 교실을 수준에 따라 9개로 나누고 각 교실마다 한 과목을 전문적으로 가르쳤다. 학생들은 9재를 차례대로 마치면 졸업을 하고 과거에 응시했다. 최충에 이어 다른 고위 관료들도 사학을 세워 제자를 길러 냈다. 개경에 세워진 12개 사학에 다니던 학생들은 12공도라 불렀다.

사학 출신자들은 관학에 비해 과거 합격률도 높았고 고위 관료로 더 많이 진출했다. 관학이 제대로 기능을 못하기도 했지만 사학에서 과거 시험 준비를 더 철저히 할 수 있기 때문이었다. 무엇보다 고려 사회가 문벌을 중요시한 점이 가장 큰 이유였다. 사학을 설립한 사람은 대개 문벌 귀족 출신으로 과거를 주관한 지공거를 지냈다. 지공거는 과거 합격자와 사제 관계를 맺어 정치 세력을 형성했고 퇴임 뒤에도 정계에 강한 영향력을 갖고 있었다. 문벌 귀족 세력이 강한 고려 사회에서 사학 출신자들

• 고려 시대 성리학의 토대를 세운 학자

안향(왼쪽)과 이제현(오른쪽) 영정

우리나라 성리학의 계보를 살펴볼 때 가장 먼저 언급되는 사람이 바로 안향과 이제현이다.

안향(1243~1306)은 경북 영주에서 태어났다. 주자를 높게 평가하여 초상을 늘 벽에 걸어 두었다. 주자의 호 회암을 따라 자신의 호를 회헌이라 하였다. 1289년, 세자였던 충선왕과 함께 원나라의 수도 연경을 방문했다. 이때 주자의 책을 필사했고 1년 후 고려로 귀국한다. 안향이 귀국한 1290년을 한국 성리학의 출발로 보는 시각이 지배적이다.

이제현(1287~1367)은 1301년(충렬왕 27)에 과거에 합격하였다. 1314년(충숙왕 1) 충선왕이 원에 세운 만권당에서 요수·염복·원명선·조맹부 등 성리학에 정통한 한족 지식인들과 교류하면서 학문과 식견을 넓혔다. 1321년 어느 정도 독자적으로 운영되던 고려의 정동행성 체제를 원나라가 더욱 심하게 간섭하려 하자 '입성 반대 상서'를 올렸다. 1351년 공민왕이 즉위하자 정승에 임명되어 국정을 총괄하였다. 1353년 고려 시대의 과거 시험관인 지공거로 이색 등 35인을 뽑았다.

은 과거 합격뿐만 아니라 승진에도 유리한 위치를 점한 셈이었다. 사학은 학벌로 이어졌고, 학벌은 문벌은 더욱 강화시키는 구실을 했다. 문벌 귀족들이 저마다 사학을 세운 까닭이 바로 여기에 있었다.

사학이 지나치게 발달하자 고려 정부는 관학을 진흥하기 위해 노력했다. 자칫 귀족 세력이 너무 강화되어 통치 체제와 왕권을 흔들 수 있기 때문이었다. 우선 국자감에 서적포를 설치하여 도서를 출판했다. 12세기 초에는 국자감에 사학처럼 7재라는 전문 강좌를 두었다. 양현고라는 장학 재단도 만들고 청연각, 보문각 같은 학문 연구소를 두어 도서를 수집하여 학자들이 연구할 수 있게 했다.

고려 중기 대표적인 유학자는 최충과 김부식이다. 문하시중을 지낸 최충은 사학 붐을 일으킨 장본인이다. 이 덕분에 개경은 물론 지방에서도 유학을 공부하겠다는 젊은이들이 크게 늘어났다. 그는 고려 유학을 한 차원 높은 수준으로 발전시켰다는 평가를 받으며 해동공자라 불렸다. 하지만 문벌 귀족 사회의 질서를 강조하는 보수직 태도를 갖고 있었다. 김부식은 이자겸과 묘청의 난, 그리고 금의 압력에 대해 현실적인 자세로 대처했다. 그는 문벌 귀족 사회 질서를 지키려는 보수적인 정치가였지만 나름 합리적인 역사관을 가지고 있었다.

두 사람에서 보듯이 고려 중기 유학은 전기와 달리 개혁보다 안정을 추구하게 되었다. 학풍도 경전보다 시와 문학을 중시하는 쪽으로 치우쳐 갔다. 또한 무신을 무시하는 풍조도 확산되었다.

성리학이 들어오다

무신 정변으로 무신들이 권력을 장악하면서 유학은 위축되었다. 하지만 무신 정권이 문신을 등용하면서 조금씩 살아나 개경으로 환도한 뒤 다시 제자리를 찾아갔다. 충렬왕은 국자감과 공자를 모신 문묘를 다시 지어 유학을 진흥시키려 했다. 그 뒤 국자감은 성균관으로 이름이 바뀌

성균관 명륜당(왼쪽)과 대성전(오른쪽)
명륜당은 성균관 유생들이 공부를 하던 곳이다. 대성전은 공자를 비롯하여 증자, 맹자, 안자, 자사 등을 모시던 곳이다. 지금 고려박물관으로 사용하고 있다.

어 조선까지 이어졌다.

고려 유학은 원에서 성리학을 받아들이면서 크게 바뀌었다. 지금까지 유학은 훈고학으로, 경전의 뜻을 해석하는 데 관심을 갖고 있었다. 반면 성리학은 인간의 심성과 우주의 원리 문제를 철학적으로 탐구하는 신유학이었다.

성리학은 충렬왕 때 안향이 사실상 처음 소개했다. 그는 현실에서 사람으로서 도리를 다해야 한다고 강조하면서 불교를 비판했다. 이어 이제현은 충선왕이 원의 수도에 세운 만권당에서 조맹부를 비롯한 원나라 학자와 교류하면서 성리학에 대한 이해 수준을 높였다. 그 뒤 성리학은 이색을 비롯하여 원에서 공부하고 과거에 합격한 지식인들 사이에 점점 퍼져 갔다.

성리학은 공민왕 때 신진 사대부들이 개혁 사상으로 받아들이면서 더욱 확산되었다. 공민왕은 개혁 정치를 펴면서 성균관을 순수한 유학 교육 기관으로 새롭게 정비했다. 여기에 이색을 비롯하여 정몽주, 정도전 등을 초빙하여 성리학을 연구하고 교육하게 했다.

이에 힘입어 크게 성장한 신진 사대부들은 성리학을 활용하여 권문세족과 불교 교단의 부정부패를 비판했다. 나아가 이들은 성리학적 가치관을 보급하여 고려 사회를 바꾸려고 했다.

불교의 나라 고려, 불교를 국교로 삼다

남북국 시대 불교가 대중화되어 왕부터 백성까지 대부분 사람들은 불교를 믿고 따랐다. 후삼국 시대에도 궁예가 미륵불을 자처했듯이 강한 영향력을 가지고 있었다. 고려도 건국 초부터 국가와 왕실이 앞장서서 불교를 지원했다. 불교가 국가와 사회를 통합하고 백성의 마음을 모으는 데 중요한 역할을 했기 때문이었다.

태조는 훈요 10조에서 불교를 숭상하고 연등회와 팔관회 등 불교 행사를 국가 행사로 치를 것을 당부했다. 광종은 승과와 법계 제도를 실시하여 승려의 사회적 지위를 보장했다. 사원에는 토지를 지급하고 승려는 면역의 혜택을 주었다. 여기에 국사와 왕사 제도로 불교는 국교의 권위를 가지게 되었다. 불교는 성종 때 잠시 침체되었지만 곧 위상을 되찾고 유교와 함께 고려 사회를 이끄는 사상으로 자리 잡았다.

이런 국가적 지원에 힘입어 고려 불교는 크게 발전했다. 불교 사상에 대한 이해가 깊어졌고 중국에도 없는 불교 시직까지 갖출 수 있었다. 개경을 비롯한 주요 도시와 방방곡곡에 크고 작은 사찰이 세워지고 바위에는 마애불이 새겨졌다. 너무 많은 사찰이 세워져 규제할 정도였다. 사원은 토지와 노비를 소유하고 각종 불교 행사를 열었다. 국가도 나라의 안녕과 왕실의 번영을 기원하는 각종 불교 행사를 주관했다. 엄청난 돈과 인력, 시간이 필요한 대장경도 두 차례나 만들었다.

광종, 불교계를 정비하려 하다

신라 말 선종이 유행함에 따라 불교계는 교종과 선종으로 나눠지게 되었다. 여기에 후삼국 시대를 지나며 교종과 선종 내부에서 또 여러 분파로 갈라지게 되었다. 크게 9개로 나눠진 선종은 분파에 따라 왕건이나 견훤을 지지했다. 교종을 대표하던 화엄종은 왕건을 지지하는 북악파와 견훤을 지지하는 남악파로 갈라졌다.

| 교종 | 대덕 – 대사 – 중대사 – 삼중대사 – 수좌 – 승통 |
| 선종 | 대덕 – 대사 – 중대사 – 삼중대사 – 선사 – 대선사 |

교종과 선종은 시험 내용도 시험장도 달랐다. 법계도 대선에서 삼중대사까지는 같았지만 그 위에는 수좌와 선사로 갈렸다. 화엄종과 법상종 승려는 교종의 승계를 받았고, 선종과 천태종 승려는 선종의 승계를 받았다. 승과에 합격해야만 주지를 맡을 수 있었고, 승계에 따라 사찰 규모가 달랐다. 수좌와 승통, 선사와 대선사는 임명 절차나 대우 등에서 재상과 같았다. 승계를 가진 승려는 관료와 같이 대우받았고 처벌도 마찬가지였다.

따라서 고려 초 불교계가 당면한 과제는 흩어진 불교 교단을 정비하여 통합하는 것이었다. 이는 정치적으로도 필요한 일이었다. 백성의 마음을 하나로 모아 국가를 통합하기 위해서는 불교계 통합이 절실했기 때문이다.

고려 초 불교계 통합에 가장 관심을 기울인 왕은 광종이었다. 광종은 먼저 교종과 선종을 화엄종과 법안종을 중심으로 통합하려 했다. 이를 위해 균여를 후원하여 북악파를 중심으로 화엄종을 통합하게 하고 중국에서 법안종을 들여왔다. 그리고 교선 대립을 극복하기 위해 승려 의통과 제관을 중국에 보내 천태종을 연구하게 했다. 하지만 광종의 죽음과 함께 개혁은 중단되고 말았다. 의통과 제관은 중국에 남아 중국 천태종 발전에 크게 기여했다.

의천, 불교 교단을 통합하려 하다

고려 초 불교계는 선종이 이끌어 갔다. 하지만 문벌 귀족 사회가 자리를 잡으면서 다시 교종이 강해졌다. 특히 인주 이씨의 후원을 받은 법상종이 크게 일어났다. 법상종은 유식학 계통으로 왕실의 지지를 받던 화

의천 탑비

의천은 고려 문종의 넷째 아들로 태어났다. 송으로 건너가 송나라 고승을 두루 만나 불교 사상을 깊이 연구했고, 1086년 귀국해 교장도감을 만들어 교장을 간행했다. 천태종을 창립하고 천태종 본산으로 새로 세운 국청사 주지를 겸했다. 선교 양종을 두루 공부하여 국내외에 대학자로서 명성을 떨친 그는 죽은 뒤 대각국사라는 시호를 받았다.

장소
대장경을 해석한 주석서.

엄종과 함께 불교계를 이끌었다. 두 종파의 대립과 경쟁은 교리적 면뿐만 아니라 정치적인 면과 뒤엉켜 치열하게 전개되었다.

게다가 불교가 귀족화되면서 사원 경제는 갈수록 규모가 커졌다. 권력과 재산을 지키기 위하여 자체적으로 무력도 가지게 되었다. 승려들도 점점 내실보다는 외형적 발전에 더 관심을 보였다. 때로는 정치에도 영향을 미치는 등 불교의 정치적, 사회적 폐단은 심각해져 갔다.

이렇게 분열과 대립이 심각해지자 의천은 불교 통합 운동을 펼쳤다. 그는 화엄종을 중심으로 교종을 통합하고 선종을 아우르기 위해 천태종을 개창했다. 이를 뒷받침할 사상적 바탕으로 교관겸수를 제창했다. 교는 이론적인 교리 공부를, 관은 실천적인 수행으로 둘을 아울러야 한다는 주장이다.

의천은 문종의 아들이었지만 통합 노력이 순조롭지 않았다. 법상종이 안산 김씨와 이주 이씨 등 문벌 귀족의 후원으로 화엄종에 못지않은 세력을 갖고 있었기 때문이었다. 법상종 지도자 혜덕왕사 소현은 의천이 『교장총록』을 간행하자 이를 강하게 비판했다. 교장이 화엄종에 너무 치우쳤다는 것이었다. 소현은 300권이 넘는 유식법상 계통의 장소를 따로 간행했다.

의천은 한때 법상종의 공격을 받아 지방으로 쫓겨 내려가기도 했다. 통합 노력이 성과를 나타낸 것은 인주 이씨 세력을 누르고 숙종이 즉위한 뒤였다. 그러나 지배 세력 사이의 갈등과 화엄종을 중심으로 한 통합 노력은 오래지 않아 한계를 드러냈다. 천태종에 합류하지 않고 독자적으로 선종을 지킨 승려도 적지 않았다. 이 때문에 의천이 죽은 뒤 불교계의 대립과 갈등은 다시 커졌고 귀족 불교의 문제점은 더 심각해졌다.

지눌, 불교계를 개혁하다

불교가 귀족화, 세속화되자 선종 승려를 중심으로 개혁 움직임이 일어

났다. 이들은 불교 본연의 모습과 승려가 가져야 할 기본 자세를 되찾자
면서 신앙 결사 운동을 펼쳤다. 스스로 일하면서 수련하는 불교 혁신 운
동은 개혁적 승려와 지방 유력자, 백성에게 호응을 얻으며 번져 나갔다.
무엇보다 무신 정권의 지원이 큰 힘이 되었다. 무신이 자신들을 반대하
는 교종을 억누르기 위해 선종을 지원한 것이다. 이 때문에 무신 집권기
에는 교종이 약화되고 선종이 세력을 얻게 되었다. 이 가운데 정혜결사
의 근거지가 된 수선사와 백련결사의 근거지가 된 백련사가 가장 큰 영
향력을 발휘했다.

정혜결사
지눌이 주도한 선불교 부흥 운동.

　수선사를 창립한 지눌은 진정한 깨달음을 얻기 위해서 정혜쌍수와 돈
오점수를 해야 한다고 주장했다. 정혜쌍수는 참선과 지혜를 아울러야 한
다는 것이고, 돈오점수는 마음이 부처라는 사실을 깨닫고 나서도 꾸준히
수련을 해야 한다는 것이다. 이 주장은 교선 대립과 갈등을 극복하기 위
한 방안으로 큰 반향을 불러일으켰다.

　지눌을 이은 혜심은 교선 통합을 넘어 유학과 불교를 하나로 묶으려는
시도를 했다. 불교와 유학은 마음을 닦는 데에는
본래 차이가 없기 때문에 둘은 하나라는 주장이었
다. 유불일치설은 성리학을 받아들이는 바탕으로
작용하기도 했다.

　요세가 조직한 백련결사는 천태종에서 만든 신
앙 결사 운동이었다. 백련사는 정토 신앙을 바탕
으로 수행에 정진하면서 민중 교화에 크게 이바지
했다. 수선사가 지식층에 많은 관심을 기울인 데
비해 백련사는 상대적으로 일반 백성을 구제하는
데 힘을 쏟았다.

　그러나 불교 혁신 운동은 원의 간섭을 받으면서
쇠퇴했다. 수선사는 원의 탄압을 받아 위축되었

지눌 감로탑(전남 순천 송광사)과 초상
지눌이 출가할 무렵, 많은 승려들은 출세와 재물에만 관심이
있었고 선종과 교종이 대립하며 불교의 본래 뜻을 잃고 있었
다. 지눌은 선종과 교종이 다르지 않음을 깨닫고 정혜결사 운
동에 나섰다. 불자는 명리를 버리고 몸소 실천해 불교를 혁신
해야 한다는 주장은 불교계에 상당한 파장을 불러일으켰다. 송
광산 길상사에서 본격적으로 정혜결사 운동을 벌였고, 길상사
는 '수선사'라는 현판을 받아 불교계에 새바람을 일으키는 본산
이 되었다. 지눌은 죽은 뒤 보조국사라는 시호를 받았다.

고 백련사는 고려와 원 왕실의 원찰이 되었다. 원 간섭기 불교 사원은 왕실과 권문세족의 후원을 받으면서 부패의 온상이 되었다. 사원은 막대한 농장과 노비를 소유하고 고리대나 술 판매 등으로 큰 사회적 문제를 일으켰다. 세속화된 승려의 비행도 심하여 불교는 더 이상 고려 사회를 이끄는 구실을 못 하게 되었다.

고려 말 보우, 혜근 등은 원에서 선종의 일파인 임제종을 공부하고 왔다. 임제종은 스승이 준 '화두'로 깨닫는 수행 방법을 중요시했다. 보우는 공민왕 때 왕사가 되어 불교계를 정화하려고 노력했지만 별다른 성과를 거두지 못했다. 결국 불교는 성리학을 수용한 신진 사대부에 의해 비판과 개혁의 대상이 되었다.

도교가 성행하다

고려 시대에는 불교, 유학과 더불어 도교도 성행했다. 불교는 내세를 강조하고 유학은 사회 질서 유지를 중요시했다. 반면 도교는 불로장생과 현세에서 복을 받기를 추구했다. 이 때문에 많은 사람이 도교의 다양한 신에게 재앙을 물리치고 복을 달라고 빌었다. 국가와 왕실도 자주 도교 행사를 열어 나라와 왕실의 번영과 재앙이 없어지기를 빌었다.

도교는 일찍부터 왕실과 문벌 귀족의 관심을 받았다. 특히 예종은 궁궐 안과 개경 시내에 도교 사원을 세워 하늘에 제사를 지내는 초제를 자주 여는 등 도교 보급에 힘을 쏟았다. 하늘에 제사를 지내는 초제를 주관하여 왕실의 권위를 높이려는 의도가 있었던 것 같다.

도교는 불교에 비해 체계적인 철학이나 교리를 갖추지 못했다. 교단을 조직하는 데에도 큰 관심이 없었다. 하지만 불교와 길흉화복을 예언하는 도참사상, 민간 신앙과 융합된 형태로 고려 사람들에게 적지 않은 영향력을 미쳤다.

풍수지리가 유행하다

풍수지리는 산의 모양과 강의 흐름이 인간 생활에 중요하다는 인문 지리학적 이론이다. 고려 시대에는 풍수지리가 좋은 땅을 골라 도읍이나 집터로 삼아야 한다고 생각했다. 명당이라 불리는 곳은 산에 둘러싸인 너른 평야가 있고 주변에 강이 흘러 사람들이 살기 좋은 곳이다. 여기에 도참사상이 합쳐져 크게 유행했다. 때로는 정치에도 영향을 미쳤다.

신라 말 송악이 도읍이 될 만한 명당이라는 송악 길지설이 돌았다. 이 소문은 고려가 후삼국을 통일하는 데 많은 도움이 되었다. 송악은 경주에서 멀리 떨어진 시골이었고 왕건은 변변한 관직도 지내지 못한 집안 출신이었다. 이런 약점을 딛고 백성들에게 왕으로 인정을 받는 데 송악 길지설은 상당한 영향력을 발휘했을 것이기 때문이다.

건국 초기에 대두된 서경 길지설은 버려졌던 평양을 다시 정비하여 서경으로 삼고, 북진 정책을 추진하자는 주장을 뒷받침했다. 고려 중기 한양을 남경으로 승격시킨 일도 이 사상의 영향이었다. 묘청이 서경 천도 운동을 벌일 때도 이 사상을 이용했다.

고려 후기에도 풍수지리는 지배층은 물론 일반 백성들 사이에 유행했다. 하지만 갈수록 도참사상적 요소가 강해져 갖가지 폐단을 일으켰다.

• 섣달 그믐에 자면 눈썹이 하얗게 센다

옛날 사람들은 섣달 그믐날에 잠을 자면 눈썹이 하얗게 센다고 믿어 모두 자지 않고 버텼다. 만약 어떤 사람이 잠이 들면 재를 뿌려 눈썹을 하얗게 만들었다. 이런 풍습이 생긴 까닭은 이날 부뚜막을 관장하는 조왕신이 하늘로 올라가 1년 동안 저지른 잘못을 보고하는 날이라고 믿었기 때문이다.

사실 이 풍습은 도교에서 왔다. 우리 몸에는 삼시충이란 벌레가 있는데 평소에 주인이 하는 행실을 적었다가 60일에 한 번씩 돌아오는 경신일 밤에 하늘로 올라가 옥황상제께 보고한다.

그런데 이 삼시충은 주인이 잠을 자지 않으면 절대로 몸에서 빠져나가지 못한다. 그래서 경신일 밤마다 사람들은 함께 모여 술 마시고 놀면서 밤을 새웠다. 삼시충이 고자질을 못 하게 아주 막아 버리겠다는 것이다. 이런 믿음은 백성들만 지닌 것이 아니었다. 경신일이 되면 국왕도 밤새 신하들과 잔치를 하면서 뜬눈으로 지냈다.

동아시아 불교 문화의 척도, 대장경

부처님은 많은 가르침을 베풀었지만 기록을 남기지 않았다. 시간이 지난 뒤 제자들이 부처님의 가르침을 모아 남긴 것이 바로 불경이다. 대장경은 불경과 함께 율과 논을 합쳐 이르는 말이다. 율은 제자들이 지켜야 할 계율과 공동 생활에 필요한 규범이고, 논은 경과 율을 이해하기 쉽게 해설한 것이다.

우리는 흔히 부처의 힘으로 외적을 물리치기 위해 대장경을 만들었다고 한다. 대장경을 만든 때가 거란과 몽골의 침입을 받던 때였기 때문이다. 하지만 과연 대장경을 만들면 외적을 물리칠 수 있다고 생각했을까? 그렇다면 송과 요도 외적을 물리치려고 대장경을 만들었을까?

송, 요, 고려가 경쟁하던 당시 동아시아에는 사회, 경제, 정치 등 모든 분야에서 불교가 크게 유행했다. 유학자라 해도 불교를 알아야 지식인으로 대접받을 수 있었다. 외교도 마찬가지였다. 불교를 모르고는 국제 사회에서 인정받을 수 없었다. 따라서 불교의 모든 것을 모은 대장경은 선진국(문명국)임을 과시하는 지표(상징)와도 같았다. 요즘으로 치면 원천 기술을 가지고 있는 셈이다.

이 세 나라는 서로 경쟁하듯이 대장경을 만들었다. 가장 먼저 대장경을 만든 나라는 송이었다. 송은 971년에 대장경을 만들기 시작하여 983년에 1차로 완성했다. 998년에서 1003년 사이에는 1차에서 빠진 것을 다시 판각하여 펴냈다.

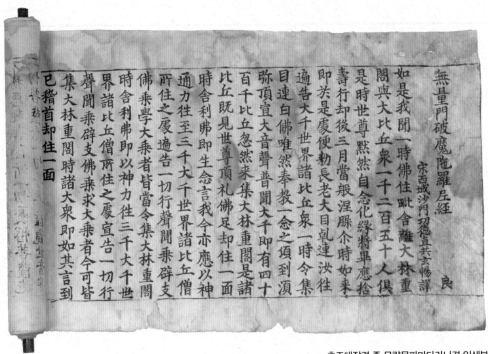

초조대장경 중 무량문파마다라니경 인쇄본

226

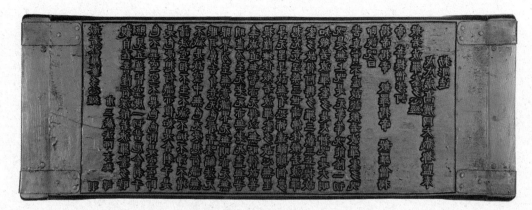

강화역사박물관이 소장하고 있는 팔만대장경 복제품. 반야심경이 적혀 있다.

요는 고려 침략에 실패하고 대장경 조판에 나섰다. 1031년 만들기 시작하여 1054년에 완성했는데 시작은 고려보다 20년이 늦었지만 완성은 더 빨랐고 송보다 늦었지만 규모는 더 컸다. 귀중본도 많았고 내용도 아주 정확했다. 요 대장경은 고려가 속장경이나 팔만대장경을 만들 때 송 대장경보다 더 많이 참고했을 정도로 국제적인 평가가 좋았다.

고려는 거란에게 개경을 점령당하자 서둘러 대장경을 만들 결심을 했다. 수차례 요와 전쟁을 하면서도 국력을 기울여 대장경을 완성했다. 1011년(현종 2) 만들기 시작하여 1087년, 초간본인 초조대장경을 완성했다. 1091년 대각국사 의천은 초조대장경을 보완하여 완벽한 대장경을 만들려고 했다. 그는 중국은 물론 요, 일본 등에서 연구서 4,700여 권을 수집하여 『신편제종교장총록』이라는 목록을 만들었다. 여기에는 당·송·요뿐 아니라 원효 등 신라인의 저술을 포함했다. 이 목록에 따라 차례대로 목판에 새겨 1096년(숙종 1)에 속장경을 완성했다.

초조대장경과 속장경이 몽골의 침략으로 불탄 뒤 고려는 다시 대장경을 만들었다. 강화도에서 몽골과 한창 전쟁을 하고 있을 때였다. 16년 만에 만들어진 재조대장경은 현재 합천 해인사에 보존되어 있다. 8만 장이 넘는 목판이므로 팔만대장경이라고 부른다. 팔만대장경은 잘못된 글자나 빠진 글자가 거의 없고 글씨가 아름다워 세계에서 가장 우수한 대장경으로 꼽힌다.

오늘날에는 원천 기술 보유국이 사용료를 받고 다른 나라에 기술을 빌려준다. 이처럼 당시 여러 나라들은 스스로 불경을 찍어 낼 수 없으면 인쇄한 불경을 구해 왔다. 고려는 성종과 현종 때 송에서 대장경을 인쇄한 불경을 3,000여 권 가져왔다. 고려가 송에서 불경을 가져왔듯이, 고려는 일본과 유구 왕국 등에 불경을 보냈다.

그렇다면 고려와 요가 대장경을 만든 이유를 이렇게 생각해 볼 수도 있을 것 같다.

"힘으로 밀릴지 몰라도 거란 놈들에게 자긍심을 보여 주자."

"고려가 만들기 전에 우리가 먼저 만들자. 이제 우리 요가 고려는 물론 송보다 더 선진국임을 알려 주자."

12

고려의 문화와 과학 기술

궁궐과 사원 건물

고려 시대 개경에는 만월대 궁궐을 비롯하여 흥왕사, 현화사 등 많은 사찰이 있었다. 지금은 터와 석탑 등만 남아 당시의 모습을 알려 준다. 만월대 터를 보면 고려 궁궐은 경사진 산자락에 축대를 높이 쌓고 계단식으로 건물을 배치한 형태임을 알 수 있다. 강화로 천도한 뒤 만든 궁궐 터도 비슷하다. 이렇게 만들면 평지에 비해 궁궐 건물이 웅장하게 보였을 것이다.

지금 남아 있는 고려 시대 건축물은 대부분 사찰 건물로, 후기에 만들어

고려 궁궐 만월대 터(왼쪽)와 복원 모형(오른쪽)
궁궐 앞을 흐르는 광명천 즉 금전을 지나면 궁궐 문 가운데 가장 큰 신봉문이 있다. 이 문을 지나면 창합문이 나오고, 이어 웅장한 4개 계단에 높이가 7m가 넘는 축대를 만나게 된다. 계단을 오르면 회경문이 있고, 문을 들어가면 회경전이 나온다. 4개 계단을 둔 단 위에 정면 9칸, 측면 4칸인 회경전은 크고 화려함을 자랑했다. 건물 뒤쪽으로 송악산이 보인다.

진 것이다. 대체로 중기까지는 배흘림기둥에 간결한 주심포 양식이 많이 만들어졌다. 장엄하고 화려한 다포 양식은 원 간섭기에 유행한 것 같다.

안동 봉정사 극락전, 영주 부석사 무량수전, 예산 수덕사 대웅전 등은 배흘림기둥에 주심포 양식으로 만들어졌다. 사리원 성불사 응진전은 다포 양식이다.

석탑

고려 시대 석탑은 통일 신라에 비해 몇 가지 특징을 지니고 있다. 우선 석탑이 전국적으로 고루 만들어졌다. 이는 신라에 비해 불교가 더욱 대중화되어 사람들 마음속에 깊이 자리 잡았음을 보여 준다.

두 번째는 석탑 모양이 다양해졌고, 지역적인 특색이 나타난다는 점이다. 신라에 비해 지방 문화 수준이 높아졌고, 호족들과 백성들이 자기 고향에 대한 자부심을 갖고 있었기 때문이었다. 삼국 시대의 전통이 아직 남아 있었다는 측면도 있다. 옛 백제 지역에서는 정림사지 5층 석탑을 본뜬 탑이 만들어졌고, 북부 지역에서는 고구려 석탑에 영향을 받아 다층 다각 석탑이 만들어졌다.

세 번째는 국제 교류를 활발하게 한 나라답게 송과 원 등 외국의 영향을 받은 점이다. 특히 원 간섭기에는 원에서 온 기술자가 직접 석탑을 만들기도 했다.

익산 왕궁리 5층 석탑

평창 월정사 팔각 9층 석탑

개성 경천사지 10층 석탑

승탑과 탑비

선종의 유행과 함께 승탑과 탑비가 많이 만들어졌다. 탑이 석가모니의 무덤이라면 승탑은 승려의 무덤이다. 교종과 달리 선종은 스승과 제자 관계를 중요시했다. 이 때문에 제자들은 석가모니만큼 스승이 남긴 가르침을 중요하게 생각했다. 스승이 돌아가시면 정성을 다해 무덤을 만들고, 승탑 옆에는 스승의 일대기를 새긴 탑비를 세웠다.

승탑^{浮屠}은 통일 신라 말부터 만들어지기 시작하여 고려 시대에는 수많은 승탑이 전국에 세워졌다. 처음에는 전 원주 흥법사지 염거화상탑, 고달사 원종대사 승탑처럼 팔각 원당형이 많았다. 종 모양 형태인 석종형은 통일 신라 시대부터 만들어져 고려 후기로 갈수록 점점 많아졌고 고려 말에 오면 크게 늘어나 조선 시대로 이어졌다. 여주 신륵사 보제존자 석종이 대표적인 석종형 승탑이다. 이 밖에 원주 법천사지 지광국사 현묘탑, 정토사 홍법국사 실상탑 같은 특이한 형태도 있다.

❶ 전 원주 흥법사지 염거화상탑
팔각 원당형 승탑. 신라 말 고려 초 승탑은 대부분 기단과 탑신, 옥개를 팔각형으로 하고 있다.

❷ 여주 신륵사 보제존자 석종
고려 후기를 대표하는 석종형 승탑이다. 조선 시대 승탑도 대부분 이 양식을 잇고 있다.

❸ 원주 법천사지 지광국사 현묘탑
팔각 원당형을 벗어나 새로운 양식으로 만든 작품이다. 화려하고 정교한 조각을 자랑하고 있다.

❹ 정토사 홍법국사 실상탑
팔각 원당형 기단 위에 공 모양 탑신을 올렸다. 옥개석 모서리에는 큼지막한 꽃을 장식하였다.

하남 하사창동 철조석가여래좌상
고려 초기의 철불로 석굴암 본존불을 본떠 만들었다. 여러 조각을 붙여 만든 뒤 분가루를 바르고 색을 칠했다.

논산 개태사지 석조여래삼존입상
개태사는 왕건이 후삼국을 통일하고 세웠다. 고려 왕실의 위용을 보여 주려는 듯 체구가 당당하다.

영주 부석사 소조 여래 좌상
진흙으로 만들어 금을 입힌 소조 불상이다. 균형 잡힌 인체 비례와 정돈된 얼굴은 단아하고 근엄함을 느끼게 한다.

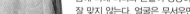

논산 관촉사 석조 미륵보살 입상
몸에 비해 머리와 손발이 상당히 크고 비례도 잘 맞지 않는다. 얼굴은 무서우면서도 인간적인 모습이다. 고려 시대의 최대 석불 입상.

금동대세지보살좌상
화려한 모자와 온몸을 휘감은 보석, 연꽃 대좌 등은 원나라 라마교 불상 양식을 거의 그대로 보여 준다.

불상

고려 불상은 신라 불상을 계승하면서도 시기와 지역에 따라 다양하게 발전했다. 초기에는 철불을 많이 만들었고, 사람이 많이 다니는 길목에 거대한 석불을 만들었다. 초기에 만들어진 불상은 당당한 체구에 도전적이고 개성 있는 얼굴을 하고 있다. 인체 비례는 조금 맞지 않지만 이 불상을 만든 호족의 기상을 대변하는 듯 보인다. 중기에는 문벌 귀족 사회가 꽃피면서 단아한 모습의 불상을 만들었다. 후기에는 원에서 들어온 라마교의 영향으로 색다른 불상이 만들어졌다.

고려 청자와 금속 금예, 그리고 나전 칠기

고려 시대 공예 기술은 자기 공예, 금속 공예, 목칠 공예 분야가 크게 발전했다. 특히 자기가 유명했다. 8세기 무렵 신라는 가마 온도를 1200도 이상 올려 유리질 토기를 만들어 냈다. 고려는 이 기술에 중국 자기 기술을 받아들여 독자적인 자기를 만드는 데 성공했다. 이때까지 자기를 만들 수 있는 나라는 중국, 베트남 그리고 고려뿐이었다.

고려는 백자도 만들었지만 주로 청자가 유행했다. 귀족들이 수수한 백자보다 화려한 청자를 좋아했기 때문이다. 아름다운 비취색을 가진 고려 청자는 12세기 초 중국을 앞선다는 평가를 받을 정도로 발전했다. 표면에 무늬를 새긴 청자도 만들었다. 마침내 12세기 중엽에는 자기에 상감 기법을 활용하는 데 성공했다. 그릇 표면을 파내고 백토, 흑토를 메워 무늬를 만드는 이 기법은 고려가 독자적으로 개발한 것이다.

상감 청자가 만들어지면서 자기는 더욱 성행하여 13세기 중엽 절정에 달했다. 귀족들은 문방구, 향로, 화분, 의자, 베개 등 생활용품에 두루 청자를 사용했고, 후기에는 일부 백성들도 사용하기에 이르렀다. 그러나 원 간섭기 이후 왜구의 잦은 침략으로 강진 등 해안 지방에 있던 가마들이 문을 닫으면서 생산량이 줄어들었다.

금속 공예는 범종, 향로, 사리구 등 사원에서 필요한 불교 용품과 도구를 중심으로 발달했다. 귀족들이 일상에 사용하는 거울, 주전자 등도 많이 만들어졌다. 특히 금속 표면에 무늬를 파고 금이나 은을 가는 실처럼 꼬아 넣는 입사 기술이 발달했다. 이 기술을 자기에 응용하여 만든 것이 바로 상감 청자이다.

청동 은입사 포류수금문 정병
정병은 감로수 즉 깨끗한 물을 넣는 병이다. 관세음보살은 이 물로 중생의 고통을 덜고 갈증을 풀어 준다. 갈대가 우거지고 수양버들이 늘어진 언덕에 새들이 날고 조각배가 떠 있다.

청동 은입사 향완
향완은 불단에 놓고 향을 피우는 향로의 일종이다. 12세기 중반부터 은입사로 화려한 문양을 장식했다.

고려 나전 칠기 염주합
염주를 보관하는 그릇이다. 여섯 판 꽃잎 모양을 한 뚜껑에는 국화꽃, 옆에는 당초 무늬가 정교하게 새겨져 있다.

고려 나전 칠기 팔각함
검은색 옻칠에 모란 넝쿨 무늬를 빼곡히 장식했다. 고려 나전 칠기는 전 세계적으로 20점이 채 안 남아 있고 팔각함은 하나밖에 없다.

목칠 공예에서는 나전 칠기 기술이 크게 발달했다. 나전은 얇게 저민 조개껍질로 자개라고도 한다. 옻을 목공예품 겉에 칠한 뒤 자개로 장식했다. 나전 칠기는 불교 경전을 넣어 두는 경함을 비롯하여 염주합, 화장용기 등에 다양하게 이용되었다. 고려 나전 칠기는 원 간섭기에 경함을 만들어 바치는 임시 기구를 둘 정도로 유명했다.

글씨와 그림

고려 귀족들과 지식인들은 글씨에 관심이 많았다. 잡과 시험에도 글씨를 보는 과목이 있을 정도였다. 글씨도 유행이 있어서 시대 분위기에 따라 선호되는 글씨가 바뀌었다. 전기에는 왕희지체와 엄정하고 간결한 구양순체가 유행했다. 인종 때 승려 탄연과 고종 때 최우 등이 명필로 유명했다.

원과 교류가 활발히 이뤄지면서 조맹부의 송설체가 유행했다. 조맹부는 충선왕이 세운 만권당에 초대되어 이제현 등 고려 신진 학자들을 가르쳤다. 이 때문에 송설체는 신진 사대부 사이에 퍼져 조선 전기까지 유행했다. 굳센 느낌을 주는 송설체가 개혁을 하려고 하던 사대부와 잘 맞았던 것 같다. 이암 등이 대가로 이름이 높았다.

고려 귀족들은 그림에도 관심이 많았다. 국가에서는 도

탄연 문수원 중수기
탄연(1070~1159)은 밀양 출생으로 1132년 대선사, 1146년 왕사가 되었다. 이 글은 문수원을 중수할 때 쓴 것이다. 강하면서도 부드러운 필획을 구사한 글씨로 고려 최고의 명필로 칭송받았다.

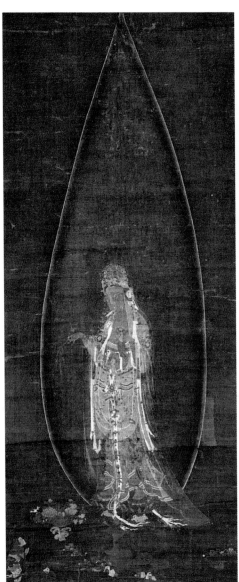

센소지 소장 수월관음도

우아한 자태를 한 관음보살이 손에 버드나무 가지를 들고 사랑스런 눈길로 선재동자를 맞고 있다. 몸 전체를 감싸고 있는 광배가 물방울 모양을 닮았다고 해서 '물방울 관음'이라고 불린다.

정교사 소장 아미타 팔대 보살도

아미타불이 오른쪽으로 약간 몸을 돌려 서 있고, 좌우에 4명씩 보살이 부처를 둘러싸고 있다. 왼편 제일 앞에는 대세지보살이 오른쪽에는 관음보살이 정병을 들고 서 있다.

경신사 소장 수월관음도

수월관음노는 물속에 뜬 달이 하늘에 뜬 달이 아니라는 것을 깨닫게 하여 번뇌에서 벗어나도록 하는 광경을 그린 것이다. 세로 4m 30cm, 가로 2m 54cm로 고려 불화 가운데 가장 큰 그림으로 알려져 있다.

미황사 괘불

괘불은 야외에서 열리는 불교 의식에 사용하는 불화이다. 미황사 괘불은 높이 12m, 폭 5m의 대형 불화로 의식이 열리면 대웅전 앞 좌우에 한 쌍씩 있는 괘불대에 건다.

화원을 만들고 전문 화가를 두었다. 이들 화원들은 국가에서 필요한 그림을 그리고 외국에 파견된 사신을 따라가기도 했다. 인종 때 수행 화원으로 송에 간 이영이 그린 산수화 〈예성강도〉는 높은 평가를 받았다. 하지만 안타깝게도 지금 전하는 고려 전기 그림은 없다.

고려는 불교의 나라답게 불화가 크게 발전했다. 불화는 사원을 장식하는 구실뿐만 아니라 예배의 대상이었다. 부처의 일생을 그린 팔상도, 지옥도 등은 불교를 쉽게 이해할 수 있게 하는 구실도 했다. 큰 불교 행사나 야외에서 열리는 법회에는 괘불이라는 큰 불화를 내걸었다.

불화는 비단이나 삼베에 그린 그림부터 벽화, 경판화 등 다양했다. 많은 사람들이 복을 받기를 바라는 마음으로 기꺼이 제작비를 냈다. 특히 최고급 비단에 금가루를 듬뿍 사용하여 복채법으로 만든 불화는 엄청난 제작비가 들어갔고 왕실과 귀족들의 후원 없이는 만들기 어려웠다.

지금 남아 있는 고려 시대 그림은 불화 외에 〈안향 초상화〉와 공민왕이 그렸다는 〈천산대렵도〉, 부석사 〈조사당 벽화〉, 〈공민왕릉 벽화〉 등이 있다.

복채법
물감을 뒤에서 칠해 앞으로 베어 나오게 하는 기법이다. 앞에서 칠할 때보다 은은하고 우아한 색채를 낼 수 있었고 물감이 쉽게 떨어지지 않았다.

음악

고려 시대에는 신라 음악을 토대로 송 음악을 받아들여 음악을 발전시켰다. 팔관회 등 국가적인 규모로 지낸 의식에는 음악을 연주했다. 궁중에서 열린 의식이나 잔치에서도 음악은 빠지지 않았다. 국왕이 행차할 때나 군대가 개선할 때에는 주로 관악기와 타악기로 구성된 악대가 대열을 이끌었다.

음악은 크게 향악, 당악, 아악이 있었다. 향악은 전통 음악으로 속악이라 불렀다. 당악은 당과 송에서 수입한 음악이다. 아악은 송에서 들어온 제례악을 발전시킨 것이다. 종묘의 제례 등에서 연주했다.

세상을 과학적인 눈으로 바라보다

고려 때 과학과 기술은 높은 대우를 받지 못했다. 그러나 국가적으로 필요한 기술이었기 때문에 지속적인 관심은 가지고 있었다. 국자감에서 과학과 기술을 가르쳤고, 과학 기술 전문가를 뽑는 과거 시험이 있었던 사실이 이를 보여 준다.

고려는 신라의 전통 위에 중국과 이슬람의 과학 기술을 받아들여 독자적으로 발전시켰다. 가장 관심이 높았던 분야는 천문학이었다. 천문학은 천문 관측과 역법 계산을 중심으로 발달했다. 농사와 관련된 현실적인 필요와 함께 유학자들은 하늘의 뜻을 알아야 정치를 제대로 할 수 있다고 믿었다. 하늘의 뜻은 하늘과 땅의 변화로 알 수 있다고 여겨 천문 관측을 열심히 한 것이다.

담당 관청이었던 사천대^{서운관}는 일식과 혜성, 태양 흑점 등을 꾸준히 관측했다. 지금 남아 있는 관측 기록은 일식이 130여 회, 혜성 관측이 87회에 이른다. 당시 세계 최고로 평가받는 이슬람의 기록에 뒤지지 않는다.

역법은 처음에는 신라 때 들어온 당의 선명력을 썼다. 원과 교류가 많

1994년 북한 역사학자들은 개성 첨성대(왼쪽)를 발굴 조사했다. 이들은 지금 남아 있는 첨성대 위에 2층이 더 있다고 결론을 내리고 복원도(오른쪽)를 만들었다.

아지면서 당시 최고라고 평가받는 원의 수시력을 받아들여 사용했다. 여기서 눈여겨봐야 할 점은 수시력을 그저 수입하기만 한 것이 아니라 고려가 최고 수준의 수시력을 이해하고 운영하는 능력을 갖고 있었다는 점이다. 수시력은 1년을 365.2425일로 계산했다. 이 수준에 유럽이 도달한 시기는 16세기 말 그레고리우스력 때였다.

지리학과 지도는 국가를 운영하는 데 꼭 필요한 것이었다. 고려는 개방적인 사회였고, 원 간섭기에는 교류의 폭이 더욱 넓어졌다. 이 때문에 지리학과 지도 제작 수준이 꽤 높았을 것으로 보인다. 목종 때 우리나라 지도를 거란에 보내고, 공민왕 때는 중국과 우리나라 지도를 만들었다는 사람에 대한 기록이 있다. 하지만 이렇게 만들어진 여러 지도는 지금 전하지 않고 있다.

의학은 국민 건강과 관련되어 있어서 처음부터 관심 분야였다. 고려는 태의감을 두고 의학 교육을 실시했다. 기술관 시험에도 의과를 시행했다. 12, 13세기에는 당·송 의학의 영향력에서 벗어나 우리 실정에 맞는 의학을 발전시켰다. 『향약구급방』이 바로 그것이다. 고종 때 편찬된 이 책은 중국 약재가 아니라 국산 약재를 활용했다는 점에서 큰 의미가 있다.

세계 최초로 금속 활자를 발명하다

목판 인쇄는 고정된 목판에 글씨를 새겨 인쇄하는 방법이다. 활판 인쇄는 나무, 금속 등으로 활자를 만들어 판을 짜서 인쇄하는 것이다. 목판 인쇄는 많은 돈과 시간이 들어간다. 대신 한 번 만들어 놓으면 같은 책을 다량으로 찍어 낼 수 있다. 이 때문에 책에 대한 수요가 많지 않으면 경제성 측면에서 문제가 될 수 있었다.

대장경 간행에서 보이듯이 고려는 목판 인쇄술이 상당한 수준에 이르렀다. 하지만 거듭된 외침과 내부 혼란으로 많은 목판과 책이 불타 버렸다. 필요한 책을 다시 찍기 위해서 목판을 다시 만들어야 했지만 나무를 구하기도 어렵고 국가 재정도 갈수록 어려워졌다. 게다가 송이 남쪽으로 쫓겨 가면서 필요한 책을 제때 구입하기도 힘들었다. 서적의 수요도 귀족에 집중되어 중국처럼 많은 수량이 필요 없었다.

이 때문에 고려는 여러 종류의 책을 소량으로 인쇄하는 데 효과적인 활판 인쇄에 관심을 가지게 되었다. 마침내 13세기에 들어서 고려는 금속으로 활자를 만드는 데 성공했다. 전통적으로 우수한 청동 제조 기술이 있었기 때문에 가능한 일이었다. 금속 활자로 책을 찍기 위해서는 먼저 활자를 판에 고정하는 기술이 필요했다. 금속 표면에 잘 퍼지는 먹과 질긴 종이도 개발해야 했다. 따라서 초기에는 금속 활자로 한 번 조판하여 찍어 내는 부수가 서너 장에 지나지 않았다.

고려가 처음으로 금속 활자로 찍은 책은 1234년 『상정고금예문』이다. 서양에서 금속 활자 인쇄가 시작된 시기보다 200여 년이나 앞섰지만 전해지지 않고 있다. 대신 1377년 청주 흥덕사에서 간행한 『직지심체요절』이 지금 남아 있는 세계 최고의 금속 활자본으로 공인받았다.

화약 무기 제조와 조선 기술

화약은 10세기 후반 중국에서 발명되었다. 13세기 초 금은 폭탄과 로켓처럼 발사되는 창을 만들었다. 이어 원은 화포를 개발하여 여러 전쟁을 승리로 이끌었다. 몽고와 전쟁을 치른 고려는 화약 무기의 위력을 알고 있었다. 하지만 원이 엄격히 통제하여 제조 기술을 알 수는 없었다.

고려 말 왜구가 자주 침략하자 화포에 대한 관심이 높아졌다. 배로 이동하는 왜구를 격퇴하는 데에는 화포만 한 것이 없었기 때문이었다. 마침내 최무선은 화약 제조법을 알아내고 화통도감 책임자가 되어 여러 종류의 화포를 만들었다. 이 화포는 진포^{금강 하구} 싸움 등에서 왜구를 무찌르는 데 큰 힘이 되었다.

배를 만드는 기술도 발달했다. 건국 초부터 활발히 해외 무역을 한 고려는 대형 범선을 만들어 황해를 건넜다. 세금으로 거둔 곡물은 배로 운반했다. 이 때문에 조운선을 만들었고, 대형 조운선은 곡물 1,000석을 실을 수 있었다.

고려 배는 둔탁하지만 튼튼했다. 원은 일본을 정벌하면서 남송 배와 고려 배를 동원했다. 두 차례 원정은 모두 태풍으로 배가 부서지는 바람에 실패했다. 이때 태풍을 견디고 살아남은 배는 대부분 고려 배였다. 화포를 개발한 뒤 병선에 화포를 설치하여 발사할 수 있었던 것도 이 때문이었다.

황비창천(밝게 빛나는 창성한 하늘)이라고 쓰인 청동 거울에 고려선이 새겨져 있다.

• 최무선은 어떻게 화약 제조 기술을 알게 되었을까?

최무선은 원의 강남 지방에서 온 염초장 이원(李元)과 같은 마을에 살고 있었다. 서로 친해져서 자주 왕래하는 사이로 화약 제조 기술을 몰래 전해 들을 수 있었다.
－『고려사』13권 (열전 제46) 「신우 정사 3년」

최무선은 중국 강남에서 오는 상인이 있으면 늘 화약 만드는 법을 물었다. 어떤 상인 한 사람이 대강 안다고 대답하자 자기 집에 데려다가 의복과 음식을 주고 수십 일 동안 물어서 요령을 얻었다.
－『태조실록』「검교 참찬문화 부사 최무선의 졸기」

화약 제조 방법은 일급 군사 기밀이었다. 원도 그랬고 명도 그랬다. 그런데 최무선은 어떻게 화약을 만들 수 있었을까? 『고려사』에는 원나라 염초장에게, 『태조실록』에는 원나라 상인에게 배웠다고 기록되어 있다. 일반적으로 알려진 것은 『태조실록』에 나오는 기록이다. 하지만 일급 군사 기밀인 화약 제조 방법을 상인이 알기는 쉽지 않았을 것이다. 화약을 유황과 숯, 염초(초석)로 만든다는 것은 이미 알려져 있었다. 문제는 재료를 정제하고 배합하는 비율 등을 알아야 한다는 것이다. 이런 점에서 염초장에게서 배웠다는 것이 더 설득력이 있다.

염초장 고려, 조선 시대에 화약과 관련된 업무를 보던 관리.

기능과 미를 두루 갖춘 고려의 건축 기술

• 주심포와 다포

건축에서 가장 중요한 부분은 지붕을 무너지지 않게 하는 것이다. 비나 눈이 오면 지붕 무게는 더 무거워진다. 이 무게를 버티려면 많은 기둥을 세워야 한다. 하지만 기둥이 너무 많으면 사람이 살 공간이 줄어든다. 적은 기둥으로 지붕 무게를 버티기 위해서는 어떻게 해야 할까?

지붕 무게를 분산시켜 기둥에 전달할 수 있으면 기둥 개수를 줄일 수 있다. 이 특별한 장치가 바로 지붕의 처마를 받치는 공포다. 공포는 길게 뺀 처마를 받치는 데에도 중요한 구실을 한다. 이 공포가 기둥에만 있으면 주심포라 하고, 기둥과 기둥 사이에도 있으면 다포라고 한다. 주심포는 기둥과 기둥을 잇는 부재(창방)만 있으면 공포를 떠받칠 수 있다. 하지만 다포는 기둥과 기둥을 가로지르는 부재(평방)를 하나 더 얹어야 한다. 그래야만 기둥과 기둥 사이에도 공포를 더 올릴 수 있기 때문이다.

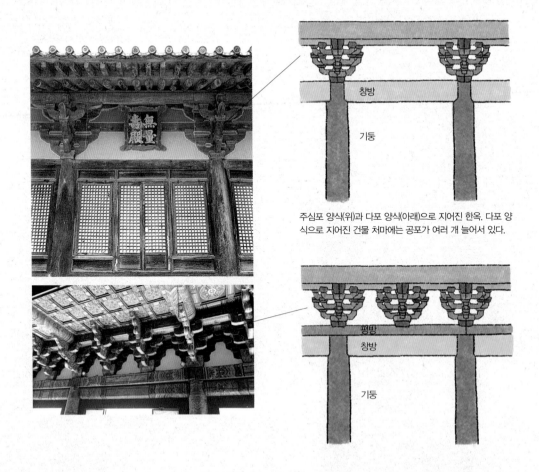

주심포 양식(위)과 다포 양식(아래)으로 지어진 한옥. 다포 양식으로 지어진 건물 처마에는 공포가 여러 개 늘어서 있다.

• 무량수전과 파르테논 신전

건축은 눈으로 볼 때 안정감을 주는 것이 중요하다. 그런데 기둥을 똑같은 굵기로 만들면 가운데가 홀쭉해 보인다. 사람 눈이 그렇게 착각을 하게 만드는 것이다. 이를 보완하려면 기둥을 아래로 갈수록 굵게 만들면 된다. 이를 민흘림기둥이라 한다. 다른 하나는 기둥 가운데를 약간 불록하게 만드는 배흘림기둥 양식이다.

또 여러 개 기둥을 똑같은 높이로 만들면 눈으로 볼 때 가장자리가 처져 보인다. 이를 보완하는 방법도 두 가지이다. 하나는 가운데로 갈수록 기둥을 조금씩 높게 하는 방법이다. 또 하나는 모퉁이로 갈수록 조금씩 높게 하는 귀솟음 방식이다. 그래야 눈으로 볼 때 기둥 가운데가 오목하게 보인다거나 처져 보이지 않게 된다.

그런데 이것이 너무 지나치면 안정감은 있을지 몰라도 아름다움은 떨어질 수밖에 없다. 따라서 사람들이 건물을 보면서 아름답다고 느끼게 하려면 적절하게 길이를 조정하여 조화가 잘되게 해야 한다. 이렇게 잘 조화시킨 대표적인 건물이 부석사 무량수전과 그리스 파르테논 신전이다. 무량수전은 후자 즉 배흘림기둥과 귀솟음 방식을, 파르테논은 전자를 사용했지만 조화를 잘 시켜 아름다운 건축물로 꼽히고 있다.

무량수전 정면도

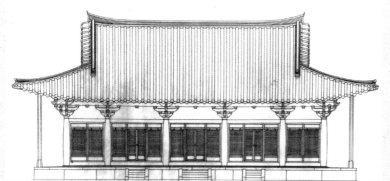

무량수전(왼쪽)과
파르테논 신전(오른쪽)

고려 시대의 뛰어난 도자기 기술

도자기의 빛깔이 푸른 것을 고려 사람들은 비색(翡色)이라 부른다. 근년에 와 만드는 솜씨가 교묘하고 빛깔도 더욱 예뻐졌다. 술그릇의 모양은 오이 같은데 위에 작은 뚜껑이 있어서 연꽃에 엎드린 오리 모양을 하고 있다. 또 주발, 접시, 술잔, 사발, 꽃병, 옥으로 술잔 등도 만들 수 있지만, 일반적으로 도자기를 만드는 법을 따라 한 것들이므로 생략하고 그리지 않는다. 다만, 술그릇만은 다른 그릇과 다르기 때문에 특히 드러내 소개해 둔다. 사자 모양을 한 도제 향로 역시 비색이다. …… 여러 그릇 중에서 이 물건이 가장 정밀하고 뛰어나다.

- 『고려도경』

1123년(선화 5) 송 휘종은 고려 예종을 조문하기 위해 사신을 파견했다. 이들은 고려에서 몇 개월 머물다가 중국에 돌아가 다음 해에 고려에서 보고 들은 것을 정리해서 보고서를 바쳤다. 이 보고서가 바로 『선화봉사고려도경』이다. 보고서를 쓴 사람은 서긍(1091~1153)이고, 선화는 송 휘종의 연호이다.

원래 글과 그림이 함께 있어 도경(圖經)이라 했지만 그림은 없어지고 글만 남았다. 모두 40권으로, 고려의 정치, 사회, 문화, 경제, 군사, 예술, 기술, 복식, 풍속 등을 알 수 있는 귀중한 자료이다. 척준경을 비롯하여 이자겸, 윤언식, 김부식, 김인규, 이지미 등 서긍이 만났던 사람들도 소개하고 있다.

청자 참외 모양 병
고려청자 문화가 절정을 이루던 12세기 전반에 제작됐다.

청자 음각 모란 상감 보자기 무늬 뚜껑 매병
매병은 입이 작고 동체는 어깨가 벌어지고 아래로 갈수록 좁아지는 그릇을 의미한다. 음각으로 모란을 새기고 상감 기법으로 보자기 무늬를 넣었다. 뚜껑은 없어졌다.

한편 '도자기'라는 말은 도기와 자기를 합쳐 부르는 용어다. 도기란 진흙으로 도기 가마에서 구워 낸 그릇이다. 흔히 질그릇이라고 불린다. '도기'는 현재 토기와 도기로 나뉘어 쓰이고 있다. 토기는 섭씨 600~700도의 낮은 온도로 구운 그릇이다. 보통 손톱으로도 표면에 금이 그어지는 도기는 유약을 발라 1000~1100도의 온도로 구운 그릇이다. 토기보다 강해 쇠칼 같은 것으로 자국을 낼 수 있다.

자기는 자토 곧 고령토로 자기 가마에서 구운 그릇을 말한다. 흔히 사기그릇이라 불린다. 도기와 다른 점은 진흙이 아닌 고령토를 쓰고 1300도 정도 고온으로 굽는다는 것이다. 돌과 같이 단단하다. 사람에 따라 사기는 자기보다 순도가 낮고, 굽는 온도도 낮은 것으로 설명한다. 그러나 고려, 조선 시대를 걸쳐 자기와 사기는 함께 쓰였다. 청자를 청사기로, 백자를 백사기로, 청화백자를 청화백사기로 함께 불러 왔다. 백자를 만드는 사람을 사기장, 백자를 만드는 곳을 사기소라고 했다. 따라서 사기는 자기의 일반적인 말이다.

중국 월주 청자
고려 청자는 중국의 월주 청자를 본떠 만들어졌다. 9세기 후반경, 중국 저장성 월주 청자의 기술이 바닷길을 통해 한반도에 유입되었다고 전해진다.

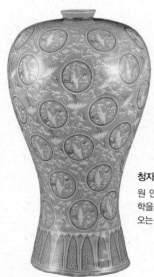

청자 상감운학문 매병
원 안에는 하늘로 날아오르는 학을, 원 밖에는 땅으로 내려오는 학을 표현했다.

청자 상감 구름 학 무늬 매병
푸른색 바탕에 구름과 학이 시원스럽게 펼쳐져 있다. 꽃병, 술병으로 알려진 매병이 최근 꿀단지였고 성준(준)이라 불렸다는 것이 밝혀졌다.

자랑스러운 우리 문화유산, 금속 활자

• **직지의 대모 박병선 박사**

 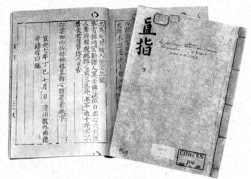

왼쪽은 한국을 찾은 박병선 박사가 국내 서지학자들과 『직지심체요절』 영인본을 확인하는 모습이다. 오른쪽은 세계에서 가장 오래된 금속 활자로 인쇄한 『직지심체요절』.

1972년 파리에서 직지심체요절이 세계에서 가장 오래된 금속 활자로 찍은 책이라는 주장이 발표되었다. 그동안 세세 최조 금속 활자본으로 인정받았던 독일인 구텐베르크의 성경보다 무려 78년이나 앞선다는 놀라운 내용이었다.

전 세계는 술렁거렸고 사실 유무를 놓고 커다란 논란이 일어났다. 결국 이 주장은 사실로 밝혀졌고, 직지는 2001년 유네스코 세계 기록 유산으로 등재됐다.

이 놀라운 발견을 한 사람은 박병선 박사이다. 박 박사는 1967년 파리 국립도서관에 임시 사서로 근무하기 시작했는데 첫해에 앞으로 자신의 인생을 바꿔 놓을 직지를 만나게 된다. 서고에서 먼지에 쌓인 채 아무도 주목하지 않았던 이 책 맨 뒷장에 쓰여 있던 '1377년 금속으로 찍은 활자본'이란 내용이 눈에 들어온 것이다.

참고할 만한 자료도 변변치 않아 그녀는 맨땅에 헤딩하듯 이 책이 금속 활자본임을 밝히기 위한 연구를 시작하였다. 논문은 물론 직접 글자를 오븐에 구어서 만들어 보기도 했다. 날밤을 새고 벌건 눈으로 출근하기 일쑤였다. 마침내 그녀는 1972년 파리 '세계 도서의 해 기념 고서 전시회'와 유럽 '동양학자대회'에서 직지가 세계 최고(最古) 금속 활자본이라는 사실을 발표했다.

여기에 용기를 얻은 그녀는 프랑스 국립도서관에 있던 조선의 외규장각 의궤를 찾기 시작하였다. 단서는 "병인양요 때 가져온 도서는 모두 프랑스 국립도서관에 기증"이라고 한 프랑스의 유명한 동양학자 모리스 쿠랑의 조선 서지 기록이었다. 이를 실마리로 그녀는 3000만 권이 넘는 도서관 소장 책들을 하나씩 확인해 나갔다.

그러던 1978년 어느 날 프랑스 국립 도서관 베르사유 별관 서고에서 푸른 천에 쌓인 큰 책을 만나게 되었다. 파지로 분류돼 잠자고 있던 외규장각 의궤였다. 이 사실을 알린 그녀는 이듬해 해고당했지만 개인 자격으로 연구를 계속하였다.

온갖 어려움 속에서도 그녀는 '파란 책 속에 묻혀 있는 여성'이라는 별명답게 10여 년 동안 날마다 도서관에 가서 조사를 계속했다. 누구의 도움도 없이 297권이라는 방대한 내용을 정리하느라 아끼는 골동품들을 팔고 판화 수선 아르바이트를 하기도 했다. 한국 대사관에 외규장각 의궤 반환 교섭을 하라고 수도 없이 요청했다. 외면받던 반환 운동은 1991년 본격화됐고, 약탈당한 지 145년 만인 2011년 반환(대여 형태)될 수 있었다. 박 박사는 평생의 숙원을 이뤘다는 기쁨 속에서도 당부를 잊지 않았다.

"프랑스 법원도 외규장각을 약탈했다고 인정했다. '대여' 형식으로 되돌려 받는 것이 말이 되느냐. 온 국민이 힘을 합쳐 '대여'를 하루빨리 '반환'으로 바꾸어야 한다."

• 왜 중국은 활판 인쇄에 관심이 없었을까?

활자를 처음 만든 나라는 중국이다. 송나라 필승(약 970~1051)은 세계에서 처음으로 진흙 활자를 만들었다. 점토로 활자를 만들기는 쉬웠지만 강도가 약해 계속 쓰기에는 문제가 있었다. 1298년, 원나라 왕정이 목활자 3만여 개를 만들어 책을 찍어 냈다. 하지만 활판 인쇄는 중국에서 많은 관심을 끌지 못했고 거의 모든 책은 목판 인쇄로 나올 수밖에 없었다.

목판 인쇄는 목판을 한 번 만들면 비교적 쉽게 많이 인쇄를 할 수 있었다. 하지만 목판을 만드는 데 많은 비용이 들고, 판을 만들 때 한 글자만 잘못 새겨도 판을 통째로 갈아야 하는 등 비용과 시간 면에서 문제가 있었다. 반면 각각의 활자를 짜 넣어 찍는 활판 인쇄는 재활용을 할 수 있지만 처음에는 활자를 고정시키는 것이 어려워 하루에 몇 장 밖에 인쇄를 할 수 없었다.

다시 말해서 목판은 대량으로, 활판은 소량으로 인쇄하는 데 장점을 갖고 있었다.

중국은 고려에 비해 인구가 훨씬 많았고 책을 필요로 하는 사람도 많았다. 따라서 같은 책을 필요로 하는 사람이 고려보다 몇 십 배 많았다. 이 때문에 활판보다는, 만드는 데 돈과 시간이 들지만 한 번 만들면 다량으로 찍어 낼 수 있는 목판 인쇄가 훨씬 효과적이었다.

13

고려 시대의
대외 교류

고려 전기, 동아시아 국제 질서가 바뀌다

고려 전기 동아시아 국제 관계는 어느 한 나라가 주도하지 못했다. 당이 멸망하고 5대 10국 시대가 전개되면서 주변 민족이 강성해졌기 때문이다. 송이 다시 중국을 통일했지만 당처럼 동아시아 전체를 이끌지는 못했다. 송과 요, 남송과 금을 비롯해 고려, 서하, 일본 등은 서로 교류하고 경쟁했다. 때에 따라 크고 작은 전쟁을 벌이기도 했다. 이런 다원적 국제 관계 속에서 고려는 여러 나라들과 활발하게 교류했고, 개방적인 자세로 다양한 문물을 받아들였다.

다원적이라 해도 모든 나라의 세력이 같지는 않았다. 군사적으로 주변 나라의 시달림을 받았지만 동아시아 최고 선진국은 송이었다. 정치와 경제, 문화 분야에서 다른 나라들은 송을 따라올 수 없었다. 수도 카이펑은 한창때는 인구가 80만 명이 넘었다. 큰길에는 가게가 즐비하게 들어서고 늘 사람들과 수레로 북적였다. 고려를 비롯하여 여러 나라에서 온 사람들도 어렵지 않게 볼 수 있었다. 이 때문에 주변 나라들은 송과 교류를 하며 경제적 이익을 챙기고 문화를 발전시켰다.

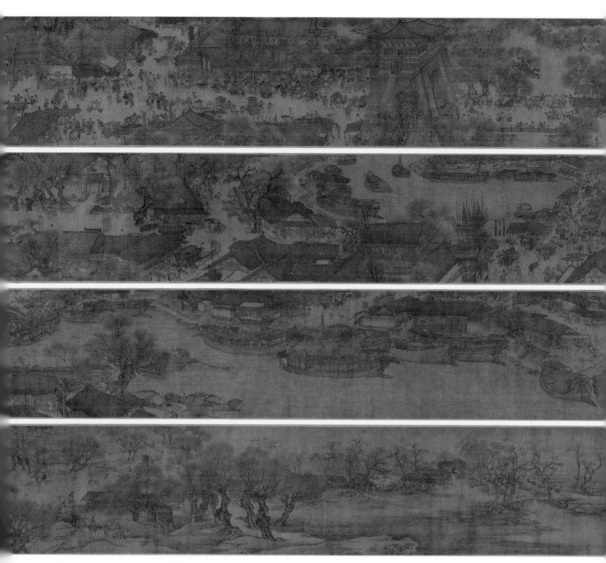

〈청명상하도〉 일부(베이징 고궁박물관)

〈청명상하도〉는 폭 24.8cm, 길이 528.7cm로 북송 말에 장택단이 그린 그림이다. 청명절을 맞이한 수도 카이
펑의 번화한 거리 모습을 자세하게 그렸다. 특히 그림 가운데에는 북송 시대 교통의 중심지였던 변하(벤허) 부
근의 시끌벅적한 모습이 잘 묘사되어 있다. 다관에서 차를 마시거나 관상을 보는 사람, 식당에서 음식을 먹는
사람도 있다. 사공들이 부지런히 노를 젓는 모습, 물건을 가득 싣고 올라가는 배도 있고, 선착장에 정박해 있
는 배에서 짐을 내리는 인부들도 보인다. 첫 번째 그림 왼쪽 끝부분에 말을 탄 사람이 일행과 함께 가고 있다.
갓을 쓰고 두루마기처럼 보이는 옷을 입어 고려인으로 보기도 한다. 이 그림은 고려와 송이 활발하게 교류했
다는 주장을 뒷받침해 주는 증거라 할 수 있다.

고려, 송과 관계를 중요시하다

고려는 건국 이후 곧바로 중국 5대 왕조와 외교 관계를 맺었다. 거란을 견제하고 선진 문물을 수입하기 위함이었다. 광종 때 과거제를 실시하도록 권유한 사람은 후주에서 온 쌍기였다. 후주를 이은 송이 다시 중국을 통일하자 고려는 곧바로 송과 친선 관계를 맺었다.

고려는 송과 관계를 두텁게 유지하려 노력했다. 다원적 국제 질서 속에서 송과 관계를 잘 유지하는 일이 정치와 외교 측면에서 대단히 중요했기 때문이다. 여기에 고려와 송은 요를 견제해야 한다는 공동 이해도 갖고 있었다. 이 때문에 두 나라가 사절을 보낸 횟수를 합치면 100번이 넘을 정도로 긴밀한 관계를 유지했다. 국가 간 공식 교류뿐만 아니라 민간 무역도 활발히 이루어졌다. 규모도 대단히 커서 많을 때는 수백 명이 왕래하며 무역을 했다. 뿐만 아니라 많은 학자와 승려, 학생 들이 송에 가서 선진 문물을 배워 왔다.

이에 힘입어 고려는 중앙 행정 기구 등 각종 제도를 정비했다. 유학, 천문학, 의학 등 학문과 기술을 발전시키고 불교에 대한 이해도 깊게 할 수 있었다. 청자를 만들 때도 송의 자기 기술은 큰 도움이 되었다.

양국 관계는 거란의 고려 1차 침입 이후 한동안 단절되었다. 하지만 민간 분야의 교류는 유지되고 있었다. 11세기 후반 거란의 세력이 약해지자 고려는 다시 적극적으로 송의 문물을 수입하려고 노력했다.

12세기 초 금이 세력을 확장하자 송은 금과 동맹하여 거란을 협공하려고 했다. 고려는 이를 만류했지만, 송은 듣지 않았다. 송은 금과 함께 요를 무너뜨렸지만 결국 금에게 공격을 받아 남쪽으로 쫓겨났다. 남송은 때로 금을 협공하자고 고려에 제안했다. 고려는 이 요청을 받아들이지 않았지만 교류는 계속했다.

이렇게 고려는 국제 관계를 적절하게 조절하면서 동아시아 외교의 한 축을 담당했다. 그 덕분에 동아시아 각국은 다원적 국제 질서를 유지하고 활발하게 교류하면서 문물을 발전시켰다.

거란, 여진, 일본과 교류하다

고려는 세 차례에 걸친 전쟁을 치른 뒤 요와 친선 관계를 맺었다. 요와의 교류에서 주목할 만한 것은 불교 문화도 오고 갔다는 점이다. 요는 여러 차례 대장경을 보내왔다. 고려는 대장경을 만들면서 이를 많이 참고했다. 의천이 만든 교장에도 거란 불경이 들어가 있었다.

물론 두 나라 사이에는 인적 교류도 있었다. 고려에는 많은 거란인이 살고 있었다. 전쟁 포로를 비롯하여 요 내부의 문제로 고려에 망명한 이들이었다. 예종 때는 수만 명에 이르렀고 남경 부근에는 거란인 마을도 있었다. 이들은 버들가지로 고리를 만드는 뛰어난 솜씨를 가지고 있어서 주로 수공업에 종사했다. 일부는 관리가 되기도 했다. 요에도 포로로 잡혀간 사람을 비롯하여 적지 않은 고려인들이 살고 있었다. 이들도 고려인 마을을 이루고 살았다.

여진과 교류는 사신이 와서 공물을 바치는 형식이었다. 금이 세워지고 사대 관계를 맺은 뒤에도 그렇게 활발하게 이뤄지지는 않았다. 고려와 여진은 사신 왕래와 함께 이뤄진 공무역과 사무역을 통해 문물 교류를 했다. 일본은 몇 차례 오고 간 사신과 표류민을 송환하면서 교류를 했다.

몽골, 세계를 품다

일찍이 유라시아 대륙에는 동서를 연결하는 교통로가 있었다. 초원길과 비단길, 바닷길이 그것이다. 이 길을 따라 동서양은 서로 문물을 전했고, 이 길을 장악하는 민족과 나라는 번영을 누렸다.

몽골 제국은 이 길을 정비하여 약 40킬로미터마다 역참을 만들었다. 제국 전체에 설치한 수천 개 역참에는 말과 식량이 준비되어 있었다. 관리나 상인 들은 그물망처럼 짜인 이 교통로를 이용하여 몽골 제국 어디나 갈 수 있었다. 급한 경우에는 말을 갈아타면 하루에 400킬로미터 이상 달릴 수 있었다. 아시아 동쪽 끝에서 유럽까지 열흘 정도면 도착했다.

통행증에는 '하늘의 영원한 힘과 황제의 칙령으로, 이를 존중하지 않는 자는 죄인이다'라는 글이 새겨져 있다. 임무 내용과 지위에 따라 해청패海靑牌, 금패, 은패 등을 발급했다. 몽골 제국은 통행증을 보여 주면 아무리 먼 곳이라도 말과 식량, 숙소를 제공하는 교통 네트워크를 만들었다.

여기에 몽골 제국은 개방적 태도로 이슬람과 유럽에서 온 사람들과 문화를 받아들였다. 원나라 수도 대도베이징에는 전 세계에서 온 사람들을 볼 수 있었다. 이슬람인이나 유럽인도 장사를 하거나 관리가 되어 재능을 발휘했다.

종교와 사상에 대한 편견도 없었다. 몽골 제국 때의 수도 카라코룸에는 불교를 비롯하여 이슬람교와 기독교, 샤머니즘 등 다양한 종교 성전이 있었고, 자유롭게 포교 활동를 했다.

몽골 제국 시대에는 동서 교류가 본격적으로 전개되었다. 화약, 나침반, 인쇄술 등 중국의 과학 기술이 이슬람을 거쳐 유럽에 전해졌다. 이슬람에서 전해진 지리학, 수학, 천문학, 의학 등은 원에 큰 자극을 주었다. 이에 힘입어 원은 수시력이라는 최고의 역법을 만들어 냈다.

'파이자'라고 불린 통행증
파이자를 소지한 관리나 여행자민이 몽골 제국의 역참을 이용할 수 있었다.

고려, 세계와 교류하다

개경으로 돌아온 고려 정부는 원과 긴밀한 관계를 맺었다. 이 때문에 고려는 어느 시대보다 폭넓게 대외 교류를 했고 세계적인 문화를 접할 수 있었다.

경제적으로도 원이 발행한 교초를 사용하여 원을 중심으로 형성된 국제 교역에 바로 참여할 수 있었다.

특히 이 시기에는 왕족과 귀족은 물론 상인까지 수

많은 사람들이 원을 드나들었다. 고려 왕들은 세자 시절 원에서 머물렀고, 왕위에 오른 뒤에도 많은 인원을 데리고 수시로 원을 드나들었다. 안향은 충렬왕을 따라 원에 가서 주자학을 알게 되었고, 이제현은 충선왕이 불러 만권당에서 원의 학자와 만날 수 있었다.

승려들도 원에 가서 공부했다. 보우와 혜근은 임제종을 받아들여 고려 불교에 새바람을 불러일으켰다. 공녀, 환관 등으로 끌려간 사람도 많았다. 많은 사람들이 원에서 살게 되면서 고려인이 집단적으로 거주하는 고려장이 생겼다.

몽골인들도 고려에 들어왔다. 왕비가 된 원의 공주를 따라온 수행원뿐만 아니라 업무를 처리하기 위해 들어온 관리도 적지 않았다. 장사를 하기 위해 들어온 사람도 많았다. 서역 사람들도 들어와 쌍화점에 나오는

• 모로코 여행가가 본 중국

여행자에게는 중국이 가장 안전하고 좋은 고장이다. 혼자서 많은 돈을 갖고 9개월 동안 돌아다녀도 걱정할 것 없다. 전국의 모든 역참에는 숙소가 있다. 관리자가 서기와 함께 와서 모든 투숙객의 이름을 적고 확인 도장을 찍은 다음 숙소 문을 잠근다. 다음 날 아침에 관리자가 서기와 함께 와서 투숙객을 점호하고 상황을 상세히 기록한다. 그리고 사람을 딸려 다음 역참까지 안내한다. 안내자는 다음 역참 관리자에게 한 사람도 빠짐없이 도착했다는 확인서를 받아 온다. 전국의 모든 역참에서 이렇게 하고 있다.

－『여행기』(이븐 바투타)

이븐 바투타(1304~1368)는 모로코 출신 여행가이다. 북아프리카와 아라비아 반도 서쪽을 시작으로 이라크와 이란, 아프리카 중앙아시아, 그리고 인도, 중국 및 동남아시아를 돌아보았다. 1354년 모로코에 돌아와 자신이 보고 들은 것을 정리했다.

이븐 바투타의 『여행기』는 그가 방문한 지역의 풍습과 사는 모습 등이 묘사되어 있어 문화인류학적으로 큰 가치를 인정받고 있다. 윗글에서 보듯이 몽골 제국은 동서 교역로를 안정적으로 관리하여 동서 문화 교류와 상업 발전에 크게 공헌했다.

회회아비처럼 만두 가게를 차리기도 했다.

인적 교류가 다양해지면서 상대방 나라에 정착하는 사람들이 늘어났다. 위구르 출신 장순룡과 설손, 몽골 출신 인후, 중국 출신 변안열 등은 고려에 귀화하여 고위 관리가 되었다. 이들 후손들은 조선 시대에도 큰 활약을 했다. 왕준, 홍군상, 방신우처럼 원에 가서 크게 출세한 사람도 있었다. 기황후는 공녀로 끌려갔다 왕후가 되기도 했다. 시간이 지날수록 고려 젊은이들 사이에는 원에 가서 과거에 합격해 출세할 꿈을 품은 사람이 점점 늘어났다. 원나라 과거에 좋은 성적으로 합격한 이곡과 아들 이색이 대표적이다.

몽골 문화가 유행하다

인적 교류와 함께 다양한 문화가 고려에 들어왔다. 고려 왕과 귀족들은 몽골식으로 머리를 깎고 몽고에서 들어온 모자를 썼다. 변발, 발립 치림과 함께 관복은 물론 평상복도 몽골식으로 바뀌었다. 그 가운데 저고리와 무릎까지 오는 치마를 합친 모양을 한 철릭은 귀족은 물론 백성들까지 입었다. 결혼식 때 쓰는 족두리와 연지도 몽골에서 온 것이다. 만두, 설렁탕 같은 음식과 함께 새로운 술도 들어왔다. 증류 방식으로 만드는 소주는 몽골이 이슬람에서 배운 것이다. 소주는 최고급 술로 지배층들이 즐겨 마셨다.

건축과 탑에서도 변화가 나타났다. 주심포 대신 튼튼하고 화려한 다포 양식이 유행했고, 경천사지 석탑처럼 대리석으로 정교하게 조각한 탑이 만들어졌다.

수시력, 『농상집요』 등 선진 과학 기술이 들어와 고려 천문학과 농업을 한 단계 발전시켰다. 화약 제조법은 군사 기술을 획기적으로 끌어올렸고, 왜구 퇴치에 많은 기여를 했다. 원의 국교라 할 수 있는 라마교도 적지 않은 영향을 끼쳤다. 문익점이 가져온 목화씨는 의복에 혁명적 변화

충렬왕 때의 관리인 이조년 영정. 몽골식 발립을 쓰고 있다. 발립은 몽골에서 널리 쓴 둥근 형태의 모자로 정수리에 보옥 장식을 했다.

를 가져오는 계기가 되었다.

몽골 문화는 언어에도 영향을 미쳤다. 원 공주가 왕비가 되면서 궁궐에서 사용하는 말이 몽골식으로 바뀌었다. 왕과 왕비 등 궁중 최고 어른에게 붙이는 '마마', 세자와 세자빈을 가리키는 '마누라', 임금의 음식인 '수라', 궁녀를 뜻하는 '무수리' 등은 본래 몽골의 궁중 용어였다. 우리가 흔히 쓰는 '벼슬아치'나 '장사치', 속어인 '양아치' 등에 붙는 '~치'도 몽골 말에서 유래한 것이다.

　몽골 풍습이 고려에 유행했듯이 음식과 옷 등 고려 풍습도 몽골에 전해졌다. 특히 고려 불화와 나전 칠기는 원나라 지배층에게 큰 인기를 얻었다.

소식의 상소문으로 본 고려와 송, 요의 관계

소식(1037~1101)은 중국 3대 문호, 송의 정치가이자 문장가로 호는 동파이다. 우리에게는 '소동파'로 잘 알려져 있다. 소식은 고려와의 외교 관계에 대해 여러 차례 상소를 올렸다. 다음은 소식이 1089년 11월 3일에 올린 「고려가 올린 진상에 대해 논한다」는 상소문이다.

소동파 영정

"고려가 16, 17년간 사신을 보내 조공을 바쳐 왔습니다. 사신들을 접대하고 답례품을 하사하는 비용이 지나치게 많이 듭니다. 성을 쌓고 배를 만들고 관사를 짓느라 여러 지방에서 백성들이 동원되고 있습니다. 고려 사신들이 중국의 산과 강 그리고 서적을 사들입니다. 이 정보와 하사품들이 거란으로 흘러갈 수 있습니다. 고려는 겉으로 의리를 흠모하여 사신을 보낸다고 하지만 실은 이익을 위함입니다. 만약 보답하지 않으면 오랑캐는 천성이 탐욕스러워 원망을 할 것입니다."

소식은 고려가 송과 친선 관계를 맺으려는 의도를 의심했다. 심지어 고려가 얻은 정보를 거란에 넘길 것이 뻔하다고 봤다. 다른 상소를 보면 한 걸음 더 나아가 고려가 바치는 조공품은 아무짝에도 쓸모없는 것인데, 거란이 송과 고려의 관계를 트집 잡는다면 송이 곤란한 처지에 빠지는 빌미가 될 뿐이라고 걱정한다.

이 상소에서 우리는 고려가 송과 거란 사이에서 균형 잡힌 외교를 했고 많은 정보를 얻었으며 선진 문물을 받아들이려고 노력했음을 알 수 있다. 세 나라가 교류하면서 미묘한 신경전을 벌이고 있음도 엿볼 수 있다.

한편, 소식은 고려 지식인들이 가장 좋아한 문장가이다. 김부식(1075~1151)은 소식·소철 형제를 사모해 자신과 동생 이름을 부식·부철로 지었다. 이규보(1168~1241)는 "동파의 문장은 창고에 금은보화가 가득한 부잣집 같다. 도둑이 훔쳐가도 줄지 않는다"며 극찬했다.

두 사람은 소식이 고려를 엄청나게 싫어한 것을 알고 있었을까?

다양한 문화가 공존한 고려

• 고려에서 활약한 세계인

쌍기 | 956년(광종 7) 후주 사신으로 왔다가 병이 나 머물게 되었다. 광종의 눈에 들어 후주로 돌아가지 않고 귀화하여 한림학사에 임명되었다. 958년 광종이 그의 건의를 받아들여 과거 제도를 실시하였다. 959년에는 아버지 쌍철이 고려에 와서 좌승(佐丞)이 되었다. 쌍기는 첫 번째 과거에서 총책임자인 지공거가 되었고, 이후 두 번째, 세 번째 과거에서도 지공거를 맡아 서희, 왕거 등을 뽑았다.

장순룡 | 본명은 삼가로 회회인(위구르인)이다. 충렬왕 때 왕비 제국 대장 공주를 따라와 고려에 귀화하였다. 원과 관계를 잘 유지하는 데 힘을 써 첨의부 정2품 첨의삼리까지 올랐다. 장순룡은 덕수 현을 식읍으로 받아 덕수 장씨의 시조가 되고, 후손들이 덕수를 본관으로 삼았다. 덕수 장씨는 조선에서 활발하게 활동했다. 제17대 효종 비 인선 왕후도 그 후손이다.

인후 | 본명이 훌라타이인 인후는 본래 몽골인이다. 장순룡과 마찬가지로 제국 대장 공주를 따라와 고려에 귀화하였다. 충선왕 때 평양군으로 봉해지고 종1품 관리직인 자의도첨의사사가 되었으며 재상급인 검교정승을 지냈다. 아들 인승단은 충목왕 때 좌정승을 지냈고, 공민왕 때 연안부원군에 봉해졌다. 그 인연으로 후손들이 본관을 연안으로 하였다.

설손과 설장수 부자 | 처음 이름은 백료손(白遼遜)인 설손은 본래 회회인이다. 1358년(공민왕 7) 홍건적의 난을 피하여 고려로 왔다. 일찍이 원에서 공민왕과 친교가 있어서 후한 대우를 받고 귀화하였다. 아들이 5명인데, 큰아들인 설장수는 아버지와 함께 귀화해 고려 말의 대표적 정치인으로 성장하였다. 공양왕을 옹립한 공신으로 조선 건국 뒤에도 명에 사신으로 파견되기도 했다. 막내아들인 설미수는 호조와 공조, 예조의 판서, 검교 우참찬 등을 지냈다. 설손은 경주 설씨의 시조이다.

변안열 | 중국 심양 사람으로 원 말기에 심양에 가 있던 공민왕을 따라 고려에 들어와 강원도 원주를 본관으로 하사받았다. 홍건적과 왜구 격퇴에 많은 공을 세웠다. 강직한 성품으로 어떤 당파에도 들지 않았지만 김저 모반 사건으로 죽임을 당하였다. 조선 건국 뒤 이등 공신에 책봉되었다.

몽골 근대 화가인 샤라브가 1910년 그린 소주 제조법 (왼쪽)과 소줏고리. 소줏고리는 증류된 소주를 받아 내는 도구로, 고려 때에도 사용되었을 가능성이 있다.

• 소주가 몽골에서 전해졌다고?

소주는 몽골을 비롯한 중앙아시아에서 즐겨 마시던 아이락(마유주)을 증류하여 만든다. 말이나 양 젖으로 만든 마유주는 술 색깔이 하얀색으로 막걸리와 비슷하다.

• 공민왕이 그린 몽골식 복장

〈천산대렵도〉는 고려 공민왕이
그린 것으로 추정되는 수렵도이
다. 말을 탄 귀족 남자가 몽골식
변발과 몽골식 옷을 입고 있다.
몽골식 변발은 머리를 모두 깎고
정수리 부분만 남겨 땋아 늘이는
형태였고, 겁구아(怯仇兒), 몽골
어로 '허헐'(Kekul)이라 불렀다.
원은 고려의 고유 풍속을 인정했

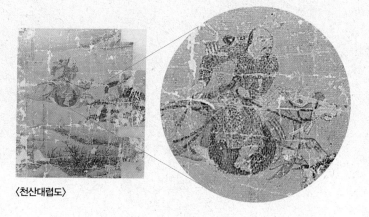

〈천산대렵도〉

지만, 1277년(충렬왕 4)에 왕이
스스로 변발을 하라고 명령을 내렸다. 1389년 공민왕의 개혁 조치로 다시 상투를 하게 되었다.

• 족두리와 연지 곤지

중국과 중앙아시아, 동아시아에서는 오래전부터 화장을 했다. 얼굴에 하얗게 바르는 분, 눈썹을 검게 그리는
대와 함께 많이 이용한 화장품이 연지이다. 붉은 색조를 띤 연지를 입술과 볼, 이마에 사용하였는데 볼에 칠하
면 연지, 이마는 곤지라 하였다. 아마도 잡귀가 붉은색을 싫어한다는 믿음에서 비롯된 것으로 보인다.
연지는 중국 은나라 때부터 사용했고, 당나라 때에도 그림에 보듯이 크게 유행하였다. 우리나라에서는 고구려
벽화에서 연지 화장을 했음을 볼 수 있고, 일본과 신라 여인들도 사용했음을 알 수 있다. 그런데 언제부터인가

연지 화장이 점점 줄어들었다가 몽골 지배를 받으면
서 다시 유행하게 되었다.
족두리는 고려에 시집온 원나라 왕비가 쓴 고고리
(古古里)에서 온 말이다. 이때 고고리는 그림에서 보
듯이 조선 시대보다 크고 높았던 것으로 보인다. 이
것이 시간이 지나면서 점차 작아지고 모양도 위아래
가 밋밋하게 바뀌었다.

(왼쪽부터) 당나라 여인의 연지, 고구려 고분 벽화 속 여인의 연
지, 고고리 쓴 쿠빌라이 칸의 족두리.

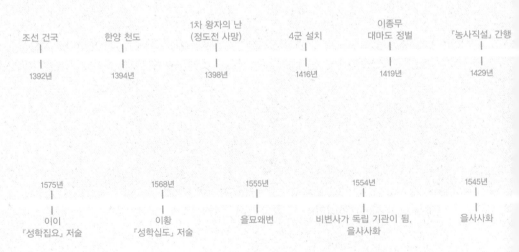

조선 건국   한양 천도   1차 왕자의 난
(정도전 사망)   4군 설치   이종무
대마도 정벌   『농사직설』 간행

1392년   1394년   1398년   1416년   1419년   1429년

1575년   1568년   1555년   1554년   1545년

이이
『성학집요』 저술   이황
『성학십도』 저술   을묘왜변   비변사가 독립 기관이 됨,
을사사화   을사사화

3

성리학과 한글

조선 건국부터 조선 전기까지

❶ 신진 사대부, 새 나라를 세우다 ❷ 통치 체제를 정비하다 ❸ 사림, 중앙 정계에 진출하다 ❹ 조선 왕조, 경제 체제를 정비하다 ❺ 조선 정부, 농업을 경제 중심으로 삼다 ❻ 다른 신분, 다른 삶 ❼ 조선 전기 사회 제도와 생활 모습 ❽ 민족 문화를 꽃피우다 ❾ 성리학이 뿌리내리다 ❿ 조선, 여러 나라와 교류하다

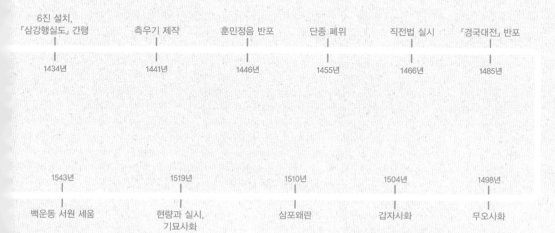

6진 설치,
『삼강행실도』 간행 — 1434년

측우기 제작 — 1441년

훈민정음 반포 — 1446년

단종 폐위 — 1455년

직전법 실시 — 1466년

『경국대전』 반포 — 1485년

1543년 — 백운동 서원 세움

1519년 — 현량과 실시, 기묘사화

1510년 — 삼포왜란

1504년 — 갑자사화

1498년 — 무오사화

신진 사대부,
새 나라를 세우다

국제 정세가 바뀌다

14세기 동아시아에는 큰 변화가 있었다. 중국에서는 원이 왕위 다툼, 재정 위기 등으로 국력이 크게 약화되었다. 원이 쇠퇴하자 한족 농민들은 곳곳에서 머리에 붉은 수건을 두르고 봉기^{홍건적의 난}했다. 1368년 주원장은 홍건적을 이끌고 난징에서 명을 세웠다. 명은 곧바로 북으로 밀고 올라가 원의 수도인 대도를 점령했다. 원이 만리장성 북쪽 초원으로 밀려나면서 동아시아는 명을 중심으로 재편되었다.

일본에서는 14세기 전반 가마쿠라 막부가 무너졌다. 원과 고려 연합군을 막기 위해 많은 돈이 들었고, 여기에 막부의 사치와 무사의 경제력 약화 등으로 결속력이 약화되었기 때문이다. 이어 무로막치 막부가 들어섰지만 남북조로 갈려 두 명의 천황이 서로 정통을 자처했다. 치열한 내란 끝에 1392년 무로마치 막부는 남북조를 통일했다. 하지만 막부는 강력한 지배력을 행사하지 못했다. 중앙 권력의 지방 통제력이 약화되자 규슈를 중심으로 해적질과 밀무역을 하던 집단이 더욱 커지고 조직화되었다. 이들 왜구는 한반도와 중국 해안을 휩쓸며 큰 파장을 일으켰다.

밀무역
법을 어기고 몰래 하는 무역.

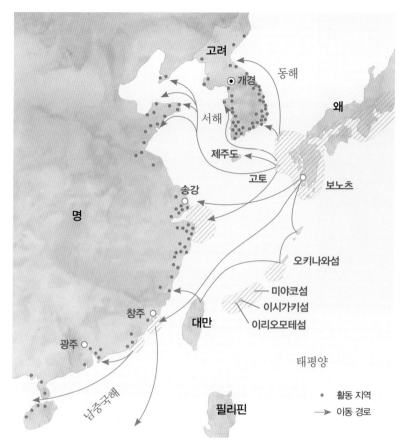

왜구의 활동

고려도 크게 흔들리고 있었다. 국제 정세가 요동을 치는 가운데 공민왕은 반원 자주 정책을 펴면서 명과 친선 관계를 맺었다. 하지만 권문세족의 반발로 공민왕이 시도했던 개혁은 실패하고 말았다. 권문세족의 횡포는 더욱 심해졌고 홍건적과 왜구의 침입으로 고려는 큰 위기를 맞이했다. 국가 재정은 바닥을 드러내고 농민들은 떠돌이가 되거나 노비로 전락했다. 불교 사원도 권문세족처럼 농민을 수탈했다. 이에 공민왕과 뜻을 같이했던 신진 사대부들은 신흥 무인 세력과 손을 잡고 고려 사회를 개혁하려 했다.

이성계, 조선을 건국하다

이성계 초상화
조선의 다른 왕처럼 붉은색이 아닌 푸른색 곤룡포를 입고 있다.

홍건적과 왜구의 침입을 물리치면서 백성들은 신흥 무인 세력에게 큰 기대를 갖게 되었다. 특히 홍건적과 왜구 격퇴에 큰 공을 세운 최영과 이성계는 국민적 영웅이 되었다. 신진 사대부들도 성균관을 중심으로 하나로 뭉쳐 권문세족에 맞서 지지 기반을 넓혀 갔다.

하지만 이인임을 중심으로 한 권문세족들은 여전히 도당을 장악하고 권력을 제멋대로 휘두르고 있었다. 심지어 이들은 고위 관료의 땅마저 빼앗아 농장을 확대하는 횡포를 부렸다. 마침내 최영과 이성계는 1388년 이인임 일파를 몰아내고 정권을 장악했다. 신진 사대부들도 이 거사를 적극 지지했다.

권력을 장악한 최영과 이성계는 이인임 처리 문제를 놓고 갈등을 빚었다. 이성계와 신진 사대부가 권문세족을 개혁 대상으로 여긴 것과 달리 최영은 소극적이었기 때문이다. 이 무렵 명이 쌍성총관부가 다스리던 철령 이북 땅을 직속령으로 삼겠다고 통보했다.

이에 대해 고려 조정은 크게 둘로 나눠졌다. 최영을 중심으로 한 세력들은 원과 외교 관계를 다시 맺고 요동을 정벌하자고 주장했다. 반면 이성계와 신진 사대부들은 요동 정벌에 반대하면서, 명의 부당한 요구는 외교적으로 해결해야 한다고 주장했다. 결국 우왕은 최영의 주장대로 요동 정벌을 단행했다. 하지만 이성계는 압록강 하류 위화도에서 군대를 돌려 최영과 우왕을 내쫓았다.

정권을 장악한 이성계와 신진 사대부는 먼저 토지 개혁을 단행했다. 과전법 시행으로 기존 수조지가 모두 몰수되자 권문세족들은 불법적으로 차지하고 있던 토지를 모두 빼앗겼다. 반면 신진 관리들은 새로 수조

수조지
수조권 즉 조세를 받을 권리가 있는 땅.

지를 받아 경제 기반을 마련했다. 국가 재정도 튼튼해졌다. 권문세족에게 땅을 빼앗기거나 수탈을 당하던 농민들은 과전법을 크게 환영했다.

이 과정에서 신진 사대부들은 개혁 속도와 방법을 둘러싸고 둘로 나뉘었다. 이색과 정몽주 등의 온건파는 고려 왕조를 유지한 채로 점진적 개혁을 주장했다. 정도전, 조준 등 혁명파는 새 왕조를 세워 개혁 속도를 높이려 했다. 마침내 1392년 혁명파는 온건파를 제거하고 조선을 건국했다.

조선, 한양에 유학적 이상을 실현하다

태조 이성계는 고조선을 계승한다는 뜻을 담아 나라 이름을 조선으로 하고, 서울을 한양으로 옮겼다. 한양은 고려 때부터 남경으로 중요시하던 곳이었다. 한반도의 중앙에 있어 전국을 효율적으로 다스릴 수 있었고, 한강을 끼고 있어 교통도 편리했다. 주변이 산으로 둘러싸여 외부 침입에도 효과적으로 대응할 수 있었다.

정도전을 비롯한 혁명파 사대부들은 성리학을 통치 이념으로 삼았다.

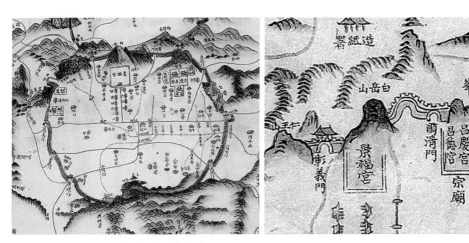

경도오부(왼쪽, 조선 영조 7년경)와 한양도성도(오른쪽)
경도오부에는 경복궁을 비롯한 주요 궁궐, 육조 및 각 성문 위치, 도성 외곽에서 안으로 들어가는 동선이 자세하게 그려져 있다.
한양도성도에는 숙정문이 그려져 있다. 숙정문은 북문으로 태조 5년에 완공되었다.

이들은 국가 기틀을 만들 때도, 한양을 건설할 때도 유학적 이상을 실현하려 했다. 유학을 창시한 공자는 주나라를 이상적인 나라로 생각했다. 이 주나라의 문물을 정리한 책이 『주례』이다. 『주례』에 따르면 궁궐은 정남을 향해 만들고, 건물들은 좌우 대칭으로 배치해야 한다. 궁궐 왼쪽에는 조상을 모시는 종묘를, 오른쪽에는 토지와 곡식의 신에게 제사를 지내는 사직을 둔다고 했다.

이에 따라 조선 왕조는 『주례』를 참고하여 한양을 유학이 지향하는 이상적 도시로 만들어 나갔다. 북악산 아래 경복궁을 남쪽으로 향하게 하고, 경복궁 왼쪽과 오른쪽에는 종묘와 사직을 두었다. 경복궁 앞에는 관청과 시장을 각각 배치하고, 한양 도성에는 동, 서, 남, 북에 대문을 만들었다. 건물 배치에만 유학 이념을 반영한 건 아니었다. 경복궁의 건물과 문 이름은 『시경』과 『서경』 등 유학 경전에서 따서 붙였다. 4대문 이름도 유학에서 가장 강조하는 덕목을 따서 흥인지문, 돈의문, 숭례문, 숙정문이라고 붙였다.

태종, 국가 기틀을 다지다

조선 왕조를 세운 신진 사대부들은 성리학을 내세워 새로운 나라를 만들려고 했다. 조선 초 통치 체제 정비에 크게 기여한 사람은 정도전이었다. 그는 민본 사상과 왕도 정치에 토대를 둔 통치 규범을 마련하여 새 국가의 기틀을 마련했다. 하지만 정치는 재상이 중심이 되어야 한다고 강조하여 국왕 중심파와 대립했다. 국왕 중심파의 핵심 인물은 이성계의 다섯째 아들 이방원이었다. 그는 왕조 개창 과정에서 정도전에 못지않은 큰 공을 세웠다고 자부하고 있었고, 유력한 세자 후보였다.

예상과 달리 세자 자리는 신덕 왕후가 낳은 막내아들 방석에게 돌아갔고, 이방원은 큰 불만을 품게 되었다. 다른 아들들도 마찬가지였다. 이들은 정도전이 재상 중심의 정치를 하기 위해 일부러 나이 어린 동생을 선

택했다고 생각했다.

기회를 엿보던 이방원은 '사병 혁파'를 계기로 1398년 쿠데타를 일으켜 세자 방석과 방번, 정도전 등을 제거하고 권력을 장악했다. 정종이 왕위에 오른 뒤 자신에게 도전한 넷째 형마저 물리친 이방원은 1400년^{정종 2}에 사병을 혁파했다. 이어 정종을 상왕으로 올리고 마침내 왕위를 차지했다.

왕위에 오른 이방원은 강력한 왕권을 세워 나갔다. 먼저 공신과 왕족이 거느린 사병을 완전히 없앴다. 고려 말 정치가 혼란에 빠지면서 귀족과 장군 들은 사병을 거느리고 있었다. 이성계도 누구보다 강력한 사병을 거느리고 있었다. 왕자의 난에 동원된 병사도 왕자와 측근들이 거느린 사병이었다. 이 때문에 사병 혁파는 나라를 안정시키기 위해 시급하게 해결해야 할 과제였다. 하지만 정도전이 사병 혁파를 시도하다 실각될 정도로 이는 어려운 일이었다. 태종은 외척과 공신을 가리지 않고 반발하는 사람들을 대거 숙청하면서 사병 혁파에 성공했다.

또한 6조 직계제를 실시하여 의정부의 권한을 약화시키고 사간원을 독립시켜 대신을 견제하게 했다. 전국적으로는 양전과 호구 조사를 실시하고 호패를 발급했다. 이에 힘입어 국가 재정이 안정되고 국가 기반이 확고하게 다져졌다.

유교 정치를 실현하다

태종 때 다져진 국가 기틀을 토대로 세종은 이상적인 유교 국가를 만들어 나갔다. 우선 집현전을 설치하여 젊고 유능한 학자들에게 유교 국가에 필요한 제도와 정책을 연구하게 했다. 왕과 신하가 함께 유학 경전과 역사, 당면한 국가적 과제를 토론하는 경연도 활성화시켰다. 의정부 서사제도 다시 실시하여 왕권과 신권의 조화를 추구했다. 그 결과 국가 의례와 제도가 유교식으로 정비되고 성리학적 윤리가 점차 사회 윤리로 확산되었다. 훈민정음 창제,『고려사』를 비롯한 각종 편찬 사업, 공평한 세금 부과를 위한 제도 개혁, 과학 기술 발전 등도 민본 사상과 왕도 정치를 실현하고자 했던 성과였다.

세종을 이은 문종이 일찍 죽으면서 조선은 다시 정치적 위기를 맞이했다. 어린 단종이 즉위하면서 정치적 실권이 김종서 등 재상에게 넘어가자 왕자와 종친 등이 반발했기 때문이다. 결국 문종의 동생인 세조가 정변을 일으켜 김종서 등을 제거하고 단종을 몰아냈다. 이 사건으로 성리학적 가치관은 큰 타격을 입었고 사육신을 비롯한 많은 사대부들이 목숨을 잃었다.

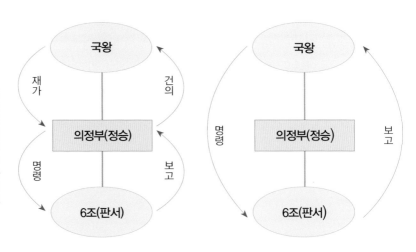

의정부 서사제(왼쪽)와 6조 직계제(오른쪽)
6조의 업무가 의정부를 거쳐 국왕에게 보고되는 의정부 서사제는 충분한 협의로 국정 시행착오를 줄일 수 있었다. 의정부의 권한이 커지며 상대적으로 왕권이 제한되었다. 6조 직계제는 신속한 행정 집행이 가능했으며 신권을 약화하는 기능도 해 왕권 강화의 일환으로 사용되기도 했다.

세조는 다시 6조 직계제를 실시하고 종친을 우대하면서 왕권을 강화했다. 집현전과 경연을 폐지하여 자신에 대한 비판도 막았다. 또 호패법을 강화하여 질서를 세우고 국방력 강화에 힘썼다. 중앙 관제와 지방 행정 조직을 정비하여 중앙 집권 체제도 강화했다.

세조를 이은 예종이 일찍 죽고 성종이 왕위를 계승했다. 성종은 합리적이고 온건한 유교 정치를 회복하기 위해 노력했다. 먼저 의정부의 기능을 회복시키고 집현전을 계승한 홍문관을 설치했다. 경연도 다시 열어 정책을 토론하고 심의하는 중요한 자리로 삼았다. 또한 김종직을 비롯한 사림파를 중요 관직에 등용하고 성리학을 장려했다. 사림들은 주로 언론 기관에 종사하면서 훈구파를 비판했다. 그리고 세조 때 시작한 조선 왕조의 기본 법전인『경국대전』을 완성했다.『경국대전』의 완성은 조선 왕조 건국 뒤 수십 년간 노력해 온 유교적 통치 체제가 확립되었음을 뜻한다.

2

통치 체제를
정비하다

중앙 행정 기구

조선은 의정부와 6조$^{이 \cdot 호 \cdot 예 \cdot 병 \cdot 형 \cdot 공}$를 중심으로 중앙 행정 조직을 정비했다. 의정부는 국정을 총괄하는 최고 행정 기관이낙. 영의정과 좌 · 우의정 등 재상들이 합의로 정책을 심의하고 결정했다. 6조는 각각 내무와 문반 인사, 재정, 외교와 교육, 군사와 무반 인사, 법률, 토목 등 국가 주요 행정을 담당했다. 6조 아래로는 업무에 따라 여러 소속 관청을 두고 업무를 맡게 했다. 예를 들어 이조 아래 내시부는 궁중의 식사 감독, 왕명 전달, 궐문 지키기, 청소 등을 맡아 보았다. 공조 아래에 둔 수성금화사는 궁궐과 도성의 보수 및 화재 진압을 담당했다. 소속 관청이 가장 많은 곳은 예조로, 빙고, 도화서 등 30개가 넘었다. 가장 규모가 적은 형조에는 죄수와 노비 관리를 맡은 전옥서와 장례원이 있었다.

사헌부는 관리의 부정과 비리를 감찰하는 기구이고, 사간원은 국왕의 정치를 비판하는 일을 맡았다. 홍문관은 학문적 연구를 토대로 정책 결정을 자문했다. 사헌부, 사간원, 홍문관은 언론 담당 기구로 3사라 불렀다. 승정원은 왕의 비서실 역할을 하는 기관이었다. 도승지를 비롯한 6승지가 6부를 하나씩 맡아 왕을 보좌했다. 의금부는 주로 국왕과 관련된 중대 범죄를 다루는 특별 사법 기관이었다. 이 밖에 역사를 편찬하는 춘추관과 최고 유학 교육을 담당하는 성균관, 한양의 행정과 치안을 책임진 한성부, 왕실 재정을 관리하는 내수사 등이 있었다.

조선의 중앙 행정 기구는 어떤 특징을 가졌을까

조선은 중앙 행정 기구를 만들면서 통일성과 전문성을 높이려 했다. 이를 위해 의정부를 중심으로 조직을 편성하면서도 고려와 달리 의정부와 6조를 완전히 분리했다. 또한 고려 시대 중서문하성과 중추원 안에 있던 낭사와 승선을 사간원과 승정원으로 독립시켜 권한을 강화했다.

조선은 권력이 어느 한쪽으로 쏠리는 것을 막고 조화를 이루기 위해 노력했다. 고려는 재상이 6부 장관을 겸임했다. 이와 달리 조선은 6조 장관인 판서의 품계도 높이고 권한도 강화했다. 물론 재상이 판서를 겸임할 수도 없었다. 권력 집중을

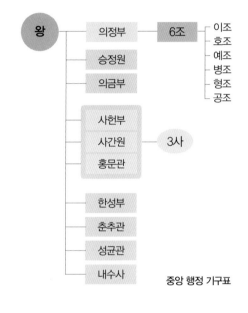

중앙 행정 기구표

막은 것이다. 하지만 자칫 의정부와 6조 사이에 문제가 생길 수 있었다. 6조 사이에도 갈등이 일어날 수 있어 정책을 효율적으로 추진할 장치가 필요했다. 이를 위해 주요 정책 회의와 경연 등에 재상과 6조의 고위 관리들이 함께 참여하여 정책을 협의했다.

조선은 고려 시대 중추원 안에 있던 승선을 독립시켜 왕권을 강화했다. 승선은 승정원에 소속되어 왕명의 출납을 관장했다. 의금부도 왕권을 강화하는 핵심 기구였다. 이와 함께 의정부에 행정 기구 전체를 통솔하는 기능을 주고 3사의 기능을 강화하여 왕권을 견제했다. 사간원과 사헌부는 대간이라 하여 임금의 잘못된 행동이나 지시를 반대할 수 있었

다. 간쟁, 봉박과 함께 5품 이하 관리의 임명을 막을 수 있는 서경권도 가졌다. 홍문관은 경연을 주관하며 사간원과 사헌부를 지원했다. 경연은 왕과 신하가 함께 유학 경전과 역사를 공부하고 국가 당면 과제를 논의하는 자리였다. 3사의 언론 활동은 국왕은 물론 고위 관리도 함부로 막을 수 없어서 왕권만 아니라 고위 관리들을 견제하는 기능도 하고 있었다. 관리가 아닌 양반들도 상소를 올려 정치에 대한 의견을 제시할 수 있었다. 이런 언론 활동으로 권력의 독점과 부패를 막을 수 있었다.

지방 행정 조직

조선은 중앙 집권 체제를 강화하고 행정의 효율성을 높이는 방향으로 지방 행정 조직을 정비했다. 이를 위해 지방을 5도 양계로 나눈 고려와 달리 전국을 8도로 개편했다. 이원적 체계가 아닌 일원적 행정 체계로 만든 것이다. 8도 아래에는 부·목·군·현을 두었다.

조선은 고려와 달리 모든 군현에 지방관을 파견했다. 이들을 수령이라 불렀다. 향, 소, 부곡 등도 일반 군현으로 개편했다. 주현, 속현, 특수 행정 구역 등으로 짜인 고려와 달리 모두 일반 군현으로 정리한 것이다. 지방 행정 조직을 일원적으로 개편하고 모든 군현에 지방관을 파견한 조선

조선의 지방 행정 운영도

8도 아래에 있는 부와 목은 군사적으로나 행정적으로 중요한 곳에 두었다. 큰 고을에는 군을, 작은 고을에는 현을 두었다. 군현 아래 면, 리, 통을 두고, 향민 가운데 면장, 이정, 통주를 임명했다. 이들은 수령이 내린 명령에 따라 인구 파악 및 조세와 부역 징발을 맡았다. 유향소는 지방 양반으로 구성되었고, 경재소는 유향소와 정부 사이의 연락 기능을 담당하고, 유향소를 통제했다.

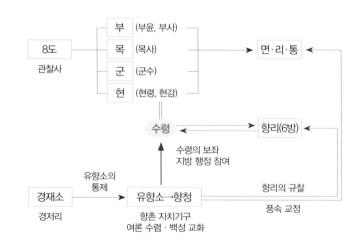

270

은 고려보다 백성들을 효율적으로 다스릴 수 있었다. 여기에 지방 군현에 중앙의 6조에 상응하는 6방을 두어 행정의 효율성을 높였다. 이방, 호방 등 향리는 대대로 그 지역에 살면서 수령을 도와 행정 실무를 담당했다.

그리고 각 군현과 중앙을 연결하는 임무를 관찰사에게 맡겼다. 8도에 파견한 관찰사는 고려의 안찰사와 달리 관할 지역 수령을 지휘 감독하는

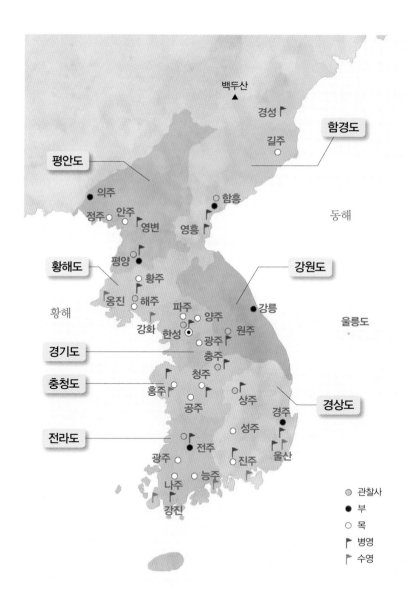

조선의 8도

권한을 갖고 있었다. 왕–관찰사–수령으로 짜인 행정 체계는 중앙과 지방을 효율적으로 이어 주었다.

관찰사와 수령은 그 지역에서는 왕이나 다름없었다. 수령은 관할 지역의 행정, 사법, 군사권을 행사했고, 관찰사는 도 전체의 행정 및 군사에 대한 통제권을 갖고 있었다. 반면 향리는 고려와 달리 수령을 보좌하는 지위로 떨어졌다. 신분도 양반과 뚜렷하게 나눠져 중인이 되었다.

이런 막강한 힘을 가진 관찰사와 수령을 견제하기 위해 조선 정부는 임기를 제한했다. 수령은 길어야 5년이고 관찰사는 약 1년이었다. 상피라 하여 출신 지역에 부임할 수도 없게 했다. 임기제와 상피제는 부정과 부패를 막는 데 효과는 있었다. 하지만 그 지역 사정을 잘 몰라 파견된 관리가 토박이인 향리에게 휘둘릴 염려가 있었다.

수령은 향촌 교육에 힘쓰고 풍속을 교화할 임무도 있었고, 조세를 거두고 농사를 권장할 책임도 지고 있었다. 이런 임무를 수행하기 위해서는 향리뿐만 아니라 향촌 양반의 도움이 필요했다. 정부는 향촌 양반들

임기제와 상피제
상피제는 관리가 친인척과 같은 지역, 본인의 출신 지역에서 일할 수 없게 한 제도이고 임기제는 주어진 재임 기간을 온전히 마쳐야 승진할 수 있는 제도이다.

• 수령이 힘써야 할 일곱 가지 일, 수령칠사

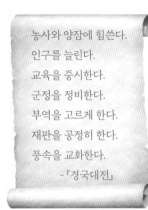

농사와 양잠에 힘쓴다.
인구를 늘린다.
교육을 중시한다.
군정을 정비한다.
부역을 고르게 한다.
재판을 공정히 한다.
풍속을 교화한다.
- 「경국대전」

수령칠사는 왕을 대신하여 파견된 지방관들이 힘써야 할 사항이었다. 또한 칠사는 수령을 평가하는 기준이기도 했다. 수령들도 다른 관리처럼 해마다 6월 15일과 12월 15일에 근무 평가를 받았다. 평가는 관찰사가 했고, 상중하로 점수를 매겼다. 5년 동안 점수에서 모두 '상'을 받으면 품계를 한 단계 올려 주었다. 중을 두 번 받으면 녹봉을 받지 못했고 세 번을 받으면 파직되었다. 하는 곧바로 파직되었고, 2년 동안 관직에 임명될 수 없었다.

이 만든 자치 조직인 유향소에 수령을 돕는 역할을 맡겼다. 유향소에서는 지방 양반의 여론을 모으고 향리를 감시하며 백성을 교화하는 데 힘썼다. 이렇게 하면 수령이 임기제와 상피제로 지역 사정을 잘 알지 못하는 문제점을 보완할 수 있었다. 양반을 중심으로 한 사회 질서를 유지하는 데에도 도움이 될 수 있었다. 동시에 지방 양반이 수령을 업신여기지 못하게 할 장치도 필요했다. 정부는 서울에 경재소를 두어 유향소를 감독하고 연락하는 업무를 하게 했다. 이렇게 조선은 이중 삼중의 장치로 향촌 자치를 인정하면서 효과적으로 중앙 집권을 강화했다.

군사 조직

조선 시대 16세 이상 60세 미만의 모든 양인 남자들은 군역 의무를 지고 있었다. 이들은 정군이 되어 현역으로 복무하거나 정군의 비용을 대는 보인으로 편성되었다. 단 현직 관리와 향리, 학생 등은 군역을 면제받았고, 종친과 외척, 공신이나 고위 관료의 자제는 특수군에 편입되었다.

군사 조직은 크게 중앙군과 지방군으로 나뉘었다. 중앙군은 5위로 편성되어 궁궐과 서울을 지켰다. 5위는 오위도총부가 지휘를 했고 각각 5부씩 모두 25부로 되어 있었다. 부는 통-여-대-오로 짜여 있었고, 각 부는 보병 2통과 기병 2통으로 이뤄져 있었다. 근무는 5교대로 일정 기간씩 번갈아 했다. 유사시에는 전국을 나눠 방어하는 역할도 맡고 있었다. 오위장 12명을 비롯하여 상호군, 사직, 사용 등이 부대를 통솔했다. 오위는 갑사, 별시위 등 장교와 일반 병사인 정군으로 구성되었다. 장교는 직업 군인으로 품계와 녹봉을 받았다.

지방군은 육군과 수군으로 나눠 병

조선 전기 군사 조직

마절도사와 수군절도사를 파견하여 지휘하게 했다. 각 도에는 병영과 수영이 있었고, 그 아래로 국방상 요충지에 진과 영을 두었다. 세조 때부터는 내륙 지방에 몇 개 거점을 두고 부근 고을을 묶어 외적을 방어하는 진관 체제를 실시했다. 이 밖에 정군이나 보인에 편성되지 않은 향리, 노비 등으로 구성된 잡색군이 있었다. 이들은 예비군으로 유사시에 대비한 군대였다.

조선 시대 병사들은 내금위·겸사복·우림위 등 왕을 경호하는 부대를 빼면 대부분 의무병이었다. 이들은 농사를 짓다 일정 기간 번갈아 서울이나 지방 군대에 가서 근무를 했다. 조선은 병농일치를 원칙으로 한 부병제를 실시한 셈이다.

교통과 통신 제도

조선은 중앙 집권 체제를 원활히 운영하고 국방을 강화하기 위해 교통과 통신 제도를 정비했다. 우선 이적이 쳐들어오는 위급 상황을 신속히

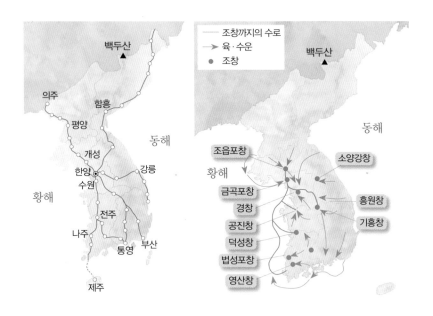

조선의 간선 도로(왼쪽)와
조운 제도(오른쪽)

알리기 위해 봉수제를 운영했다. 봉수로는 함경도 경흥, 경상도 동래, 평안도 강계, 평안도 의주, 전라도 순천에서 서울 남산에 이르는 5개가 있었다. 일정 간격으로 산꼭대기에 만든 봉수는 불과 연기를 피워 위급 상황을 알렸다.

또 물자 수송과 통신을 위해 도로를 정비하고 역참을 만들었다. 전국 주요 도로에 설치된 500여 개 역참에는 역마를 두었다. 역참제 실시로 관청의 공문 전달과 공물 수송 등이 신속히 이뤄져 중앙 집권적 행정 운영을 할 수 있었다.

중앙 집권 체제를 유지하기 위해서는 지방에서 거둔 세금을 서울에 운반하는 일이 대단히 중요했다. 이 때문에 조선은 건국하자마자 고려 말

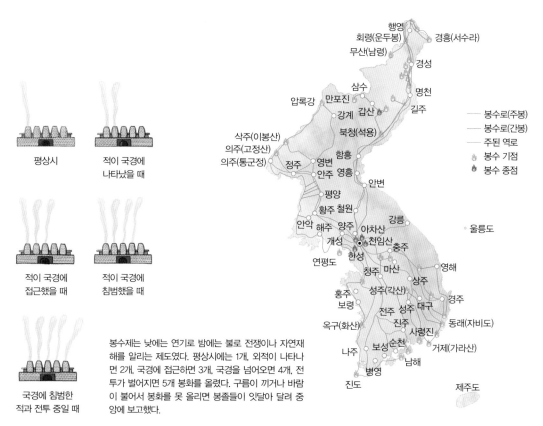

조선의 봉수제

평상시	적이 국경에 나타났을 때
적이 국경에 접근했을 때	적이 국경에 침범했을 때

국경에 침범한 적과 전투 중일 때

봉수제는 낮에는 연기로 밤에는 불로 전쟁이나 자연재해를 알리는 제도였다. 평상시에는 1개, 외적이 나타나면 2개, 국경에 접근하면 3개, 국경을 넘어오면 4개, 전투가 벌어지면 5개 봉화를 올렸다. 구름이 끼거나 바람이 불어서 봉화를 못 올리면 봉졸들이 잇달아 달려 중앙에 보고했다.

— 봉수로(주봉)
— 봉수로(간봉)
— 주된 역로
🔥 봉수 기점
🔥 봉수 종점

왜구의 침입 등으로 무너진 조운을 정상화하는 데 노력했다. 거둔 곡식은 조창에 모았다가 배로 한양 경창까지 운반했는데, 중간 지점에서 검열을 했다. 한강에 도착하면 호조의 고위 관리가 직접 점검을 하고 경창에 보관했다.

관리는 어떻게 뽑았을까

조선은 과거, 음서, 천거 등으로 관리를 뽑았다. 가장 중요한 선발 방법은 과거였다. 과거는 문과와 무과, 기술관을 뽑는 잡과가 있었다. 문신을 뽑는 문과가 가장 어려웠다. 고려와 달리 무과도 시행하여 문무 양반 제도를 확립했다. 과거는 3년에 한 번씩 실시된 정기 시험과 특별한 경우에 실시하는 특별 시험이 있었다. 정기 시험에서 문과는 33명, 무과는 28명을 뽑았다.

문과는 소과, 대과를 거쳤다. 소과는 유학 경전에 대한 이해 능력을 보

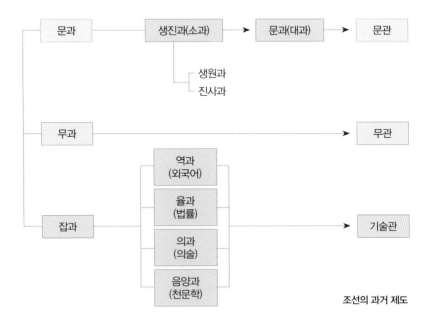

조선의 과거 제도

는 생원시와 문학과 문장력을 알아보는 진사시가 있었다. 소과는 각각 700명씩 뽑았는데 지역별로 인구수를 고려하여 안배했다. 소과에 합격하면 관리에 임명될 자격과 성균관 입학 자격이 주어졌다.

　대과는 유학 경전 이해 능력과 문장력, 당면 문제에 대한 대책 등을 평가해 합격자를 뽑았다. 초시에서 240명을 뽑고, 복시에서 33명을 골랐다. 이들이 임금 앞에서 전시를 보고 순위를 정했다. 초시는 소과와 같이 지역별 안배를 했지만, 복시는 실력만으로 뽑았다. 장원이 되면 다른 합격자에 비해 관직 임명에서 파격적인 대우를 받았다.

　무과는 초시, 복시, 전시의 3단계 절차를 거쳐 선발했다. 서울과 지방에서 치른 초시에 합격한 사람들은 모두 서울에 모여 복시를 보았다. 복시에서 무예 실기와 병서 및 유교 경전으로 합격자를 뽑았다. 전시는 국왕 앞에서 실력을 겨뤄 순위를 결정했다. 잡과는 초시와 복시만 있었다. 초시는 해당 관청에서 실시하고 복시는 예조에서 시험을 보았다. 역과는 지방에서도 초시를 보았다. 시험 과목은 전공과 유학 경전 및 법전이었다.

　과거 응시 자격은 양인 이상이면 가능했다. 하지만 사회·경제적으로 어려운 처지에 있던 일반 백성이 합격하기는 쉽지 않았다. 특히 문과 합격자는 대부분 양반 자제였다. 서얼, 재혼한 여자의 아들과 손자, 탐관오리의 아들에게는 문과를 볼 자격을 주지 않았다. 일반 백성들이나 서리 및 향리의 자제는 주로 무과에 응시했고, 잡과는 기술관이나 서리 및 향리 자제가 주로 시험을 보았다.

　천거는 고관의 추천으로 관직에 임명하거나 승진시키는 제도였다. 음서는 고려와 같이 고위 관리 자제가 과거를 보지 않고 관리가 될 수 있는 특권이었다. 그러나 음서의 혜택을 받는 대상이 고려에 비해 크게 줄어들었다. 음서 출신은 중요 부서에 근무할 수도 없었고 고관으로 승진하기도 어려웠다. 조선이 고려에 비해 그만큼 실력을 중요시했음을 보여주는 부분이다.

교육 기관

조선 정부는 유학을 보급하고 인재를 기르기 위해 성균관을 비롯한 여러 학교를 만들었다. 물론 학교 교육은 관리 선발 시험과 깊은 연관이 있었다. 서울에 설치한 성균관은 최고 학부로, 유학 교육의 총본산이었다. 또 중등 교육 기관으로 서울과 지방에 4부 학당과 향교를 세웠다.

정부가 아닌 개인들도 학교를 세워 젊은이들을 가르쳤다. 전국 각지에 세워진 서당은 유학의 기초를 배울 수 있는 사립 초등학교였다. 중기 이후에는 서원이 만들어져 유학 교육 확산에 중요한 몫을 담당했다. 서원은 사립 대학 격이었다.

조선은 무관을 위한 학교는 따로 세우지 않았다. 고려와 달리 무과를 제도화했지만 무관 양성 기관이 없었다는 점은 조선도 문신 중심 사회임을 드러낸다. 기술 교육은 해당 관청에서 담당했다. 국자감이 기술 교육도 담당했던 고려와 달리 성균관은 유학만 가르쳤기 때문이다. 4부 학당과 향교에서도 유학만 배울 수 있었다. 기술학을 그만큼 중요시하지 않았다는 뜻이다.

조선 시대 과거에 응시할 수 있는 자격은 특별히 없었다. 성균관을 졸업해야 한다거나 소과에 합격해야만 과거를 볼 수 있는 것은 아니었다. 실력만 있다고 생각하면 누구나 과거를 볼 수 있었다. 하지만 일반적으로는 어릴 때 서당에서 유학의 기초를 배웠다. 15세 무렵에 4부 학당이나 향교에 들어가 공부를 하고 소과를 보았다. 생원 진사가 되면 성균관에 들어가 공부를 하고 대과를 보았다.

조선의 국정을 담당한 사람들은 어떻게 생활했을까?

• 조선 시대 왕의 하루

왕은 국정의 최고 책임자로, 그에 걸맞은 덕성과 자질, 인품을 갖추어야 한다고 생각했다. 이에 유학 경전과 중국, 우리나라 역대 역사를 공부하는 자리를 마련하게 되었다. 그것이 바로 경연이다. 경연은 공부뿐만 아니라 왕과 신하들이 함께 당시 현실에서 당면한 문제를 해결하는 방법을 모색하는 자리이기도 했다.

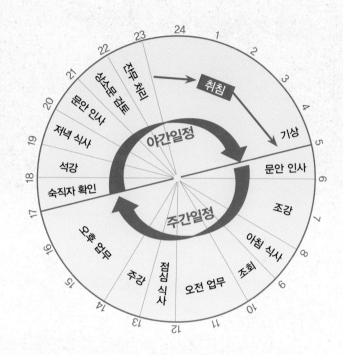

• 대인은 싫어!

조선 시대에는 문관들이 모여 술을 마시는 문주회라는 모임이 있었다.

> 큰 술잔에 술을 가득히 따라 권하며 상대방을 '선생'이라 호칭했는데 과거에 합격하지 못한 사람은 선생이라 부르지 않고 '대인'이라 불렀다. 과거에 급제하지 못한 사람은 이런 모임을 피했으니 이는 대인이란 소리를 듣기 싫어함이었다.
>
> - 『필원잡기』

조선 시대에는 고려와 달리 음서로 고위 관리가 되기 어려웠다. 승진을 했다고 해도 사람들에게 인정을 받지 못했다. 따라서 조선 시대에 출세하기 위해서는 과거에 합격해야 했다. 과거에 합격하기 위해서는 적어도 10년 이상 공부를 해야 했고, 양반들은 자식 공부에 온갖 정성을 다 쏟았다. 집안이 아무리 어려워도 자식들을 공부시켰으며 때로는 친척들이 나서서 과거를 볼 수 있게 도와주었다.

3

사림,
중앙 정계에 진출하다

사림이 성장하다

고려 말 일부 사대부들은 조선 건국에 참여하지 않았다. 이들은 지방에 내려가 학문 연구와 교육에 힘을 쏟았다. 이들에게 학문을 배운 제자들이 15세기 중반 이후 중앙 정계에 진출했다. 영남과 기호 지방을 중심으로 성장한 이들을 사림이라 부른다.

사림은 성리학 이념을 철저하게 실천하려 했고, 도덕과 의리를 바탕으로 한 왕도 정치를 강조했다. 이들은 대체로 중소 지주 출신으로 중앙 집권 체제 속에서 향촌 자치를 강조했다.

이 무렵 조선 왕조를 이끌었던 사대부들은 점차 특권 계급이 되어 갔다. 특히 세조의 집권에 공을 세운 세력들은 고위 관직을 독점하면서 권력을 공고히 했다. 이들을 훈구파라 부른다.

훈구파는 권력을 이용하여 땅을 사들이고 서해안을 간척하여 막대한 토지를 차지했다. 여기에 국내 상업은 물론 대외 무역, 방납 등으로 재산을 늘렸다. 이 과정에서 각종 비리와 불법을 저질러 지탄의 대상이 되었다. 세조를 이은 예종 때도 이들은 막강한 권력을 휘둘렀다.

사림이 중앙 정계에 나올 즈음 조선 사회 전반적으로 성리학에 대한 이해가 점점 깊어졌다. 그럴수록 성리학에 걸맞은 새로운 사회에 대한 요구가 커졌다. 성리학적 명분에 어긋난 훈구파의 전횡은 여기에 불을 붙인 격이었다. 이런 시대적 요청에 부응하여 성리학에 정통한 사림들이 과거를 통해 대거 중앙 정계에 진출했다. 사림은 주로 3사에 근무하며 성리학적 명분론에 입각하여 훈구 세력을 비판했다. 예종을 이은 성종은 훈구파를 견제하고 정치를 쇄신하기 위해 김종직을 비롯한 사림을 중용했다. 이들은 성리학 보급을 위해 각종 편찬 사업과 문물 정비에도 앞장섰다. 사림이 훈구파와 어깨를 견주게 되면서 두 세력 사이의 갈등은 점점 늘어 갔다.

사림, 시련을 당하다

성종을 이은 연산군은 훈구파와 사림을 모두 누르고 왕권을 강화하려 했다. 이는 두 세력 모두의 반발을 불러일으켰다. 특히 사림은 연산군이 폐비가 된 생모 윤씨를 복권하려 하자 격렬히 반대하다 왕과 척을 지고 말았다. 이를 기회로 훈구파는 사림을 공격하여 정치 주도권을 장악하려 했다. 결국 수많은 사림들이 죽거나 유배를 당했다. 이미 죽은 김종직은 관이 파헤쳐지고 목이 잘렸다.[무오사화] 이어 연산군은 윤씨의 폐비에 앞장섰던 훈구파를 제거했다. 여기에 연루된 사림도 함께 숙청을 당했다.[갑자사화] 두 차례 사화로 김종직을 비롯한 영남 사림들은 큰 피해를 입었다. 두 차례 사화 뒤 연산군은 독단적으로 정치를 하며 폭정을 일삼다 훈구파에게 쫓겨났다.

중종을 새 왕으로 옹립한 훈구파들은 다시 권력을 독점하고 막대한 재산을 차지했다. 중종은 이들을 견제하고 유교의 이상을 실천하기 위해 조광조를 비롯한 사림들을 중용했다. 조광조는 왕과 사림의 지지를 등에 업고 급진적으로 성리학적 이상을 실현하려 했다. 우선 관리 선발 방식을 시험 성적이 아닌 추천으로 뽑는 현량과로 바꾸었다. 시험 성적만으로 뽑다 보니 학문과 덕행을 고루 갖춘 인재를 뽑지 못했다는 것이 이유였다. 이렇게 현량과로 뽑힌 김식, 박문 등은 대부분 조광조와 가까운 사림들이었다. 조광조는 이들을 주로 3사에 배치하여 경연과 언론을 활성화시켰다. 또한 향촌까지 미치고 있는 훈구파의 영향력을 줄이기 위해 향약을 보급하려 했다. 사림은 어린이를 위한 유학 교과서인 『소학』을 널리 보급하여 유학적 가치관을 정착시키고, 농민들을 괴롭히던 공납도 개선하려 했다.

이런 급진적 개혁은 훈구 세력의 반발을 불러일으켰다. 특히 중종 반정에 대한 공훈 평가를 다시 하려 하자 훈구파는 사림을 공격했다.^{기묘사화} 사림이 공훈을 다시 따지려 한 이유는 훈구파들이 반정에 공이 없는데도 가족, 친척 등을 공신으로 끼워 넣은 경우가 적지 않았기 때문이다.

기묘사화로 인해 조광조를 비롯한 많은 사림이 죽거나 지방으로 쫓겨났다. 중종도 조광조가 왕도 정치를 강조하면서 왕권을 지나치게 세약한다고 생각하여 등을 돌렸다. 그 뒤 사림은 다시 등용되었지만 인종과 명종의 외척 사이에 벌어진 권력 다툼에 휩쓸려 일부가 다시 정계에서 밀려났다.^{을사사화} 권력 다툼에서는 어린 명종을 대신하여 정치를 이끈 문정 왕후의 지원을 받은 윤원형이 승리했다. 그 뒤 문정 왕후와 윤원형은 승과를 실시하는 등 권력을 마음대로 휘둘렀다. 결국 문정 왕후의 죽음과 함께 외척 정치는 유학자들의 거센 반발로 막을 내렸다.

사림, 향약과 서원을 토대로 세력을 확장하다

거듭된 사화로 사림들은 중앙 정계에서 밀려났다. 하지만 향촌 사회에서 향약과 서원을 통해 성리학적 가치관을 확산시키며 세력을 키워 나갔다. 향약은 전통적으로 내려오던 향촌 공동체 조직을 유학 윤리로 개편한 향촌 자치 규약이었다. 조광조가 중국 여씨 향약을 도입하면서 시작되었고, 이황, 이이를 거치면서 널리 보급되었다.

사림이 향약을 만든 이유는 유학 윤리를 보급하기 위함이었다. 물론 누군가 어려움을 당하면 도와주었고, 잘못을 하면 처벌도 했다. 가장 무거운 벌은 고향에서 쫓아내는 것이었다. 이 때문에 사림은 유학 지식인으로서 권위와 수령 못지않은 영향력을 가질 수 있었다.

서원은 선현을 모시고 성리학을 공부하던 사립 교육 기관이었다. 중종 때 백운동 서원을 시작으로 전국에 서원이 세워졌다. 국가에서도 일부를 사액 서원으로 지정하여 서원 설립을 장려했다. 사액 서원이 되면 토지와 노비, 서적 등을 지급받았다. 이에 따라 성리학이 널리 보급되고 사림도 크게 늘어났다.

서원은 성리학 연구 수준을 높이고 향촌의 문화 수준을 끌어올리는 데 크게 기여했다. 여론을 형성하는 역할도 하면서 붕당 정치가 이루어질 수 있는 바탕이 되었다.

사림, 정국의 주도권을 잡다

명종 후반에 외척 세도 정치가 무너지면서 사림들은 마침내 정국의 주도권을 잡았다. 이에 힘입어 선조가 즉위한 뒤에는 중앙 정계에 대거 진출했다. 몇 차례 사화로 큰 피해를 당했지만 지방에서 뿌리를 단단히 내린 결과였다. 성리학이 사회 전반에 걸친 지도 이념으로 확고하게 자리를 잡았음을 보여 주는 현상이기도 했다.

집권 세력이 된 사림은 외척 정치의 잔재 처리 문제를 둘러싸고 둘로 나뉘었다. 새롭게 등장한 신진 사림은 잔재를 철저히 청산할 것을 주장했다. 하지만 정권에 참여해 온 기성 사림은 소극적인 태도를 보였다. 갈등은 이조전랑의 추천 문제로 더욱 커졌다. 이조전랑은 중간 관리이지만 3사의 관리와 자신의 후임자 추천권을 가진 요직이었다. 이조전랑을 거치면 대개 재상까지 올라갔다.

마침내 신진 사림과 기성 사림은 동인과 서인으로 갈라졌다. 동인은 대체로 이황과 조식, 서경덕의 학문을 계승한 사람이 많았다. 반면 서인은 대부분 이이와 성혼의 학문을 따르는 문인들이었다. 지역으로 보면 서인은 경기, 충청 지역 사람들이 많았고, 동인은 대부분 개성과 경상도 지역 사람들이었다. 붕당은 정치 이념과 학파, 지역에 따라 모였기 때문에 학파적 성격과 정파적 성격을 동시에 가지게 되었다.

동인과 서인은 정치 주도권을 잡기 위해 치열하게 경쟁했다. 때로는 상대방의 정책을 무조건 반대하기도 했다. 하지만 대체로 상대를 인정하고 비판과 견제를 하면서 정치를 이끌어 갔다.

사림의 성장과 위기

• 성종이 김종직을 등용한 까닭은?

성종은 의경 세자의 둘째 아들이어서 왕이 될 수 없었다. 게다가 아버지가 태어난 지 두 달도 못 되어 죽고 작은아버지(예종)가 왕이 되면서 더더욱 가능성이 없어졌다. 그런데 예종이 왕위에 오른 지 10개월 만에 죽자 세조비 정희 왕후의 명령으로 13살에 왕위를 이었다. 정상적이지 않은 왕위 계승에는 세조 왕위 찬탈의 일등 공신 한명회가 있었다. 예종비는 그의 셋째 딸이었고, 넷째 딸이 성종비였다.

물론 어린 성종을 대신하여 수렴청정을 한 정희 왕후의 뜻도 있었다. 장인이었던 한명회를 비롯한 신숙주 등 훈신들의 입김이 왕권을 흔들 정도로 커지자 성종은 1476년(성종 7) 친정을 시작하면서 김종직을 비롯한 사림들을 발탁하였다.

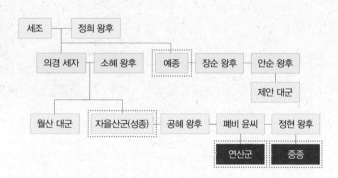

• 연산군과 무오 · 갑자사화

성종을 이어 왕위에 오른 연산군은 왕권을 강화하려 하면서 신하들과 대립했고, 특히 성리학적 가치관을 강조한 사림파와 갈등이 점점 심해졌다. 마침내 김종직이 쓴 '조의제문'을 제자 김일손이 성종실록에 넣으려 하다 크게 문제가 되었다. 조의제문은 항우에게 죽은 초나라 의제를 단종에 비유하여 세조의 찬탈을 풍자한 것이었다. 이 글이 빌미가 되어, 1498년 무오년(연산군 4)에 일어난 이 사화(士禍)는 역사 문제에서 비롯되었다고 해서 사화(史禍)라고 한다. 이어 1504년 갑자년(연산군 10)에는 연산군의 어머니 윤씨가 왕비에서 쫓겨날 때 찬성했던 훈구파들이 대거 숙청당했다.

• 중종과 기묘사화

중종은 성리학적 질서를 되살리기 위해 조광조를 비롯한 신진 사류를 등용하였다. 여기에 힘입어 이들은 급진적으로 성리학적 가치관을 실현하려 하다 연산군을 폐위시킨 반정 세력의 미움을 받게 되었다. 1519년에는 반정 공신 약 3/4에 해당하는 76명을 거짓 공신이라 하며 공신호를 빼앗고 토지와 노비를 환수했다. 이를 계기로 반정 공신들이 신진 사류를 공격해 조광조를 비롯한 수십 명이 죽임을 당하거나 귀양을 가고 파직되었다. 1519년 기묘사화(중종 14)에 희생된 신진 사류를 기묘명현(己卯名賢)이라고 한다.

조광조 초상화
조광조가 죽은 뒤 그의 복권을 둘러싸고 사림과 훈구 사이에 많은 갈등이 있었다. 선조 초에 사면 복권되어 영의정으로 추증되었고, 1610년(광해군 2)에 문묘에 배향되었다. 저서로는 『정암집』이 남아 있다.

4

조선 왕조, 경제 체제를 정비하다

과전법에서 직전법으로

조선은 고려와 같이 농업이 경제의 토대였고 세금도 현물로 걷었다. 이 때문에 토지와 조세 제도는 기본적으로 고려와 같은 방식으로 운영했다.

조선은 과전법을 실시하여 전시과처럼 관리들에게 수조권을 나눠 주었다. 다른 점은 시지^{산지}는 주지 않고 전지^{농경지}만 지급했고, 지급한 토지도 전국이 아닌 경기 지방에 한했다는 것이다. 토지 종류는 이름이 바뀌었을 뿐 비슷했다. 관리에게 준 과전을 비롯하여 공신에게 공신전을 주었다. 중앙과 지방 관청에는 공해전을 지급했다. 학전은 학교에 준 땅이고, 역전은 역참에 지급한 땅이었다.

과전은 관리가 죽으면 국가에 반환하게 되어 있었다. 그러나 일부는 사망한 관리의 부인과 어린 자식들이 생계를 유지할 수 있도록 세습되었다. 수신전, 휼양전과 함께 공신전도 자손에게 물려줄 수 있었다. 이 때문에 시간이 갈수록 신임 관리에게 줄 토지가 모자라게 되었다. 15세기 후반 세조는 직전법을 실시하여 현직 관리에게만 토지를 지급하고, 지급하는 토지 면적도 줄였다. 수신전과 휼양전도 없앴다.

관리들은 과전과 함께 오늘날 봉급과 비슷한 녹봉을 받았다. 녹봉은 직급에 따라 액수가 달랐다. 처음에는 1년에 두 번 주다가 세종 때에 1월, 4월, 7월, 10월 초에 지급했다.

수취 제도를 정비하다

조선은 양인에게 조세, 공납, 역을 걷어 국가 재정을 운영했다. 전세는 토지 소유자에게 수확량의 1/10을 걷었다. 납부액은 1결에 최대 30두 안에서 해마다 풍흉에 따라 조정되었다. 세종 때에는 더 합리적으로 공평하게 세금을 부과하기 위해 전분 6등법과 연분 9등법을 시행했다.

• 세종, 여론 조사로 세법을 완성하다

세종은 전분 6등법과 연분 9등법을 실시하면서 먼저 여러 신하들에게 의견을 물었다. 1427년(세종 9) 3월에는 과거 시험에 문제를 냈고, 마지막으로는 여론 조사로 최종 결정을 하려 했다. 조사 대상은 조정 관리, 수령부터 백성들까지 여성과 노비를 뺀 모든 백성이었다. 1430년 3월 5일부터 8월 10일까지 전국에 걸쳐 조사를 실시한 결과 17만여 명이 참여해 9만 8,000여 명이 찬성하고 7만 4,000여 명이 반대하였다. 반대도 적지 않게 나오자 세종은 문제점을 보완하기 위해 노력했다. 1437년(세종 19) 8월, 전분 6등법과 연분 9등법을 전라도와 경상도에서 시범 실시했고, 1441년(세종 23)에 충청도로 확대하였다. 여론 조사를 실시한 지 14년 만인 1444년에는 전국에 실시하였다.

	경기도	충청도	경상도	전라도	황해도	강원도	평안도	함길도
호수	20,882	24,170	42,227	24,073	23,511	11,084	41,167	14,739
인구	50,352	100,790	173,759	98,248	71,897	29,009	105,444	66,978
논밭 면적(결)	200,347	236,300	301,147	277,588	104,072	65,916	308,751	130,413
공물	50	89	51	112	84	91	44	26
약재	120	120	173	138	167	125	85	101
재배 약재	21	20	29	8	21	12	9	4
계	191	229	253	258	272	228	138	131

『세종실록』(지리지)에 실린 각 도별 인구와 토지 면적, 공물 품목 및 액수

전분 6등은 토지 비옥도에 따라 6등급으로 나눠 1결당 면적을 다르게 한 것이다. 그래야 1결에서 나오는 수확량이 같아지기 때문이다. 6등전의 면적은 1등전에 비해 4배 정도가 되었다. 연분 9등은 해마다 풍흉의 정도를 9등급으로 나눈 것이다. 세금 액수도 낮춰 농사가 아주 잘되면 20두를 내고 크게 흉년이 들면 4두를 내게 했다.

공납은 원칙적으로 각 지역에서 나는 토산물을 거두는 제도였다. 먼저 중앙 관청은 각 군현에서 나는 토산물을 조사하여 납부할 토산품과 액수를 할당했다. 군현은 배당된 물품을 집집마다 나누어 거둬 중앙에 바쳤다. 공물은 농산물을 비롯하여 각종 수공업 제품이나 광물, 수산물, 과실, 약재 등 다양했다. 납부하는 과정도 까다롭고 부담도 점점 커져 갔다. 공납에는 정기적으로 내는 상공과 별공, 진상이 있었다. 별공은 부정기적으로 걷는 것이고, 진상은 지방관이 따로 왕이나 왕실에서 필요한 특산물을 바치는 것이었다.

역은 16세에서 60세까지 남자들을 일정 기간 무상으로 동원하는 제도로, 군역과 요역이 있었다. 군역은 정군정병과 보인보족으로 나뉘었다. 정군은 현역으로 군대에 가서 복무했다. 보인은 정군이 복무하는 데 필요한 경비를 부담하고 농사일을 돌보아 주었다. 요역은 각종 토목 공사에 필요한 노동력을 징발하는 것이었다.

이 밖에 염전, 광산, 어장, 상인, 수공업자 등에게 세금을 거두었다. 세금은 정부가 필요한 각종 경비와 관리의 녹봉 등에 사용했다.

양안과 호적를 만들다

조선 정부는 세금을 합리적이고 공평하게 부과하기 위해 양안과 호적을 만들었다. 양안은 20년마다 토지를 측량하여 만든 토지 대장이다. 양안에는 논, 밭 등 토지 종류와 소유주, 위치, 등급 및 모양과 면적 등을 기록했다. 양안은 3부를 만들어 호조와 해당 도, 군현에 보관했다.

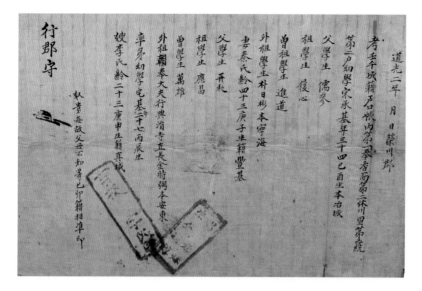

行郡守

奴貴金故父母不知等已卯籍相準印

道光二年　月　日葉川郡

孝主千城籍石帳內第〔奉番曷第一休川里第〕統
第二戶知學宋永基年三十四己酉生本冶城
父幼學生儒炎
祖學生　優心
曾祖學生　進道
外祖學生朴日彬本寧海
妻秦氏齡四十三庚子生籍豊基
外祖朝奉大夫行典消寺直長金時彌本安東
辛房初學宅基三十七丙辰生
父幼學生　開秋
祖學生　應昌
曾學生　萬雄
娚李氏齡二十三庚申生籍真城

1822년(순조 22)에 만든 호구 단자. 호구 단자에는 4조를 먼저 적고 호주와 부인, 자녀, 노비 등 구성원을 기록했다. 제출한 호구 단자를 보고 기존 호적과 대조하여 달라진 것이 있으면 고쳤다. 그리고 호적을 다시 만들기 위한 자료로서 한 통은 관에서 보관하고, 나머지 한 통은 확인 도장을 찍어 돌려주었다. 호구 단자는 신분 증명, 노비 소유 증명, 소송 자료 등으로 이용하였다.

그렇지만 측량할 때 등급 조정을 제대로 못하면 공평 과세를 할 수가 없었다. 양반, 토호 등 세력가들의 기름진 땅은 등급을 내리고, 가난한 농민들의 척박한 땅은 등급을 올릴 가능성이 있었다. 게다가 토지를 측량하는 양전 사업에는 막대한 비용이 든다. 이 때문에 실제로 수십 년에서 100년을 넘겨 실시하는 경우가 많았다. 당연히 이 기간 동안 변화가 제대로 반영되지 않아 세금 부과가 제대로 되지 않았다.

호적은 3년마다 만들었다. 먼저 호주가 가족 구성원을 기록한 호구 단자를 관청에 제출한다. 관청은 이를 검증하여 호적을 만들었다. 호적에는 호의 소재지, 호주의 직업과 성명, 호주와 처의 연령, 본관과 4조부, 조부, 증조부, 외조부, 함께 사는 자녀와 노비의 이름과 연령 등을 적었다. 호적은 3부를 만들어 해당 도와 군현, 그리고 호조에 1부씩 보관했다.

호적에 적힌 직업을 보면 그 사람의 신분을 알 수 있다. 관리들은 관직과 품계를 기록하고 관직이 없는 양반은 유학이라고 기록했다. 반면 상민은 보병이나 기병 등 군역을 기록했고 노비는 이름을 기록했다. 관청에는 이 호적을 바탕으로 개인이 호적 발급을 요청하면 등본을 발급했다. 이를 준호구라 했다. 준호구는 소송이나 과거 응시, 도망간 노비를 잡아올 때에 필요했다.

수조권이 폐지되고 지주제가 확산되다

15세기를 지나면서 세금 제도는 점차 무너져 갔다. 과전법은 원래 과전을 받은 관리가 생산량을 조사하여 1/10의 조세를 받는 것이 원칙이다. 그런데 직전법 실시로 퇴직을 하면 생활 보장이 어려워지자 생산량을 부풀려 조세를 규정보다 더 거두는 관리들이 많아졌다.

이를 막기 위해 세종은 연분 9등법을 실시하면서 연분 결정을 관청에서 하게 했다. 성종 때에는 관청에서 조세를 거둬 관리에게 지급하는 관수관급제가 실시되었다. 16세기 중엽에는 수조권 지급을 아예 폐지하여 관리들은 녹봉만 받게 되었다.

이 무렵 농업 기술이 발달하여 생산성이 높아져 토지 소유권에 대한 관심이 높아졌다. 수조권 폐지는 여기에 기름을 부은 격이었다. 수조권이 있으면 내 땅이라도 내 마음대로 농사를 지을 수 없었다. 돈 되는 새로운 작물을 재배하고 싶거나 새로운 농사 기술을 적용하고 싶어도 할 수가 없었다. 대부분 수조권자는 안정적인 전세 수입을 위해 새롭고 모험적인 방법을 피하려고 했기 때문이다. 소유권을 행사하는 데에도 일종의 걸림돌이 된다. 따라서 더 많은 수입을 얻거나 땅을 넓히고 싶은 사람들 입장에서 수조권이 없어진 것은 좋은 기회였다. 관리들이 자신들에게 불리한 토지 제도와 수취 방식 변화, 그리고 수조권 폐지를 받아들인 것도 이와 관련이 있다.

바야흐로 양반부터 돈 많은 장사꾼까지 너도나도 내 땅을 늘리기 위해 나섰다. 땅에 대해 별 관심이 없었던 관리들도 이 대열에 가담할 수밖에 없었다. 자기 땅이 없으면 녹봉만으로 살기 어려운 현실도 한몫했다. 토지 매매가 성행하고 곳곳에서 개간과 간척이 이루어졌다. 매매 대상이 된 토지는 대부분 가난한 농민이 소유한 땅이었다.

양반 지주들은 이렇게 소유한 땅을 노비나 떠돌이를 부려 경작했다. 많은 경우 주변 농민에게 땅을 빌려주고 농사를 짓게 했다. 지주들은 소작인들과 함께 농사를 짓는다는 명분으로 수확량을 절반씩 나누었다. 이를 병작반수라 한다. 조선 왕조는 원칙적으로 병작반수를 금지했다. 하지만 직전법 폐지와 함께 병작반수제에 기반해 지주제가 확산되는 현상을 막을 수 없었다. 그럴수록 소작농은 늘어났고 소작인의 처지는 나빠졌다. 소작료가 절반보다 많아지고 지주가 내야 할 전세까지 떠안는 경우도 늘어났다.

공납 부담이 갈수록 늘어나다

공납은 전세에 비해 부정과 비리에 휩싸일 가능성이 높았다. 특산물은 곡물과 달리 부과 기준이 명확하지 않았기 때문이다. 쌀 1말은 품질 차이는 있겠지만 비교적 정확하게 잴 수가 있다. 하지만 사과, 배, 고등어 등은 크기와 품질 면에서 차이가 많이 날 수 있다. 그만큼 수취 과정에서 문제가 될 수 있었다. 게다가 특산물은 곡물에 비해 생산량이 들쑥날쑥했다. 자연 환경에 따라 때로는 생산되지 않는 경우도 있었다. 하지만 한 번 정해지면 조정이 쉽지 않았다.

이 때문에 정부는 중앙 관청의 서리 등이 공물을 대신 납부하고 대가를 받게 했다. 이를 방납이라 했다. 만일 규정대로 적당한 이윤을 받았다면 방납은 백성과 국가 모두에게 좋은 제도였다. 하지만 서리들은 방납의 대가를 지나치게 챙겼고 백성들의 공물 부담은 갈수록 커져 갔다. 여기에 불만을 품고 직접 내고 싶어도 그럴 수 없었다. 부패한 관리들은 백성들이 직접 내는 공물을 이 핑계 저 핑계를 대며 받지 않았다. 감당하지 못해 도망을 치고 싶어도 마음대로 할 수 없었다. 내가 질 부담이 이웃이나 친척에게 넘어가기 때문이었다. 이를 바로잡기 위해 이이와 유성룡 등은 공물을 쌀로 거두는 수미법을 주장하기도 했다.

요역과 군역, 규정대로 실시되지 않다

요역을 동원하는 경우는 전세미를 운반하거나 공물을 바칠 때, 토목 공사나 사신을 접대할 때 등 다양했다. 전세미, 공물 등은 정기적으로 부과되는 것이고, 토목 공사, 사신 접대 등은 필요할 때 동원되었다. 요역은 차출 기준과 일수가 정해져 있었다. 만일 6일을 넘겨 동원하려면 왕에게 허락을 받도록 규정하고 있다. 하지만 이 규정은 제대로 지켜지지 않았다. 각종 토목 공사에 수시로 불려 나가 농사에 지장을 받을 정도였다.

농민들이 불법적인 요역 동원에 반발하자 정부는 군인들을 동원했다. 여기에 군역에서 양반이 빠지면서 상민들의 부담은 더욱 커졌다. 군역이 기피 대상이 되면서 다른 사람을 사 대신하게 하는 등 편법이 나타났다. 대립과 함께 면포를 받고 군역을 면제해 주는 방군수포도 성행했다. 농민들로서는 여기에 들어가는 부담도 만만치 않았다.

'의적' 임꺽정과 소설 『임꺽정』

지주제가 확대되고 세금 제도가 문란해지면서 농촌 사회는 크게 흔들렸다. 살기 어려워진 농민들은 고향을 버리고 떠도는 신세가 되었다. 일부는 도적이 되기도 했다. 가장 유명한 도적은 명종 때 황해도와 경기도 일대를 무대로 활동한 임꺽정이다.

백정이었던 임꺽정은 신분에 따른 차별 대우와 권세가의 수탈에 항거하여 도적이 되었다. 그는 백성들에게 미움을 받는 부자들의 재물을 빼앗거나, 중앙에 바치는 진상과 공물을 가로채기도 했다. 그가 이끄는 도적떼는 '의적'이라 불리며 중앙 정부의 대대적인 토벌에도 3년여 동안 활동했다. 서울과 가까운 지역에서 농민들의 호응이 없었다면 불가능한 일이었다.

힘없고 가난한 민중의 지지를 받은 임꺽정 이야기는 문학으로 재탄생되기에도 매력적인 소재였다. 민족 운동의 지도자이자 소설가인 홍명희(1888~1968)가 1928년 11월부터 조선일보, 조광에 『임꺽정』을 연재했다. 미완성으로 끝난 이 소설은 해방 무렵 일부가 단행본으로 나왔고, 1992년 전체가 다시 발간되었다.

당시 역사소설은 이광수 류의 교훈적이고 낭만적인 경향과 박종화, 김동인 류의 영웅주의적이고 야사에 가까운 흐름이 지배하고 있었다. 여기에서 벗어나 홍명희는 역사 자료에 충실하면서도 민중의 관점으로 역사를 재해석하여 근대 역사 소설의 새로운 지평을 열었다. 또한 당시 생활상과 관습을 충실히 재현했고, 우리 고유어를 풍부히 되살려 '조선말의 무진장한 노다지'라는 평가를 받고 있다.

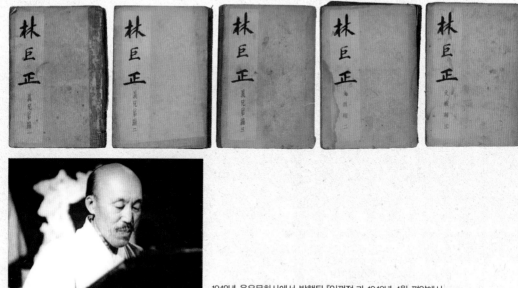

1948년 을유문화사에서 발행된 『임꺽정』과 1948년 4월 평양에서 열린 '전조선 제정당사회단체 대표자 연석회의'에서 연설하는 홍명희 소설가.

5

조선 정부,
농업을 경제 중심으로 삼다

농업은 나라의 근본이다^{농자천하지대본}

조선 정부는 농업을 중심으로 국가 경제를 운영했다. 농업이 국가 경제의 기본이기도 했고, 지배층들이 유학적 민본주의 사상을 갖고 있었기 때문이었다. 민본 정치의 핵심은 민생 안정이었고, 정부와 사대부들은 민생 안정이 상업이나 수공업보다 농업에 달려 있다고 보았다.

이를 위해 조선 정부는 우선 양전 사업을 벌여 전국의 토지 상황을 파악했다. 또한 새로운 땅을 개간하면 세금을 면제하거나 깎아 주고 수리

• 허만석, 무너미를 논으로 만들다

허만석은 1427년(세종 9) 연기 현감에 임명되었다. 그는 세종이 특별히 내린 명령을 받아 연기현 조천에 둑을 쌓았다. 조천 유역은 비가 많이 오면 물에 잠기기 일쑤였고, 넓은 습지가 형성되어 갈대와 억새가 무성하게 자랐다. 허만석은 조천에 둑을 쌓고 습지에 봇도랑을 만들어 물을 대고 뺄 수 있게 했다. 이런 관개 시설 덕분에 논 1,000여 결이 생겼다. 오늘날 죽림리를 중심으로 한 조치원 일원과 건너편의 동평리, 서평리에 이르는 벌판이 바로 이곳이다. 세종 특별 자치시는 조천교에서 천안으로 가는 4차선 도로 이름을 '허만석로'라고 붙였다.

시설을 정비하거나 새로 만들었다. 관청과 군대에서 경비와 군량을 조달하기 위한 농토둔전도 적극 개발했다. 그 결과 고려 말 50만 결에 불과했던 농경지가 세종 때 150여만 결로 늘어났다. 특히 전라도와 평안도, 함경도 지역 농경지가 크게 확대되었다. 전라도는 고려 말 왜구 침입으로 황폐해진 농경지가 많았고, 평안도와 함경도는 압록강과 두만강으로 국경을 확징으면서 북쪽 지방을 개간한 덕분이었다.

조선 정부와 사대부, 농민 들은 농업 기술을 발전시키기 위한 노력도 게을리하지 않았다. 우선 농업 생산력을 높이기 위해 다양한 농서를 편찬, 간행했다. 처음에는 중국의 선진 농법을 정리한 『농상집요』, 『사시찬요』 등을 보급했다. 하지만 중국 농법은 우리나라 기후와 풍토에 맞지 않는 점도 있었다. 이를 보완하려면 경험이 많은 농부들에게 농사짓는 방법을 조사하여 정리할 필요가 있었다. 그런 노력을 잘 보여 주는 대표적

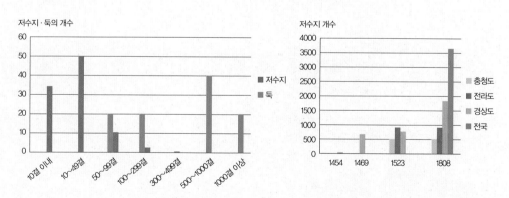

• 관개 면적을 늘리는 데 저수지와 둑 중 어느 쪽이 더 효율적이었을까?

조선 전기 정부는 많은 저수지를 만들었다. 그러나 저수지는 새로 만들거나 수리하는 데 인력과 비용이 많이 들어갔다. 여기에 저수지는 둑 안쪽에 잠기는 땅 면적에 비해 새로 관개할 수 있는 땅이 그리 넓지 못했다. 이에 조선 정부는 냇둑을 쌓아 관개 면적을 늘리는 데 힘을 쏟았다. 둑이 저수지에 비해 관개 면적을 늘리는 데 더 효율적이었기 때문이다. 둑은 길이에 비례하여 관개 면적이 넓어졌다. 충청도 부여에 만든 대난보(大難伏)는 길이가 약 100m였고, 논 74결에 물을 댔다. 홍주 벽항보제(蘗項伏堤)는 길이가 약 150m인데, 논 1백 10결에 물을 댈 수 있었다.

인 농서가 바로 『농사직설』과 『금양잡록』이었다. 『금양잡록』은 강희맹이 경기도 과천 지역에서 직접 농사를 지은 경험과 농부에게 들은 농사법을 모아 만든 책이다. 『농사직설』은 정부가 경상, 전라, 충청도에 걸친 광범위한 지역에서 조사한 농사법을 정리한 것이다.

농민들은 여러 종류의 비료를 사용하여 논밭을 묵히지 않고 농사를 지었다. 쟁기, 호미, 낫 등 농기구도 개량하여 농업 생산력을 높였다. 논농사는 여전히 직파법이 중심이었지만 남부 지방을 중심으로 점점 모내기를 하는 곳이 늘어났다. 밭에서는 조, 보리, 콩 등을 2년에 3번 농사짓는 방법이 일반화되었다. 목화를 재배하는 사람이 많아졌고, 약초와 과일을 기르는 사람도 늘어났다.

양반들도 적극적으로 개간에 나서고 간이 수리 시설을 만들었다. 선진 농업 기술에 대한 관심도 높았다. 나아가 강희맹처럼 이를 우리나라 기후와 토양에 맞게 적용하려는 노력을 펼치기도 했다.

이와 함께 조선 정부는 농사에 필요한 소를 보급하기 위해 노력했다. 조선 전기에는 약 3만 마리였던 소가 18세기 후반이 되면 약 100만 마리로 늘어난 것은 이런 노력의 결과였다. 품종 개량에도 힘을 써서 오키나와에서 들여온 물소와 전통 소를 교배시켜 힘이 센 품종을 만들어 냈다.

• 우리 풍토에 맞는 농업 기술을 담다

농사직설

『농사직설』은 벼, 콩, 기장, 조 등 여러 작물의 재배, 종자의 선택과 저장, 논밭갈이 등을 항목별로 정리했다. 경작 농구로는 쟁기, 써레, 호미 등이, 거름은 인분, 우마분, 재거름, 녹비, 외양간 거름 등이 나온다. 경상, 충청, 전라도 관리들이 경험이 많은 농부를 찾아다니며 그 지역의 농사법을 물어 정리했다. 조선 정부와 사대부들이 중국 선진 농법을 우리 현실에 접목시키기 위해 노력했음을 잘 보여 주고 있다.

상업을 통제하다

조선의 지배층은 농본주의 경제 정책을 지향하며 검소함을 강조하는 경제관을 갖고 있었다. 이 때문에 조선은 고려에 비해 상업과 수공업 활동에 대한 통제를 강화했다.

조선 전기 상업 활동은 한양 시전을 중심으로 이루어졌다. 조선 정부는 종로에 상점 거리를 만들고 상인들에게 대여했다. 시전 상인들은 왕실과 관청에서 필요한 물품을 조달하고 특정 상품을 독점 판매하는 특권을 받아 돈을 벌었다. 특히 명주와 무명 등 옷감과 종이, 어물 등을 파는 점포가 번성했다. 경시서의 관리 감독을 받았고 따로 점포세와 상세를 바쳤다.

15세기 후반 농업 생산량이 늘어나면서 서울 근교와 지방에 장시가 나타났다. 장시는 정부의 억제에도 불구하고 16세기 중엽에는 전국 각지로

시전의 모습

한양 한가운데에는 많은 사람들이 다니던 대로변에 시전이 있었다. 그중 육의전은 조선 시대에 나라에 필요한 물품을 공급하던 여섯 종류의 큰 상점으로 특정 상품에 대한 독점권이 있었다. 선전(비단), 면주전(명주), 면포전(무명), 저포전(모시), 지전(종이), 내외어물전(생선)이 육의전에 속했다.

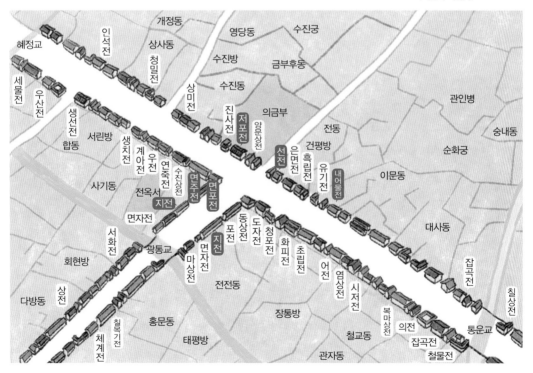

퍼져 나갔다. 일부는 정기 시장으로 발전했다. 장시에서는 부근 지역민들과 수공업자들, 보부상들이 농산물과 수산물, 약재 등을 사고팔았다. 정부도 유통 경제가 활발해지자 저화와 조선통보 등 화폐를 만들었다. 하지만 거래는 화폐 대신 주로 쌀과 면포 등을 이용했고 물물 교환도 했다.

국제 무역도 고려에 비해 많이 줄었다. 가장 활발하게 교역한 나라는 명이었다. 명과 교역은 주로 조공 무역을 통해 이루어졌다. 비단, 서책, 약재를 수입하고 종이, 인삼 등을 수출했다. 여진과 일본과의 교역은 변경의 무역소와 동래의 왜관에서 엄격한 감시 아래 이루어졌다. 주로 면포와 식량을 말, 모피, 구리 등과 거래했다.

관영 수공업에서 민영 수공업으로

조선 전기 수공업은 관영으로 이루어졌다. 정부는 장인들을 서울과 지방 관청에 소속시켜 물품을 생산하게 했다. 이들 공장은 활자, 화약, 무기, 문방구, 그릇, 옷 등 국가와 왕실이 필요한 물품을 만들어 납품했다. 남은 생산품이나 동원되지 않는 동안 만든 물건은 세금을 내고 내다 필 수 있었다.

하지만 16세기에 들어와 관영 수공업 체제는 점차 쇠퇴했다. 상업이 발달하고 요역과 군역 제도가 제 기능을 못하면서 부역제가 허물어졌기 때문이었다. 유통 경제가 활발해지면서 장인들은 시장에 물건을 팔 수 있는 기회가 많아졌다. 당연히 장인들은 세금을 더 내더라도 관청에 동원되는 것을 피하려고 했다. 어쩔 수 없이 조선 정부는 군적수포처럼 장인들에게 세금을 받는 쪽으로 정책을 바꿀 수밖에 없었다.

군적수포
1년에 포 2필을 내고 군역을 면제받는 제도.

장인들 가운데 관청에 소속되지 않은 민영 수공업자도 있었다. 이들은 주로 농기구나 양반들이 좋아하는 사치품을 만들어 팔고 세금을 냈다. 관영 수공업이 쇠퇴하면서 점점 민영 중심의 수공업으로 바뀌어 갔다. 이 밖에 농가에서 생활에 필요한 무명, 명주, 모시, 삼베 등을 생산하는 가내 수공업도 있었다.

한우는 어떻게 탄생하였나?

한우 하면 흔히들 농사에 주로 동원되는 누렁소를 떠올린다. 한우에는 누렁소만 있었던 것이 아니라 얼룩소도 있었다. 칡소라 부르는 얼룩소뿐 아니라 더 다양한 한우도 있었다.

아래 그림에 있는 한우들을 자세히 보면 공통점이 있다. 뿔이 마치 무소의 뿔처럼 상당히 크고 날카롭다는 점이다. 왜 그럴까? 1903년 대한제국을 방문한 러시아 학자 바츨라프 세로셰프스키는 이렇게 말했다.

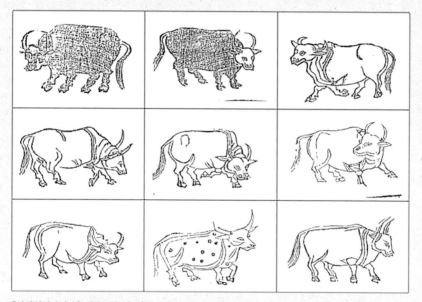

『신편집성마의방우의방』의 '상우도'에 실린 소의 9가지 모습

> 한국소는 극동에서 제일로 치는 우량종이다. ······ 한국소는 키가 146~150cm에 이르고, 무게는 약 20푸드(330kg)까지 나간다. 건강하고 활동성이 커 달구지에 660kg 정도 짐도 쉽게 나를 수 있다. 산을 넘거나 물살 센 강을 건널 때는 그 어떤 가축과 바꿀 수 없는 중요한 존재다. 말들이 쉽게 넘어지거나 발을 헛디디는 곳에서조차 소들은 쉽게 장애물을 피해 나간다. 발이 빠른 한국 소들은 그 속도나, 장시간 사람을 태우고 갈 수 있는 능력에 있어 말에 뒤지지 않는다. ······ 한국소는 물소와 여러 차례 교배된 특징이 확실히 나타난다. 큰 키와 강인함, 큰 활동성은 바로 거기서 기인하는 것으로 보인다.

그럼 물소와 교배는 언제 이뤄졌을까? 1461년(세조 7) 10월 오키나와에서 물소 암수 2마리를 보내왔다. 이 물소는 1479년(성종 10)에 70여 마리로 불어났고, 1502년(연산군 8)에는 각 고을에 나누어 주고 기르게 할 정도로 늘어났다. 경상도와 전라도에서는 방목을 시작하였다. 1509년(중종 4)에는 관청에서 기르던 물소를 백성들에게 나누어 주고 기르게 하였다.

6

다른 신분,
다른 삶

신분제가 자리 잡다

조선은 고려와 같은 신분제 사회였다. 신분은 법제적으로 양인과 천인으로 나눠져 있었다. 양인은 자유인이고 천인은 비자유인이었다. 양인은 조세, 공납, 역을 질 의무와 과거에 응시할 수 있는 권리를 갖고 있었다. 천민은 사람으로 대접받지 못했다.

특히 노비는 토지와 함께 중요한 재산으로 취급되었다. 이들은 과거도 볼 수 없었고 세금도 내지 않았다. 대신 주인이나 국가에 노동력이나 신공을 바쳐야 했다. 노비가 주인에게 바치는 신공은 양인이 내는 세금보다 부담이 컸다.

조선 왕조는 고려 말 불법적으로 노비가 된 사람을 해방시켜 양인으로 만들었다. 양인을 많이 확보해야만 국가 기반을 안정시킬 수 있기 때문이었다. 또 양인이면 누구나 관리가 될 수 있는 자격을 주었다.

하지만 양인이라고 모두 다 같지는 않았다. 대대로 벼슬을 하고 벼슬할 자격이 있는 사람이 있는 반면, 농사를 짓고 장사를 하는 상민과 천인과 다름없는 사람도 있었다. 법제적으로 양천제지만 실제로는 양반, 중

신공
노비가 노동력 대신 주인이나 관청에 바치는 면포, 저화 등 같은 공물.

300

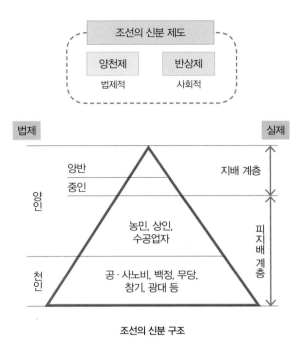

조선의 신분 구조

인, 상민, 천민 4개의 신분으로 나눠져 있었던 것이다. 신분 차이는 시간이 지나면서 점점 굳어져 사실상 반상제가 현실화되었다.

양반

양반은 원래 문반과 무반을 아울러 부르는 말이었다. 그러나 점차 관직을 가질 수 있는 신분층을 의미하게 되었다. 양반은 최고 지배층으로서의 특권을 유지하기 위해 자격 요건을 강화했다. 고려 시대에는 향리도 양반 관직에 진출할 수 있었지만 조선에서는 서얼을 비롯하여 향리와 서리 등을 중인으로 떨어뜨려 고려에 비해 신분 계층간 구분을 확실하게 했다.

양반들은 다른 신분에 비해 과거에 합격할 기회가 많았다. 음서와 천거 등으로 관직에 나갈 수도 있었다. 관직에 나가서도 주요한 자리는 이들의 몫이었고 군역도 면제를 받았다. 처음에는 관리들에게만 면제 혜택

〈노상알현도〉
(김득신, 조선 후기)
길에서 우연히 마주친 양반과
상민. 조선 사회의 신분 질서를
한눈에 알 수 있다.

이 주어졌지만 차츰 양반 모두로 확대되었다.

양반들은 대부분 직접 농사를 싯시 않고 노비를 시기거니 지대를 받아 생활했다. 일상적인 집안일은 노비에게 맡기고 자신들은 독서와 과거 공부에 힘을 쏟았다. 이들이 소유한 토지와 노비는 기본적으로 조상에게 물려받은 것이었다. 여기에 개간이나 매입 등으로 재산을 늘렸다. 재산을 증식하는 데는 개인적 노력과 함께 양반이라는 지위도 큰 도움이 되었다. 개간과 간척지를 얻을 기회가 많아지고 노동력을 동원할 수 있기 때문이었다.

양반들은 유학자로서 가져야 할 도덕을 지키고 소양을 닦는 데 힘썼다. 체면을 지키고 제사와 손님 접대를 중요시한 것도 이 때문이었다. 또한 사회 지도층으로서 자연재해나 흉년이 들면 가난한 이들을 돕는 데 앞장서기도 했다.

중인

중인은 양반과 상민 사이에 있는 중간 신분을 가리킨다. 이들은 역관, 의관 등 기술관이나 중앙과 지방 관청에서 행정 실무를 담당한 서리와 향리를 맡고 있었다. 이들은 고려 시대 중류 계급처럼 처음에는 신분 차별을 크게 받지 않았다. 하지만 반상제가 자리를 잡으면서 양반 아래 하급 지배 계급이 되었다. 특히 향리는 고려와 달리 중앙 관직에 진출하지 못하고 수령을 돕는 지위로 떨어지고 말았다. 사회적 지위도 낮아져 지방 유지로도 대우받지 못했다. 월급도 지급되지 않았다.

하지만 중인은 통역, 의술 등 전문적 기술과 행정 능력을 갖고 있어 상민보다 높은 대우를 받는 하급 지배층이었다. 이들은 대대로 직역을 세습하고 같은 신분끼리 혼인했다. 비록 신분적으로 차별을 받았지만 재산을 모아 양반 못지않게 잘사는 사람도 적지 않았다. 특히 역관 가운데 대외 무역으로 큰 부자가 되기도 했다. 이 때문에 조선 정부는 과거 시험과 관직 승진에 제한을 두어 이들을 견제했다. 반면 상민은 과거 응시에 아무런 제한이 없었다. 얼핏 신분과 어긋난 이런 조처는 시험을 볼 능력을 갖춘 중인이 성장하는 것을 막기 위함이었다.

양반의 첩에게 태어난 서얼도 중인과 같은 신분적 처우를 받았다. 조선은 고려에 비해 처와 첩에 대한 구분을 엄격히 했다. 처가 낳은 자식은 적자라고 부르고 첩의 자식은 서자라고 구분하여 차별했다. 서자 가운데 어머니 신분이 양인이면 서자, 천인이면 얼자라 불렀다. 서자는 아버지를 아버지라 부르지 못하고, 가문의 대를 이을 수도 없었다. 당연히 재산 상속과 관직 진출에 차별받았다. 서자들은 초기에는 고위 관료로 출세한 사람이 있었지만 점차 다른 중인처럼 대개 무반과 기술직에 진출했다.

상민

상민은 농업과 상업, 수공업 등 생산 활동을 담당한 피지배 계급이었다. 하지만 평민, 서민, 상놈이라 불린 이들은 천민과 달리 양인이었다. 당연히 조세와 국역을 부담하고 과거에 응시할 수 있는 자격을 갖고 있었다. 하지만 과거를 준비하려면 오랜 시간과 비용이 필요했기 때문에 사실상 과거로 신분을 상승시키기는 어려웠다. 상민에게 중인과 달리 비록 법제적이기는 하지만 아무런 제한을 두지 않은 까닭이 바로 여기에 있었다. 응시할 기회를 열어 주어 상민을 회유하고 국가 기반을 튼튼히 하려는 것이었다.

상민들 대부분은 농민이었다. 이들은 농본주의 정책으로 명분상 상인과 수공업자보다 우대받았다. 실제로 조선 정부가 병작반수를 금지하면서 자영농이 늘어나고 생활이 나아졌다. 하지만 반상제가 자리를 잡으면서 세금 부담은 커지고 양반의 토지를 빌려 경작하는 소작농이 다시 늘어났다. 아무리 토지를 개간하고 농업 기술을 개량해도 생활은 좀처럼 나아지지 않았다. 양반 중심의 지배 체제가 유지되는 한 이런 노력이 한계를 가질 수밖에 없었기 때문이다.

수공업자와 상인은 중농 정책에 따라 사회적으로 농민보다 낮은 대우를 받았다. 물론 농민보다 잘사는 사람도 있었고, 대상인들은 정치적으로 중요한 역할을 하기도 했다. 그렇지만 상업과 수공업을 천시하는 분위기를 바꾸지는 못했다.

상민 가운데 최하층은 수군이나 봉수군, 관청 잡역부, 역졸처럼 힘든 일을 하는 사람들이었다. 이들은 신량역천이라 불리며 법적으로 양인이었지만 천인과 다름없이 취급되었다.

천민

천민은 최하층 신분으로 대부분 노비였다. 백정, 광대, 무당 등도 여기에 속했다. 백정은 고려 시대와 달리 일반 백성을 부르는 말이 아니라 대부분 소나 돼지를 잡아 사는 사람이었다. 광대는 오늘날 연예인이라 할 수 있다. 무당도 고려 시대와 달리 천민 취급을 받았고 승려도 마찬가지였다.

노비는 세금이나 국역을 지지 않았다. 주인에 따라 국가 기관에 소속되면 공노비, 개인이 소유하면 사노비로 구분했다. 사노비가 공노비보다 훨씬 많았다.

공노비는 관청에서 온갖 잡다한 일을 하거나 관청에 소속된 토지를 경작하여 신공을 바쳤다. 일하는 기간이 정해져 있었고 신공도 사노비에 비해 적어 사노비보다 처지가 나았다.

사노비는 주인집에 함께 사는 솔거 노비와 따로 사는 외거 노비가 있

〈풍속화〉(김준근, 조선 후기)
사당패가 공연을 하고 한량에게 구경값을 달라고 하고 있다.

었다. 솔거 노비는 밥 짓기, 청소, 땔감 장만, 옷 만들기 등 온갖 집안일과 농사일을 했다. 외거 노비는 주인집 땅을 경작하여 수확물을 신공으로 바쳤다. 이들은 재산을 가질 수 있어 소작농과 비슷한 처지였다. 하지만 노비로서 온갖 설움을 받았고 주인이 권세가라면 솔거 노비가 더 나을 수도 있었다.

노비는 중요한 재산이었고 매매, 증여, 상속되었다. 부모 가운데 한쪽이 노비이면 자녀도 노비가 되었다. 이를 이용하여 자기 집 노비와 양인을 결혼시켜 재산을 늘리는 양반도 있었다. 만약 노비끼리 결혼하면 여자 노비를 소유한 주인이 그 자녀의 소유권을 차지했다. 하지만 주인은 노비의 생계를 책임져야 했고 매매를 하면 관청에 신고를 해야 했다. 또 법으로 계집종이 아이를 낳으면 두 달 가까이 출산 휴가를 주어야 했다. 함부로 때리거나 죽이는 것도 금지되어 있었다.

• 왜 다물사리는 자신을 양인이 아니라 노비라고 하였을까?

1586년(선조 19) 3월 13일 전라도 나주목에서 재판이 벌어졌다. 원고는 양반 이지도이고 피고는 다물사리라는 여인이었으며 재판관은 김성일이었다. 쟁점은 다물사리가 낳은 자식이 누구의 소유인가 하는 문제였다.

이지도는 다물사리가 양인이고, 자신이 소유한 사내종(윤필)과 결혼했으므로 다물사리가 낳은 아이는 자신의 노비라고 주장했다. 그 근거로 '부모 가운데 한쪽이 노비이면 자녀도 노비가 된다'라는 법 규정을 들었다.

다물사리는 자신은 양인이 아니라 성균관 소속 노비라고 주장했다. 따라서 노비는 어머니의 신분을 따른다는 법에 따라 자식들은 이지도의 사노비가 아니라 모두 공노비라고 주장하였다.

재판 결과는 이지도의 승리였다. 다물사리의 호적과 성균관 노비안 등을 조사하고 증인 심문을 한 끝에 다물사리가 양인이었음이 밝혀졌기 때문이다. 그렇다면 다물사리는 왜 스스로 관노비라고 주장했을까? 당시 관노비는 사노비보다 형편이 괜찮았기 때문이다.

아버지를 아버지라 부르지 못하고……

"소인이 평생 서러워하는 바는, 대감의 정기를 받아 당당한 남자로 태어났고 또 길러 주신 은혜를 입었건만, 아버지를 아버지라 부르지 못하옵고 형을 형이라 부르지 못하는 것입니다. 그러니 소인을 어찌 사람이라고 하겠습니까?"

-『홍길동전』

그 상소 가운데에 드러난 뜻을 본다면, 실로 천지간에 지극히 원통한 일이었습니다. 그들에게 간절한 것이 세 가지가 있으니, 하나는 아버지라 부르지 못하는 것이고, 하나는 대를 잇는 자식이 되지 못하는 것이고, 하나는 사대부들과 같이 벼슬길에 나가지 못하는 것입니다. 천지는 만물에게 큰 부모가 되므로 귀천을 막론하고 모두 하늘을 하늘로 부르는데, 유독 서얼만 그 아버지를 아버지라 부르지 못하니 그 원망은 당연한 것입니다.

-『순조실록』,「성균관에서 거재 유생들이 서얼들의 상소에 권당한 소회를 아뢰다」(23년 8월 2일)

원래 서자는 맏아들이 아닌 나머지 아들을 가리키는 말이었다. 조선에서는 첩의 아들을 부르는 말이 되었다. 조선 시대 대표적인 유학자 이언적은 아들이 둘 있었다. 첫째 이전인은 첩 사이에서 태어났고, 둘째 이응인은 5촌 조카로 양자로 들였다. 이전인은 뛰어난 학행과 효심으로 아버지를 모셨지만 대를 잇지 못했다. 서자이기 때문이었다. 이러한 사회상을 가장 잘 나타낸 당대의 문학으로는 『홍길동전』을 꼽을 수 있다. 세종 때 홍 판서의 서자로 태어난 길동은 자신을 없애려는 집안의 음모를 알아채고 의적 생활을 한다. 활빈당을 조직해 탐관오리들의 재물을 빼앗아 가난한 백성에게 나누는 홍길동을 체포하려고 나라에서는 갖은 수를 쓴다. 하지만 길동은 매번 도술로 위기를 모면하고 결국 조정은 홍길동에게 벼슬을 내리기로 한다. 홍길동은 후에 조선을 떠나 율도국을 발견하고 그곳의 왕이 되어 탐관오리의 횡포나 신분에 의한 차별이 없는 나라로 만들었다.

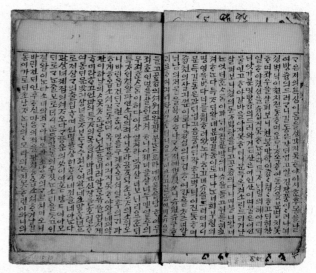

1800년대에 발행된 『홍길동전』

7

조선 전기 사회 제도와 생활 모습

조선 왕조, 민생 안정을 위해 노력하다

조선 정부는 백성들이 안정적으로 생활할 수 있게 노력했다. 가장 관심을 많이 쓴 대상은 농민이었다. 농사가 잘되어야 국가 재정과 국방이 튼튼해지고 사회가 안정될 수 있었기 때문이다.

우선 정부는 양반 지주들이 농민의 딱한 처지를 이용하여 토지를 함부로 빼앗지 못하게 했다. 농번기에는 잡역 동원을 금지하고 재해를 당하면 조세를 줄여 주었다. 어려운 처지에 놓인 농민들에게는 환곡제를 실시해 싼 이자로 곡식을 빌려주었다. 향촌 양반들도 자치로 사창이나 향약을 실시하여 가난한 농민들을 구제했다.

사창
향촌에서 봄이나 흉년에 곡식을 빌려주는 제도.

이런 노력은 농민 생활을 어느 정도 안정시키는 데 힘이 되었다. 하지만 농민 생활을 근본적으로 개선하지는 못했다. 양반에게 유리한 토지와 수취 제도가 바뀌지 않은 채로는 한계가 있었기 때문이다. 정부와 양반들도 농민의 생활을 근본적으로 개선하려고 하지는 않았다. 어디까지나 지배 질서를 유지하는 선에서 생활을 안정시키려고 했을 뿐이었다.

농민 안정책과 함께 정부는 호적과 오가작통제, 호패제로 농민들이 농토를 떠나지 못하게 막았다. 살기 어려워진 농민들이 농토를 떠나면 농촌이 무너지기 때문이었다. 오가작통은 다섯 집을 한 통으로 묶어 조세 징수와 부역 동원을 효율적으로 하기 위한 조처였다. 이를 이용하며 서로 감시를 하게 하여 도망치지 못하게 한 것이다. 호패는 양반에서 노비까지 16세 이상 모든 남자에게 발급했다. 호적과 함께 호패를 이용하면 효율적으로 요역과 군역을 동원할 수 있었다. 도망한 사람인지 아닌지도 쉽게 확인할 수 있었다.

또한 정부는 한양과 한양 부근 가난한 백성들을 위해 여러 의료 시설을 운영했다. 혜민서는 가난한 환자를 치료했고 의료 교육도 담당했다. 동서 활인서는 치료와 함께 오갈 데 없는 환자를 수용했다. 전염병이 발생하면 음식과 의복, 약 등도 나눠 주었다.

• 호패

태종 때 규정에 따르면 호패는 길이 3치 7푼(약 11cm), 폭 1치 3푼(약 4cm), 두께 2푼(약 0.7cm)이었다. 호패는 신분에 따라 재질이 달랐다. 2품 이상은 상아, 5품 이상은 녹각이나 황양목, 7품 이하는 자작목, 상민은 잡목을 사용했다. 기록 내용도 2품 이상은 관직·성명, 3품 이하는 관직·성명·거주지를 적었다. 거기에 상민은 얼굴빛, 수염 유무를 적었다. 노비는 주인, 연령, 거주지 및 얼굴빛, 신장, 수염 유무를 기록했다. 2품 이상과 3사 관리는 관청에서 만들어 지급했고, 나머지는 각자 만들어 내면 관청에서 확인을 하고 주었다. 호패를 빌려 주면 곤장 100대에, 3년간 도형에 처했다.

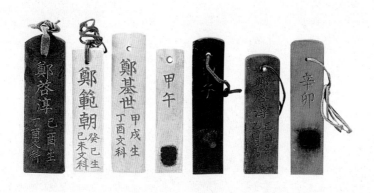

법률 제도

조선 왕조는『경국대전』과 명의 형법 규정인『대명률』로 범죄와 소송을 처리했다. 관습법을 존중했던 고려와 달리 성문법을 중시한 법률 제도를 운영한 것이다. 대체로 관습법보다는 성문법을 합리적이라고 평가한다. 그만큼 조선이 고려보다 합리적 사회였음을 알 수 있다.

형벌은 태·장·도·유·사 다섯 가지가 있었다. 엉덩이를 때리는 태형과 장형은 때리는 도구의 굵기와 횟수가 달랐다. 태형은 가는 회초리로 10대에서 50대까지, 장형은 굵고 넓적한 몽둥이로 60대에서 100대까지로 정해 두었다. 도형은 장형을 맞은 뒤 감옥에 들어가 노역을 하는 형태였다. 유형은 장형을 때린 다음 먼 지방으로 귀양을 보내는 형벌이다. 도형과 달리 기간이 정해지지 않았다. 유배 죄인은 비교적 자유롭게 학문 연구를 할 수 있었고 처첩도 데려갈 수 있었다. 유배지 부근에 사는 젊은 이들이 찾아오면 가르치기도 했다. 사형에는 교수형과 죄인의 목을 칼로 베어 죽이는 참수형이 있었다.

범죄 가운데 가장 무겁게 처벌받은 것은 반역죄와 강상죄였다. 상상은 삼강오륜이라 하여 유학에서 강조하는 부자, 군신, 부부, 형제, 친구 간의 윤리를 뜻한다. 예를 들어 자식이 부모를 때리거나 노비가 주인을 모욕하면 강상을 어긴 죄로 처벌되었다. 강상죄와 반역죄를 범하면 대부분 사형에 처해졌다. 가족들도 연좌제를 적용받아 노비가 되거나 귀양을 갔다. 해당 군현은 호칭이 강등되고 수령도 파직당했다.

이는 조선 왕조가 유학적 가치관을 널리 보급하려는 강한 의지를 갖고 있었기 때문이었다. 지배층들이 법률보다 도덕으로 사회를 이끌려고 했음도 잘 드러난다.『삼강행실도』를 그림으로 그리고 한글로 설명한 데에도 이런 뜻이 담겨 있었다.『소학』을 널리 보급하려 한 것도 마찬가지였다. 어린이들이 일상생활에서 지켜야 할 예절을 비롯하여 충신과 효자의 이야기 등을 읽고 유학적 가치관을 몸에 배게 하려던 것이다.

하지만 똑같은 범죄라도 신분에 따라 처벌이 달라졌다. 왕족이나 공신, 고급 관료는 형이 감면되거나 면제되었다. 천인이 양인에게 범죄를 저지르면 더욱 엄하게 처벌받았다. 소송은 신분에 관계없이 제기할 수 있었다. 민간인 사이에 벌어진 송사는 대개 관습에 따라 처리했다. 하지만 토지나 노비, 가옥 매매와 같은 중요한 거래는 계약서를 작성했고, 분쟁이 일어나면 이 문서로 처리했다.

사법 기관은 따로 두지 않았다. 중앙 행정 기관 가운데 형조를 비롯하

조선의 형벌
태·장·유형은 김준근, 도·사형은 김윤보 그림이다. 사약으로 집행되는 사형은 주로 왕족이나 고위 관리 등에게 언도되는 일종의 명예형이었다.

여 사헌부, 의금부 등이 사법 기관 기능을 했다. 한양 치안을 담당한 한성부와 노비 문제를 맡은 장례원이 사법 기관 구실을 겸했다. 지방에서는 관찰사와 수령이 사법권을 행사했다. 만약 재판 결과에 불만이 있으면 다른 관청이나 상부 관청에 다시 소송을 제기할 수 있었다. 특히 사형은 3번에 걸쳐 재판을 하게 했다.

향촌 양반, 향촌 사회를 이끌다

향안
고을 양반의 명단.

조선 시대 향촌 사회의 주도권은 향촌 양반들이 잡고 있었다. 이들은 자신들의 특권을 유지하기 위해 향안을 만들고 향회를 열어 결속을 다졌다. 이 때문에 지방관들이 임무를 수행하기 위해서는 이들의 협조가 필수적이었다. 이들이 도와주지 않으면 향리를 통제하기도 지방민을 다스리기도 쉽지 않았다. 정부가 유향소에 수령을 돕게 한 것도 이 때문이었다.

이들은 16세기 사림들이 중앙 정치를 주도하면서 향촌 사회의 주도권을 더욱 튼튼하게 다졌다. 각 지역에 서원이 세워지고 향약이 보급되었기 때문이다. 원래 향촌에는 향도와 각종 모임인 계, 공동 노동 조직인

• 강상죄와 역모죄, 어느 쪽이 무거운 처벌을 받았을까?

어떤 양반이 역모를 모의했다고 가정해 보자. 이 집 종이 이 사실을 형조에 고발했고 형조에서는 양반을 잡아들여 심문하였지만 그런 일이 없다고 잡아떼었다. 다급해진 형조는 부인을 불러 문초하여 역모를 꾀했다는 자백을 받아냈다.

양반은 당연히 엄중히 처벌을 받았다. 그런데 임금은 이 양반보다 먼저 상전을 고발한 종과 남편의 범죄를 실토한 부인을 사형에 처하였다. 형조판서도 종과 부인을 이용하여 주인과 남편의 범죄를 입증했다고 파직시켰다. 역모죄는 당연히 사형이지만 세 사람은 무슨 죄목으로 처벌을 받았을까? 바로 강상죄이다. 하늘 같은 주인을 배반한 종, 남편을 죄인으로 만든 부인, 종과 부인을 이용하여 범죄를 입증한 형조판서. 이 행위가 삼강오륜을 어긴 죄라는 것이었다.

두레 등이 있었다. 특히 향도는 신앙적 특징과 공동체 조직의 성격을 함께 띠고 있었다. 이런 조직을 통해 향촌 백성들은 상을 당했을 때나 어려운 일이 생겼을 때 서로 돕고 살았다. 향촌 사회의 자치 규약을 유학 이념에 맞게 개편한 것이 향약이었다.

향촌 양반들은 향약을 주도하면서 성리학적 가치관을 가르치고 양반 중심의 향촌 질서를 확립했다. 또한 서원을 통해 결속을 다지고 유학 지식인으로서 권위도 높여 향촌을 이끌어 갔다.

가부장적 가족 질서가 확립되다

조선 전기 가족 제도는 고려 시대와 크게 다르지 않았다. 부계와 모계에 대한 차별은 별로 없었다. 유교 예법을 따졌던 사대부들도 아들을 장가보냈다. 처가나 외가가 있는 지역으로 이사를 가기도 했다. 호적은 아들딸 구분 없이 출생 순으로 적었고, 결혼한 딸이 낳은 자손도 족보에 올렸다. 재산은 일반적으로 아들과 딸이 똑같이 상속받았다. 제사도 형제자매가 돌아가면서 지내고, 딸만 있으면 외손자가 모시기도 했다.

그러나 성리학적 질서가 자리를 잡으면서 점차 부계 중심의 가부장적 사회로 바뀌었다. 외가와 처가를 점점 멀리했고 부계 성씨끼리 모여 살았다. 부계로 대를 이어야 한다는 생각이 강해지면서 아들은 꼭 필요한 존재가 되었다. 남편이 일찍 죽어도 부인은 호주가 될 수 없었다. 족보에도 태어난 순서에 관계없이 아들을 먼저 적었다. 결혼한 딸은 출가외인이라 해서 재산 상속에 대한 권리도 없었고, 자손도 족보에서 빠졌다. 큰 아들이 아닌 아들들도 재산 상속에서 몫이 작아졌다. 제사도 큰아들 중심으로 이뤄졌다. 아들이 없으면 부계 친척 가운데 양자를 들여 대를 잇고 제사를 지냈다.

여성의 지위가 낮아지다

조선 전기 여자의 지위는 그렇게 낮지 않았다. 결혼을 하면 남자가 여자 집에 와서 살았다. 잠시 머무는 것이 아니었다. 자녀들이 서당을 다닐 무렵까지 남자가 처가살이를 하는 경우가 드물지 않았다. 여자가 가져온 재산은 남편이 함부로 할 수 없었고, 상속도 여자의 뜻대로 이루어졌다.

하지만 시간이 갈수록 여성의 지위는 고려에 비해 낮아졌다. 가부장적 질서를 존중하는 유학 예법에 맞지 않았기 때문이다. 여자는 호주가 될 수 없었고 이혼과 재혼이 법으로 금지되었다. 재혼한 여성의 아들과 손자는 문과를 볼 자격을 주지 않았다. 대신 조선 정부는 정절을 지키면 열녀로 표창하는 제도를 시행했다. 열녀로 인정을 받으면 열녀문이라 부르는 정문旌門을 세워 주고 곡식을 내려 주거나 각종 세금을 면제해 주었다.

장옷(왼쪽)과 쓰개치마(오른쪽)
윗저고리처럼 소매가 달리고 동정까지 있는 가리개가 장옷이고,
치마를 둘러쓴 것 같은 모양을 한 것이 쓰개치마이다.

집안의 젊은 남성에게 최고 종6품까지 벼슬도 내렸다. 종6품은 과거 시험에서 장원 급제자만 받을 수 있는 품계였다.

남자들은 부인 외에 첩을 둘 수 있었다. 하지만 부인과 첩은 엄격하게 구분되었다. 첩은 본인뿐만 아니라 자식도 신분상은 물론이고 사회적 대우와 재산 상속, 제사 등에서 심한 차별을 받았다.

여성들은 서당에 다닐 수 없었고 바깥출입도 자유롭게 할 수 없었다. 외출을 할 때는 장옷이나 쓰개치마를 머리 위로 뒤집어써서 얼굴을 가리고 다녀야 했다.

유교 경전인 『의례』에는 여자가 좇아야 할 세 가지 길을 두고, "집에서는 아버지의 뜻을 따르고, 시집을 가면 지아비에게 순종하며, 지아비가 죽으면 아들의 뜻을 좇는다"고 하고 있다. 이 '삼종지도'는 여성을 남성에게 종속된 존재로 보고 여성의 권리를 억압하는 굴레로 작용했다. 당연히 연애도 자유롭게 할 수 없었고, 부모가 정해 주는 남자와 결혼해야 했다. 결혼하는 형태도 장가가는 것이 아니라 시집가는 식으로 점차 바뀌었다. 그럴수록 시집살이로 자신의 개성을 마음껏 펼치지 못하는 여성이 늘어났다.

8

민족 문화를
꽃피우다

훈민정음을 만들다

조선 초기 지배층들은 유교적 민본주의라는 이념에 공감하고 있었다. 백성을 나라의 근본으로 생각한다면 이들에게 막무가내로 복종을 요구할 수는 없었다. 백성들의 의식이 고려 후기부터 점점 높아진 것도 부담이었다. 이제는 이들을 설득하고 교화시켜 자신들의 뜻에 따라오게 할 필요성이 커진 것이다. 문제는 백성 대부분이 글을 모른다는 사실이었다. 일찍부터 사용된 한자와 이두는 백성들과 거리가 멀었다.

이에 세종은 집현전 학사와 20년 가까운 피나는 노력 끝에 새 글자를 만들었다. 새 글자 이름은 백성을 가르치는 바른 글이라는 뜻으로 훈민정음이라 했다. 훈민정음을 만드는 데 반대한 사람도 적지 않았다. 하지만 누구나 쉽게 배우고 쓸 수 있는 새 글자에 대한 시대적 요구를 끝까지 거스르기는 어려웠다.

훈민정음을 반포한 정부는 한글을 보급하고 한글로 백성을 교화하기 위해 노력했다. 우선 새 왕조 건국에 대한 정당성을 강조하는 『용비어천가』를 지어 보급했다. 『삼강행실도』 등 유학 윤리서도 한글로 편찬했다. 불경과 각종 농서, 병서 들도 한글로 간행했다. 서리들에게 이두 대신 한글을 배워 사용하게 하고, 이들을 뽑을 때도 한글 시험을 보았다.

사대부, 역사를 중시하다

조선 사대부들은 역사에 관심이 많았다. 역사를 현재와 미래를 보는 거울로 생각하고 후세의 냉엄한 심판을 두려워했기 때문이다. 국가에서도 왕조의 정통성을 세우고 성리학적 통치 규범을 정착시키기 위해 역사를 중시했다. 여기에는 조선 초기 지배층들이 고려 말 사회 모순을 극복하고 새로운 국가를 만들었다는 자부심도 깔려 있었다.

조선 왕조는 나라를 세운 뒤 바로 고려 시대의 역사를 편찬하는 작업을 시작했다. 몇 차례에 걸친 수정 끝에 문종 때 『고려사』와 『고려사절요』를 완성했다. 성종 때는 고조선부터 고려 말까지 역사를 정리한 『동국통감』을 간행했다.

역사를 비교적 자주적으로 보려던 경향은 16세기에 와서 조금 약해졌다. 사림들이 명분을 강조하고 중국을 중심으로 역사를 보려고 했기 때문이다. 역성혁명에 반대한 사대부를 높이 평가하거나 단군보다는 기자를 중요시하는 역사책이 나온 사실이 이를 잘 보여 준다. 사림들은 중국

역성혁명
왕조가 바뀌는 일.

• 불교 경전 언해본

'언해'라는 말은 한문을 한글로 풀어서 쓰는 것을 의미한다. 훈민정음이 만들어진 다음 한글 보급을 위해 가장 많이 언해된 책은 불교 경전이다. 세조 때에는 불경 편찬 기구인 간경도감에서 많은 불교 경전 언해본과 해설서가 쏟아져 나오기도 했다.

유학의 나라 조선에서 유학 경전이 아닌 불교 경전을 언해본으로 많이 만든 까닭은 무엇일까?

이유는 크게 두 가지이다. 하나는 유학자들이 새 문자에 대한 반발이 심했다는 점이다. 다른 하나는 불교가 백성들 사이에 신앙으로서 널리 자리 잡고 있었다는 것이다. 따라서 새 문자에 대한 반발을 최소화하고 누구나 훈민정음을 읽고 배우게 하기 위해서는 불경을 언해하는 쪽이 더 효율적이었을 것이다.

에서 온 기자가 단군을 이어 왕이 되어 고조선을 문명 국가로 만들었다고 믿었다.

특히 조선 왕조는 한 왕대에 일어난 주요 사건을 정리한 실록 편찬에 힘을 쏟았다. 실록에는 정치와 사회, 경제 상황은 물론 민간에 일어난 사건, 자연 현상까지 자세히 기록했다. 실록은 편찬 과정에서는 물론 완성된 뒤에도 국왕이 간섭을 할 수 없었다. 사관이 소신껏 역사를 서술하게 하기 위함이었다.

지도와 지리서를 편찬하다

조선 정부는 전국의 자연과 인문 지리에 대한 자료를 정리하는 데 힘을 기울였다. 통치에 필요한 자료를 확보하고 국방 강화를 위해 필요했기 때문이다. 건국 초부터 여러 차례 팔도 지도가 만들어졌고, 세조 때에 이를 토대로 〈동국지도〉를 완성했다. 조선 전기 지도에는 각 군현이 표시되어 있고 서울에서 군현까지 거리와 걸리는 시간이 적혀 있다. 산과 강 및 섬도 자세하게 그렸다. 중앙 집권과 국방 강화를 위해 지도를 만들었음을 알 수 있다.

지도와 함께 세종 때에는 지리 정보와 각 지방 상황을 종합적으로 정리한 『신찬팔도지리지』를 만들었다. 중종 때에는 성종 때 만든 『동국여지승람』을 보완하여 『신증동국여지승람』을 완성했다. 여기에는 각 군현의 위치와 역사, 면적, 인구, 교통은 물론 인물, 풍속, 특산물 등 상세한 정보를 담았다.

세계 지리에 대한 관심도 높아 15세기 초에 세계 지도인 〈혼일강리역대국도지도〉를 만들었다. 지도의 절반은 중국이고 한반도를 상대적으로 크게 그렸다. 당시 사대부들이 중국을 중심으로 세계를 보면서 조선에 대한 자부심을 갖고 있었음을 보여 준다. 또한 크기와 위치가 왜곡되었지만 유럽, 아프리카, 아라비아 반도, 인도 등이 나와 있다. 원과 교류를

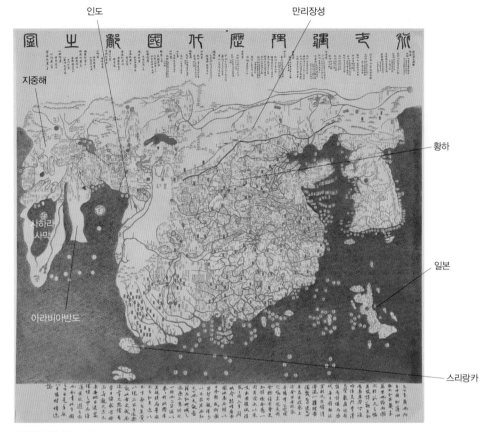

인도   만리장성

지중해

황하

사하라 사막

일본

아라비아반도

스리랑카

혼일강리역대국도지도

혼일강리역대국도지도는 중국에서 들어온 성교광피도, 혼일강리도 등을 토대로 만들었다. 중국 지도에는 조선과 일본이 자세하지 않거나 빠뜨린 것이 많았다. 이에 건국 초에 만든 팔도 지도와 일본에서 가져온 일본 지도를 덧붙여 완성했다. 일본은 뒤집혀 있고 사하라 사막은 호수처럼 표시되어 있다. 혼일은 통일을, 강리는 영토를, 역대국도는 역대 중국 왕조의 수도를 뜻한다. 중국 부분에 빨간 점으로 찍혀 있다.

통해 알게 된 세계 지리에 대한 지식이 상당했음을 알 수 있다.

천문 기상학에 관심을 가지다

조선 전기 과학 기술은 정부와 집권층의 적극 지원에 힘입어 크게 발달했다. 여기에는 부국강병과 민생 안정을 위해 과학 기술이 필요하다는 인식이 큰 힘이 되었다. 새로 받아들인 것만 아니라 고려 후기에 들어온 중국과 서아시아의 선진 과학 기술도 큰 도움이 되었다.

앙부일구
조선 시대에 만든 해시계. 중국 원나라 곽수경이 만든 '앙의'를 참고하여 시간과 절기를 알 수있게 했다.

자격루
물시계. 정해진 시간에 종과북, 징이 저절로 울리도록한 장치를 달았다.

먼저 조선 정부는 천문 기상학에 상당히 관심을 기울였다. 천문학은 농업과 깊은 관련이 있을 뿐 아니라 국왕의 권위를 세우는 데 필요했다. 유학에서는 임금을 하늘의 뜻을 실현하는 사람으로 여기고 하늘은 일식과 월식 등으로 자신의 뜻을 드러낸다고 생각했다. 따라서 특별한 자연 현상이 일어나면 임금은 정치에 잘못이 없는지 살펴보곤 했다. 이 때문에 천문을 보는 서운관 책임자는 재상이 맡았고, 경복궁에 전체 관측 기구를 설치했다.

태조 때에는 고구려 천문도를 바탕으로 〈천상열차분야지도〉를 만들어 돌에 새겼다. 세종 때에는 천체 운행을 관측하는 혼천의, 간의와 자동시계인 자격루, 해시계인 앙부일구 등을 만들었다. 이를 바탕으로 세종때 우리 역사에서 처음으로 북경이 아닌 서울을 기준으로 한 역법서『칠정산』을 만들 수 있었다. 『칠정산』의 내편은 원의 수시력을 바탕으로 서울에서 관측한 자료로 만들었고, 외편은 아라비아 역법을 참고하여 만들었다. 이로써 조선은 일식과 월식 시간 등을 정확히 예측할 수 있게 되었다. 칠정산은 조선이 단순히 선진 과학 기술을 받아들이기만 한 것이 아니라 주체적으로 발전시켰음을 잘 보여 준다.

또한 세계 최초로 측우기를 만들어 비가 내린 양을 측정했다. 해마다

혼천의

천체의 운행과 위치를 측정하던 천문 관측기. 고대 중국의 우주관인 혼천설에 따라 서기전 2세기경에 처음 만들어졌다. 우리나라에서는 삼국 시대부터 사용했다고 본다.

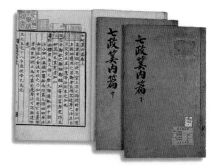

칠정산

칠정은 해와 달, 수성, 금성, 화성, 목성, 토성 등 다섯 행성을 말한다. 칠정산은 천문 현상과 역법 이론 등을 담은 조선의 역법서로 원나라와 명나라의 역법을 우리 실정에 맞게 꾸몄다.

언제 어디서 비가 얼마나 내리는지를 정확히 알게 된 것이다. 여기에 천문학과 역법 발전이 더해져 농업 생산력을 발전시킬 수 있었다.

의학을 발전시키고 국방을 강화하다

의학도 크게 발전했다. 『의방유취』는 동양 의학에 대한 이론과 처방을 분야별로 정리한 의학 백과사전이다. 당시까지 나온 동양 의학 서적을 대부분 참고한 이 책은 워낙 방대하여 한꺼번에 찍어 내기 힘들 정도였다. 『향약집성방』은 우리 풍토에 알맞은 약재와 치료 방법을 정리한 의학 서적이다.

화포도 더욱 개량하여 사정거리를 크게 늘렸다. 세종 때에는 로켓포라 할 수 있는 신기전을 개발했다. 신기전 수십 발을 잇달아 발사할 수 있는 이동식 화차는 엄청난 위력을 발휘했다. 화약 무기는 4군 6진을 개척하고 왜구를 물리치는 데 큰 구실을 했다. 하지만 비용이 많이 들고 명중률이 떨어지는 문제점을 가지고 있었다. 또한 『진법』, 『병장도설』 등 병서와 역대 전쟁을 체계적으로 정리한 『동국병감』 등을 편찬했다.

신기전은 우리나라가 세계에서 처음 만든 로켓 무기일까? 아니다. 1232년 중국 금에서 만든 날아가는 불화살 비화창이 최초로 만든 로켓이다. 두 번째 로켓 무기는 1290년 무렵 아라비아에서 만들었다. 세 번째는 1379년 이탈리아 제노아군이 사용한 '로케타'이다. 오늘날 '로켓'은 여기서 유래했다.

신기전은 조선 초에 고려 말 최무선이 만든 주화를 개량한 화살이다. 기마병을 상대할 때 주로 이용하던 신기전은 화차 위에 장착해 사용되었고 성을 방어할 때도 큰 효과를 발휘했다. 화차는 수레 위에 신기전과 총통을 발사하는 신기전기와 총통기로 되어 있다. 발사 각도를 약 50도까지 높여 사정거리를 적절하게 조정할 수 있었다. 문종 때 전국에 보급된 화차는 약 700대였다. 권율이 행주산성에서 몇 배나 많은 일본군을 물리칠 수 있었던 것은 바로 화차 덕분이다.

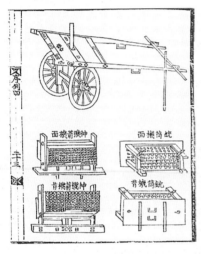

『국조오례의서례』(병기도설)에 수록된 문종 화차도(왼쪽)와 1448년 문헌에 남아 있는 중신기전의 제원(오른쪽). 신기전은 크기에 따라 4종류가 있었다.

인쇄술을 발전시키다

조선은 건국과 함께 유학을 보급하고 학문을 권장했다. 이를 위해 많은 서적을 간행, 보급할 필요성이 있었다. 하지만 필요한 모든 서적을 중국에서 수입하기 힘들었다. 비용과 시간이 많이 드는 목판으로 간행하기도 어려웠다. 이 때문에 정부는 활자 인쇄술에 높은 관심을 갖고 있었다. 누구보다 태종을 비롯한 역대 왕들이 금속 활자를 주조하여 책을 인쇄하는 일을 중요한 사업으로 여겼다. 여기에 힘입어 글자도 아름다워졌고 다양한 크기를 가진 활자가 만들어졌다. 뿐만 아니라 금속 활자 모양과 조판 기술을 개량하여 인쇄 속도가 빨라져 하루에 40여 장씩 찍어 내기에 이르렀다. 제지술도 향상시켜 종이 생산량이 크게 늘어났다.

출판 문화의 발달로 정부는 각종 편찬 사업을 효과적으로 펼칠 수 있었다. 사대부들도 필요한 책을 비교적 손쉽게 손에 넣어 학문에 힘쓸 수 있었다. 중국에서 새 책이 들어오면 빠른 시간에 인쇄하여 보급할 수도 있었다. 지식과 정보가 빠르게 확산되면서 조선 전기 문화가 꽃을 피울 수 있었고, 16세기에 들어와 성리학이 발전할 수 있는 바탕이 되었다.

하지만 조선의 인쇄술은 르네상스를 가져왔다는 구텐베르크 금속 활자처럼 큰 변화를 가져오지는 못했다. 조판 기술, 인쇄 방법 등 여러 이유가 있었겠지만 무엇보다 큰 요인은 활자 제작, 인쇄와 출판, 유통을 정부가 독점했기 때문이다. 정부는 유학 서적과 윤리서 등 성리학을 보급

• 계미자와 갑인자

계미자는 1403년(계미년)에 조선 정부가 처음 만든 금속 활자이다. 뒷면이 움푹 들어간 고려 활자와 달리 송곳처럼 뾰족했다. 조판을 할 때 고려처럼 밀랍으로 활자를 고정했기 때문에 깊숙이 박혀 움직이지 않게 하기 위함

이었다. 그런데 인쇄를 하다 활자가 움직이거나 기울어져 수시로 밀랍을 녹여 부어 바로잡아야 했다. 이 때문에 하루 서너 장밖에 찍지 못했다.

갑인자는 1434년(갑인년)에 만든 금속 활자이다. 납작한 모양으로 높이가 같고 테두리를 잘 마무리하여 조판을 하면 활자끼리 잘 맞물렸다. 글자를 고정시키는 것도 밀랍으로 하지 않았고 대나무 등으로 빈 데를 메웠다. 이 때문에 하루에 40여 장 찍어 낼 수 있었다.

계미자

갑인자

하고 체제를 유지하는 데 도움이 되는 책을 주로 간행했다. 여기에 한문으로 된 책을 읽을 수 있는 백성도 많지 않아 영향력은 제한적일 수밖에 없었다.

문학과 예술이 발달하다

조선 초기 문학을 주도한 사람들은 관학파 사대부였다. 이들의 작품에는 새로운 나라를 만든 자신감이 짙게 스며들어 있었다. 물론 이들도 중국 역사와 문화에 깊은 관심을 가지고 있었지만 우리 문학에 대한 자부심이 강했다. 성종 때 삼국 시대부터 조선 전기까지 뛰어난 시와 문장을 뽑아 만든 『동문선』이 이를 뒷받침해 주고 있다.

16세기 들어 사림이 성장하면서 문학 흐름이 바뀌었다. 사림의 가치관이나 취향이 문화 전반에 걸쳐 나타난 것이다. 자연을 벗 삼은 즐거움과 함께 자연 속에서 인간 심성을 기르자는 작품이 이를 말해 준다. 또한 풍부한 우리말을 구사한 가사가 나와 국문학에 새로운 경지를 열기도 했다.

• 매창 이계생

술취한 손님에게

醉客執羅衫(취객집나삼)　　　취한 손님 비단 적삼 당기시니
羅衫隨手裂(나삼수수렬)　　　움켜쥔 비단 적삼 찢어졌네요
不惜一羅衫(불석일나삼)　　　찢어진 비단 적삼 아깝지 않지만
但恐恩情絕(단공은정절)　　　그대와 맺은 정 끊어질까 두렵네요
　　　　　　　　　　　　　　　　　　-『매창집』

매창은 부안 지방에서 이름난 기생이었다. 유희경, 허균 등 내로라하는 문인들과 교류했다. 『매창집』은 매창이 살았던 부안현 아전들 사이에 전해지던 매창의 시를 모아 엮은 한시집이다. 위 시는 규방을 찾아와 만취한 손님이 행패를 부리자 꾸짖는 내용이다.

한편 기존 사회 질서에 얽매이지 않은 작가들이 활약을 하고, 자신의 감정을 있는 그대로 표현한 작가도 있었다. 서얼이나 노비 출신 문인들도 나왔고, 허난설헌과 매창 등 뛰어난 작품을 남긴 여류 문인도 등장했다.

그림과 서예

조선 시대에는 고려처럼 도화서를 두고 전문 화가를 배치했다. 이들 화원들은 국가나 왕실 행사, 초상화와 지도를 그리는 일을 했다. 양반 사대부들도 여가에 그림을 그렸다. 이들은 그림에 재주가 아니라 정신이 깃들어야 한다고 여겼다. 아무리 잘 그린 그림도 정신이 담기지 않으면 높은 평가를 하지 않았다.

그림을 감상하고 소유하는 주체는 양반이었다. 자연히 그림에 양반들이 가진 취향과 가치관이 반영되어 있었다. 15세기 그림에서는 노장사상을 엿볼 수 있다. 관학파들이 성리학만을 고집하지 않았기 때문이다. 성리학적 가치관이 강조된 16세기에 들어오면 선비의 지조를 상징하는 사군자를 소재로 한 그림이 유행했다.

그림과 달리 서예는 양반 사대부들의 필수 교양이었다. 물론 양반들은 서예에도 정신이 들어 있어야 한다고 생각했다. 글씨는 그 사람의 인격을 보여 준다고 여겼고, 아무리 잘 쓴 글씨라도 혼이 담기지 않으면 높은 평가를 받지 못했다.

노장사상
춘추 전국 시대 사상가인 노자와 장자의 사상. 자연에서 유유자적 지내는 삶을 추구한다.

건축과 공예

조선 시대 양반들은 화려함보다는 검소함을 좋아했다. 자연과 어울림도 중요하게 생각했다. 새 나라를 세우고 문물을 정비하던 초기에는 궁궐과 관청, 학교 건물이 많이 세워질 수밖에 없었다. 이들 건물들은 자칫 위엄을 갖추기 위해 규모를 크게 하거나 화려하게 만들 수 있었다. 하지만 조선 왕조는 검소하면서 위엄을 갖춘 궁궐을 지었고, 자연과 어울리

숭례문
한양 도성의 남쪽 문이라서 흔히 남대문이라고 부른다. 1900년대에 찍은 사진이다.

는 관청 건물을 세웠다. 16세기에 들어 전국적으로 세워진 서원도 마찬가지였다. 사림들은 자연과 조화를 이루며 소박하지만 기품 있는 서원을 만들려고 했다. 당연히 사대부 집도 그렇게 지었다. 유학이 기본적으로 검약을 강조했기 때문이다. 물론 조선 시대는 신분제 사회였기 때문에 건축물로 신분에 따라 차등을 두었다.

조선 시대는 고려에 비해 실제 생활에 필요한 공예가 발달했다. 양반들은 화려한 것보다는 튼튼하고 검소하면서도 기품 있는 것을 좋아했다. 조선 초에는 고려 말부터 사용된 분청사기가 유행했다. 소박한 무늬와 다양한 모양을 한 분청사기는 전국적으로 만들어져 궁중과 관청에서 널리 사용했다. 백자는 처음에는 왕실에서 주로 사용했지만 점차 사대부로 퍼져 나갔다. 담백하고 깨끗한 아름다움이 양반 시대부들의 취향에 맞았기 때문이다. 하지만 대부분 일반 백성들은 비싼 백자를 사용할 수 없었다. 이들은 흙으로 구운 옹기를 이용했다.

백자병
술병으로 사용했다.

음악

조선 왕조와 사대부들은 음악을 중요하게 여겼다. 유학에서는 예와 음악이 함께해야 세상의 질서가 안정된다고 보았다. 예는 신분과 사회적 지위에 따라 지켜야 할 도리였다. 예를 실천할 수 있게 마음을 순화하는 것은 음악이었다. 세종 때 집현전에서 유교 국가에 걸맞은 예제와 함께 음악을 정비하는 데 많은 노력을 기울인 이유도 이 때문이었다.

국가와 왕실에서 행한 중요한 의식과 행사에는 반드시 음악이 연주되었다. 물론 나례 춤이나 처용무 등과 같은 춤도 빠지지 않았다. 사대부들도 사랑방에는 반드시 거문고를 놓고 틈틈이 연주를 했다.

사대부들과 달리 일반 서민들은 팍팍한 삶 속에서 문학과 예술을 즐기기 힘들었다. 그래도 이들은 명절날이나 동네 잔치가 열리면 농악과 승무, 산대놀이와 꼭두각시놀음 등을 즐겼다. 힘든 일을 하면서도 힘찬 노래를 불러 서로를 격려하기도 했다. 이런 서민 문화에는 양반 문화와 달리 불교와 도교, 민간 신앙의 영향이 강하게 남아 있었다.

〈월하탄금도〉
이경윤(1545~1611)이 그린 작품이다. 이 그림처럼 선비들은 혼자서 때로 친구들과 어울려 거문고를 타면서 풍류를 만끽했다.

• 조선의 사대부는 왜 음악을 즐겼을까?

(음악은) 마음을 움직이고 맥박을 뛰게 하며 정신을 맑게 한다. 느낌에 따라 소리도 같지 않다. 이렇듯 같지 않은 소리를 합하여 하나로 만드는 것은 왕이 위에서 어떻게 이끄느냐에 달려 있다. 바르게 이끄는 것과 거짓되게 이끄는 것에 따라 커다란 차이가 나며, 풍속이 번영하고 쇠퇴한 것도 모두 여기에 달려 있다. 따라서 음악이야말로 백성을 다스리고 교화하는 데 아주 중요한 것이다.

－『악학궤범』

유학에서는 사회 질서를 유지하기 위해서 예를 지켜야 한다고 강조했다. 그런데 예가 제대로 실현되기 위해서는 마음을 순화하는 일이 필요하다. 이런 구실을 하는 것이 바로 음악이다. 따라서 예와 악이 적절히 조화를 이뤄야 마음을 바르게 할 수 있고, 백성을 다스리고 교화할 수 있다. 만약 예만 강조하면 고루해지기 쉽고 음악만 좋아하면 방탕으로 흐를 것이다.

자연을 담은 조선의 그림들

조선 시대는 뛰어난 회화 작품이 빛을 발한 시기이기도 했다. 유교와 성리학 이념을 바탕으로 아름다운 자연을 이상향 삼아 웅장한 산수로 표현했다. 사대부들은 선비의 고상한 마음을 자연에 투영했고 문인화로 사군자를 주로 그렸다. 꽃과 풀벌레, 식물 등 뒤뜰에서 흔히 볼 수 있는 식물도 작품의 소재가 되었다.

〈초충도〉(전 신사임당, 8폭)
자기 이름을 남기는 일이 불가능과도 같았던 시대에도 신사임당은 남다른 재능으로 여러 작품을 남겼다고 한다. 풀벌레, 난초, 꽃 등을 주로 그렸는데 닭이 살아 있는 벌레인 줄 알고 그림을 쪼았다는 일화가 유명하다. 초충도 8점은 섬세한 먹선, 안정적인 구도, 고운 색감 등으로 오늘날까지 그 예술적 가치를 인정받고 있다. (왼쪽부터) 수박과 들쥐, 가지와 방아깨비, 오이와 개구리, 양귀비와 도마뱀, 맨드라미와 쇠똥벌레, 원추리와 개구리, 추규와 개구리, 여뀌와 사마귀를 그렸다.

〈묵죽도〉

사군자(四君子)는 매화, 난초, 국화, 대나무를 일컫는 말이다. 겨울 추위를 이기고 꽃을 피우는 매화는 지조와 절개를, 단아한 꽃, 청초한 줄기와 잎, 그윽한 향기를 자랑하는 난초는 고결함을, 찬바람이 몰아치는 늦가을에도 꽃을 피우는 국화는 숨어 사는 선비를, 사시사철 늘 푸르고 쉽게 부러지지 않는 대나무는 기개와 정절을 상징한다. 그 가운데 선비들이 가장 사랑한 소재는 대나무였다. 대나무 그림 가운데 이정(1554~1626)의 〈묵죽도(墨竹圖)〉를 최고로 쳤다.

〈몽유도원도〉

궁중 화가 안견이, 세종의 셋째 아들 안평 대군이 꿈에 본 도원을 그린 것이다. 안평 대군이 쓴 제목과 시, 그림, 김종서, 신숙주, 서거정 등 당대 내로라하는 문인 20여 명이 쓴 감상 시, 그리고 안평 대군의 꿈 이야기를 적은 발문 등으로 이루어졌다.

9

성리학이
뿌리내리다

주희, 유학을 새롭게 만들다

유학은 춘추 전국 시대에 공자가 뼈대를 세우고 맹자가 발전시킨 중국 전통 사상이다. 유학은 진나라 때 잠시 핍박을 받기도 했지만 한나라 때 국가에서 인정한 관학으로 자리를 잡았다. 유학이 가족에서 국가에 이르는 공동체를 유지하는 데 필요한 보편적인 윤리 규범을 제시했기 때문이다. 이때부터 당까지 유행한 유학을 훈고학이라고 한다.

그러나 남북조 시대 이후 유학은 불교와 도교에 밀려 사회 지도 이념으로써 위상을 잃어 갔다. 두 종교와 달리 강력한 왕권을 뒷받침하거나, 거듭된 전란으로 힘들게 살아가는 백성들을 어루만지는 구실을 제대로 하지 못한 것이다.

유학은 송나라 때 다시 지식인들의 관심을 끌게 되었다. 송은 요에 해마다 막대한 공물을 보냈고, 금에 밀려 강남으로 쫓겨 내려오기까지 했다. 이에 따라 이들은 중국 민족의 자존심을 되찾는 데 큰 관심을 갖고 있었고 그 길을 중국 전통 사상인 유학에서 찾았다. 문제는 훈고학이 불교와 도교에 비해 철학적인 면이 부족하다는 것이었다. 유학자들은 이를 보완하기 위해 불교와 도교 등 다른 종교의 논리 체계를 받아들여 유학의 철학 체계를 다시 세웠다. 이런 경향의 유학을 신유학이라 했다. 그 가운데 주자가 인간의 심성과 우주의 원리 문제를 종합 정리하여 체계화한 신유학이 성리학이다.

성리학은 자연과 사회의 모든 현상을 이(理)와 기(氣)로 설명한다. 우주 만물은 기가 모여서 만들어지고 흩어지면 사라진다. 리(理)는 만물 생성의 근원으로 기가 존재할 수 있는 근거이다. 그런데 기는 맑음과 흐림, 무거움과 가벼움 등 차이가 있다. 이 때문에 자연과 인간, 사회는 모두 다른 모양과 성질을 갖게 된다. 인간도 각기 다른 기를 갖고 태어나 품성은 물론 지위도 달라진다. 따라서 각자 타고난 지위에 맞게 합당한 일을 성실하게 수행해야 한다. 결국 성리학은 인간이 타고난 지위에 걸맞게 생활해야 한다고 보았다.

훈고학은 『시경』, 『서경』, 『주역』, 『예기』, 『춘추』 등 오경을 강조했다. 하지만 성리학자들은 『논어』, 『맹자』, 『대학』, 『중용』 등 사서가 유학의 핵심을 담고 있다고 보았다. 주자는 사서에 대한 해석을 집대성하여 『사서집주』를 저술했다. 이 책이 원나라에서 과거 시험 교재로 채택되면서 성리학은 관학이 되었다. 주자는 공자, 맹자와 버금가는 성인으로 받들어졌고 『사서집주』는 청나라 때까지 절대적인 권위를 갖게 되었다.

주희 초상화
주희(1130~1200). 중국 남송 시대 유학자. 호는 회암이다. 주돈이, 정호, 정이 등의 사상을 이어받아 신유학을 집대성했다. 후에 존칭을 붙여 주자라고 불렸다.

오경
오경은 공자가 편찬했다고 여겨져 중국 사상의 기반으로 존중되었다.

사서
주자가 『예기』에서 유학의 핵심을 보여 준다고 해서 『대학』과 『중용』을 따로 떼어내 『논어』, 『맹자』와 함께 사서라 불렀다.

관학파, 유학 국가의 뼈대를 만들다

고려 말 신진 사대부들이 원에서 사회 개혁의 이념으로 받아들인 것이 바로 이 성리학이었다. 특히 혁명파 사대부들은 조선 건국을 주도하면서 성리학을 통치 이념으로 확립했다. 고려와 달리 정치에서뿐만 아니라 사회 개혁과 국가 운영의 원칙으로 삼은 것이다.

그런데 고려는 사실상 불교 국가였다. 불교의 영향이 사회 곳곳에 미치고 있었고 조선 초에도 불교는 여전히 강한 영향력을 갖고 있었다. 백성은 물론 적지 않은 사대부들도 불교를 믿고 있었다.

이런 상황을 근본적으로 바꾸기 위해서는 불교를 억누르기만 해서 될 일이 아니었다. 성리학을 연구하고 널리 보급하는 한편, 하루라도 빨리 유교 국가로서 갖춰야 할 제도와 의례를 세워야 했다. 이를 담당한 핵심 기관이 성균관과 집현전이었다. 특히 집현전은 많은 도서를 갖춰 놓고 유능한 젊은 인재를 뽑아 마음껏 연구할 수 있게 했다. 집현전 학사들은 이런 배려에 힘입어 뛰어난 학자로 성장했다.

집현전은『오례의』,『삼강행실도』등 유교 의례와 관련된 책을 비롯하여『고려사』,『농사직설』,『팔도지리지』,『의방유취』등 다방면에 걸친 연구 결과물을 출간했다. 집현전 학사들은 경연이나 서연에 참여하고 외교 문서 작성을 맡기도 했다. 과거 시험관으로 예조와 함께 과거를 주관하기도 했다.

서연
세자와 신하들이 강론하는 자리.

• 충의의 화신, 길재

길재(1353~1419)는 포은 정몽주, 목은 이색과 함께 고려의 삼은으로 불리며 충의의 화신으로 여겨진다.
길재는 한미한 가문 출신으로 경제적 형편도 그다지 좋지 못했다. 10살 때 다른 아이들처럼 도리사에서 글을 배우기 시작했다. 18살에『논어』와『맹자』를 읽고 이색 문하에서 성리학을 공부하기 시작했다. 1384년 아버지가 돌

아가시자 무덤 옆에 여묘를 짓고 삼년상을 마쳤다. 1386년 과거에 합격했고, 태종 이방원과 막역한 사이가 되었다. 이듬해 성균학정이 되었지만 이성계 일파가 정권을 잡자 1390년 고향인 선산으로 돌아갔다.
조선 건국 뒤 길재는 태종의 부름을 거절하고 김숙자·박서생 등 제자를 가르치는 일에 전념했다. 그는 살아 있을 당시부터 진정한 충신이라는 평가를 받았다. 태종 이방원은 "길재는 불러도 오지 않고 두 임금을 섬기지 않는다는 뜻을 굳게 지켰으니, 신하의 절개는 진실로 이러해야만 하는 것이다"라며 충신의 표상으로 삼았다. 길재의 학풍은 김숙자에서 김종직·김굉필·정여창을 이어 조광조로 이어졌다.

길재

　성균관과 집현전 등 국가에서 만든 학교와 연구 기관에서 성장한 이들을 관학파라고 한다. 이들은 조선 왕조 개창에 참여했거나 참여한 사대부의 후손으로 대부분 과거에 합격하여 관료 생활을 시작했다. 이들은 새 왕조의 기틀을 세우고 문물 제도를 정비하는 데 앞장서서 노력했다. 부국강병에 필요한 과학 기술에도 깊은 관심을 갖고 있었다. 필요하다면 훈고학과 불교, 도교, 풍수지리, 민간 신앙 등도 일부 받아들여 사회 문제를 해결하려 했다.

　관학파의 헌신적인 노력으로 조선 왕조는 자리를 잡았고 민족 문화를 꽃피울 수 있었다. 또한 성리학이 통치 이념으로 급속히 뿌리내리고 불교의 영향력이 약화되었다. 하지만 왕조의 기틀이 확립되면서 관학파는 점점 특권 계급이 되어 갔다. 특히 세조의 쿠데타로 일부 관학파가 고위 관직을 독차지하기에 이르렀다. 이들을 훈구파라 부른다.

사학파, 향촌에 성리학을 보급하다

　혁명파 사대부와 달리 많은 온건파 사대부들은 새 왕조 건설에 참여하지 않았다. 향촌에 내려간 이들은 성리학을 연구하면서 제자를 가르쳤다. 이들에게서 배운 이들을 사학파라고 한다. 사학파는 의리와 명분을 강조하면서 왕도 정치를 강조했다. 또한 다른 사람을 다스리기에 앞서 자신부터 몸가짐을 바르게 하고 공부를 해야 한다고 강조했다. 이들은 향촌에 성리학을 보급하면서 유학 도덕을 확립해 갔다.

사학파들은 고려 말부터 쌓여 온 사회 문제를 해결하는 길을 오로지 성리학에서 찾았다. 불교와 도교, 민간 신앙 등을 철저히 배격하고, 성리학으로 새로운 사회 체제와 질서를 만들려고 한 것이다. 이들은 통치 체제를 확립하는 데 앞장선 관학파와 달리 마음을 닦는 것을 우선시했다. 관학파에 비해 과학 기술 등을 낮춰 보는 경향을 갖고 있었던 것은 이 때문이었다.

사학파는 관학파와 비교하여 향촌 자치를 내세웠다. 중앙 집권 체제를 부정하거나 지방 분권을 하자는 의미는 아니었다. 중앙 집권 체제 속에서 상대적으로 향촌 사족에게 자치권을 부여하라는 것이었다. 이미 향촌에 뿌리를 내려 자신들이 향촌을 이끌어 가겠다는 뜻이기도 했다. 조선 왕조도 이들에게 일정 권한을 부여하여 향촌 사회를 이끌어 가게 했다. 이에 힘입어 성리학적 윤리가 향촌에 퍼져 나갔다. 사학파들이 추구한 이상은 성종 때 본격적으로 중앙 정계에 진출한 사림파로 이어졌다.

사림, 인간 심성에 대해 깊이 연구하다

성리학은 16세기에 이르러 크게 발전했다. 많은 성리학 관련 서적이 보급되고 성리 철학에 대한 이해는 한층 깊어졌다. 특히 사림들은 이기론을 중심으로 인간의 심성을 집중적으로 연구했다.

'이'는 모든 사물이 존재하고 만들어지는 원리나 법칙이다. '기'는 이가 사물에 구현되어 나타나게 만드는 재료이다. 이 세상에 존재하는 모든 사물은 이와 기로 되어 있다. 이와 기는 각각 따로 있지만 떨어지지 않고 함께 있다. 기로 나타난 모든 현상에는 이가 들어가 있기 때문이다. 대체로 '이'를 중요시하면 근본주의적이고 보수적 경향을 보이게 된다. '기'를 강조하면 현실을 중요시하고 개혁을 하려는 의지를 가지게 된다.

집이 있고 설계도가 있다고 하자. 여기서 눈에 보이는 집은 기이고 집을 그러한 형태로 만든 설계도는 이다. 설계도가 없었다면 집을 만들 수 없듯이 이가 있어야 기가 나타날 수 있다.

설계도와 집은 엄연히 다르다. 설계도는 설계도이고 집은 집인 것이다. 하지만 설계도와 집은 따로 있는 것이 아니다. 눈에 보이는 것은 집이지만 그 속에는 설계도가 구현되어 있기 때문이다. 이처럼 이와 기는 따로 존재하지만 떨어져 존재하는 것도 아니다.

중종 때 서경덕은 경험적 세계를 중요시하여 기를 중심으로 세상을 설명했다. 반면 이언적은 순수한 이가 중심이 되어 욕심에 물들 수 있는 기를 이끌어야 한다고 주장했다.

이들을 이어 이황과 이이는 조선의 성리학을 한 단계 높은 수준으로 끌어올렸다. 이황은 이를 절대시하여 도덕을 바로 세우려는 이상주의적 경향을 보였다. 반면 이이는 상대적으로 기를 강조하면서 통치와 수취 체제 등을 개혁하기 위한 다양한 방안을 제시했다.

이런 차이는 두 사람이 살아간 시대가 달랐기 때문이기도 했다. 사림은 선조 때에 이르러 훈구파를 누르고 중앙 정계를 장악했다. 이황이 활동한 시기는 아직 사림이 중앙 정계를 완전히 장악하기 전이었다. 이이는 사림이 중앙 정계를 장악하고 개혁을 실천할 때 활동했다. 이런 시대적 차이는 두 사람의 철학적 사고에 영향을 미쳤다. 이황은 훈구파를 도덕적으로 눌러야 할 이유를 찾아야 했고, 이이는 개혁을 뒷받침

율곡 이이

퇴계 이황

해야 했기 때문이다.

두 사람은 모두 임금을 바르게 이끄는 것이 중요하다고 보고 『성학십도』와 『성학집요』를 지었다. 이황은 왕이 스스로 노력해야 한다는 점을 강조했다. 반면 이이는 현명한 신하가 왕을 도와야 한다면서 신하의 역할을 중요시했다.

이후 사림들은 인간의 심성 문제에 대해 치열한 논쟁을 벌이며 중국과 달리 특색이 있는 조선의 성리학을 발전시켰다.

학통, 붕당으로 연결되다

성리학이 발전하면서 학설과 지역적 차이에 따라 학풍이 형성되었다. 경상북도 안동에서 자란 이황의 학통은 김성일, 유성룡 등으로 이어져 영남학파를 형성했다. 같은 시기에 경상남도 합천에 살았던 조식은 생활 속에서 성리 철학을 실천하려 했다. 그는 철저하게 몸가짐을 바르게 하고 불의와 일체 타협하지 않았다. 사회 현실과 정치적 모순에 대해서는 적극적으로 비판했다. 김효원, 정구 등이 그에게 학문을 배웠다. 정인홍, 곽재우 등 그의 제자들은 임진왜란 때 누구보다 앞장서서 의병을 일으켰다.

조헌, 김장생 등은 이이의 학풍을 계승하여 기호학파를 형성했다. 이이와 함께 경기도 파주에서 자란 성혼도 기호학파에 큰 영향을 미쳤다. 두 사람은 평생을 함께한 친구였지만 철학적으로는 조금 달랐다. 성혼은 이황과 이이의 주장을 절충하려는 견해를 가지고 있었다.

학파는 붕당으로 이어져 동인은 대체로 이황과 조식의 제자들이 많았다. 동인이 남인과 북인으로 나눠질 때 대체로 이황의 제자는 남인, 조식의 제자들은 북인으로 갈라졌다. 서인은 대부분 이이와 성혼의 제자들이었다. 서인이 노론과 소론으로 나뉠 때 노론은 이이를, 소론은 성혼을 따르는 사람들이 많았다.

불교와 도교, 민간 신앙이 위축되다

조선 시대 불교는 국가의 간섭과 통제를 받아 크게 위축되었다. 승과는 계속 실시되었지만 서울을 비롯한 도시에 있던 사원은 없어지거나 서원으로 바뀌었다. 함부로 승려가 될 수 없었고 승려가 되려면 특별히 도첩이라 불린 증명서를 받아야 했다. 도첩을 받기 위해서는 적지 않은 돈이 필요했다. 그나마 성종 때에는 도첩 발행마저 중지했다. 승려는 도성 출입이 금지되고 천민 취급을 받았다. 사원은 점점 도시를 떠나 산속으로 피해 갈 수밖에 없었다.

하지만 왕실과 사대부, 백성들 가운데 불교를 믿고 따르는 사람들이 적지 않았다. 태조처럼 왕사를 두기도 하고 세종같이 궁궐 안에 조그만 불당을 만들기도 했다. 세조는 도성 안에 원각사를 세우고 불교 경전을 한글로 번역하여 간행했다.

관료와 유생 들은 강력하게 비판했다. 사림이 중앙 정계에 진출하면서

•국난 극복에 힘쓴 두 승려

휴정(서산대사)은 1552년(명종 7) 승과에, 유정(사명대사)은 1561년(명종 16) 승과에 합격했다. 명종 때 부활한 승과에 합격한 이들은 주요 사찰의 주지나 승직을 역임하며 불교계를 이끌었다.

임진왜란이 일어나자 휴정은 전국 승려에게 격문을 돌렸다. 평양 탈환에 공을 세웠고 승군을 지휘한 팔도선교도총섭에 임명되었지만 나이가 많다며 유정에게 물려주었다. 유정은 전투에서는 물론 군량 조달 및 산성 축조 등에서도 큰 역할을 하였다. 특히 일본군과 강화 교섭에서도 활약했고 전쟁 뒤 일본에 사신으로 파견되어 국교를 재개하고 포로를 송환하는 등 큰 성과를 거두었다.

서산대사 초상화   사명대사 영정

불교를 반대하는 목소리는 점점 커졌다. 결국 중종 때 승과를 폐지했다. 명종 때 승과를 다시 시행했지만 문정 왕후가 죽은 뒤 없어지고 말았다. 선조 무렵에는 내불당을 없애기에 이르렀다. 임진왜란 때 승병이 크게 활약하여 불교의 위상이 한때 올라가기도 했지만 잠시뿐이었다.

도교도 크게 약화되었다. 조선은 건국하자마자 도교 의식을 관장하던 관청과 도교 사원을 없애 버렸다. 다만 소격서를 두고 하늘과 별에 제사를 지내는 초제를 담당하게 했다. 하지만 소격서는 유학을 통치 이념으로 내세운 조선에 맞지 않았기 때문에 줄곧 비판의 대상이었다. 사림이 중앙 정계에 진출한 뒤부터 비판의 강도는 점점 강해졌다. 마침내 중종 때 조광조를 비롯한 사림파의 강력한 요청으로 혁파되었다. 기묘사화로 조광조가 쫓겨난 뒤 다시 세워졌지만 선조 때에 와서 완전히 폐지되었다.

조선 시대에도 많은 백성들은 여전히 무당, 산신, 삼신 등을 믿고 따랐다. 사대부들도 한양 천도는 물론 묘지를 정할 때 풍수지리에 신경을 썼다. 하지만 성리학이 보급되면서 민간 신앙에도 점점 성리학적 가치관이 스며들었다.

성리학만을 고집하다

성리 철학이 발전하면서 불교와 도교, 민간 신앙은 더욱 위축되었다. 뿐만 아니라 성리학이 아닌 다른 유학도 인정하지 않는 분위기가 커져 갔다. 배척된 유학 중 하나가 양명학이었다. 당시 명에서는 주자학이 너무 지식 위주로 흐르고 있었다. 이에 반발하여 왕양명이 주자와 같은 시기에 살았던 육왕산의 주장을 계승, 발전시켜 양명학을 창시했다.

왕양명은 '사람은 누구나 선악을 분별할 수 있는 양지를 갖고 있다. 이 양지만 잘 발휘하면 세상 이치를 알 수 있다. 그러기 위해서는 지식 탐구와 실천을 함께해야 한다'며 지행합일을 주장했다. 실천하지 않는 효도는 참 효도가 아니라는 것이다. 주자학은 명나라에서도 여전히 관학이었다.

하지만 양명학을 따르는 사람도 많아 조선에 온 명나라 사신이나 학자, 장군들 가운데 양명학자도 적지 않았다. 이들은 조선에 양명학을 받아들일 것을 요청했다.

그러나 조선의 유학자들은 이를 거부하고 성리학만을 정통으로 여겼다. 특히 인조반정 뒤에는 성리학만 인정하는 분위기가 더욱 강해졌다. 개인적으로 양명학에서 하는 주장이 옳다고 생각해도 드러내 놓고 그런 주장을 하기가 점점 어려워졌다.

양명학은 18세기 초 정제두가 본격적으로 연구하면서 독자적 이론 체계를 세웠다. 하지만 강화도에 숨어 살던 그의 사상을 계승한 사람은 후손과 친인척뿐이었다. 강화학파라 불린 이들은 국어, 역사, 서예, 문학 등 우리 문화에 관심을 가졌다.

10

조선,
여러 나라와 교류하다

사대교린이란

14, 15세기 동아시아 각국은 명과 책봉–조공 관계를 맺고 있었다. 명은 주변 국가에서 왕이 새로 즉위하면 임명장을 주어 왕위 계승을 승인했다. 대신 주변국은 사신을 보내 명의 권위를 인정했다. 형식적으로 보면 주변 국가는 명과 천자와 제후 관계를 맺고 사대 외교를 한 것이다. 하지만 책봉을 했다고 해서 명이 내정에 직접 간섭하지는 않았다. 각국은 자주적으로 국내 정치와 외교 정책을 펼쳤다. 책봉 체제는 명과 주변 나라가 평화스럽게 국제 질서를 유지해 가는 틀이었던 셈이다.

또한 주변 나라는 조공이라는 이름으로 특산물을 보냈다. 명은 조공품을 바치면 여러 물품을 답례로 보냈다. 이런 형식으로 동아시아 국가 사이에 이뤄진 공무역을 조공 무역이라 한다. 주변 국가들은 일본처럼 책봉을 받지 않더라도 조공 무역 체제에는 참여하기를 바랐다. 명에서 선진 문물을 받아들일 수 있는 중요한 통로였기 때문이다.

주변 나라들은 명뿐만 아니라 다른 주변 나라들과도 외교 관계를 맺었다. 이때는 형식적으로도 서로 대등한 관계로 교류했다. 이를 교린이라고 한다. 결국 사대교린 관계는 명을 중심으로 동아시아가 평화롭게 공존하는 국제 관계망이라 할 수 있다.

조선, 명에 사대하다

조선 왕조는 주변 나라들처럼 명과 책봉 조공 관계를 맺었다. 건국 초에는 요동과 여진 문제로 갈등을 빚기도 했다. 하지만 태종 때부터 친선 관계를 유지하면서 정기적으로 사신을 파견했다. 필요하면 그때마다 사절을 보내기도 했다.

• 칙사 대접

10일에 천사(天使, 명 사신)가 한양에 들어오면 하마연(下馬宴, 도착 잔치)을 연다. 11일에는 익일연(翌日宴, 2일째 잔치)을 하고 12일에는 근정전에 초청하여 잔치를 여는 것이 좋겠다. 근정전은 황제의 조서를 내려줄 때에 천사가 보겠지만 경회루는 구석진 곳에 있어 천사가 반드시 보려고 할 것이다. 천사가 만약 알성(謁聖, 문묘의 공자 배알)을 하겠다면 알성한 다음 세자가 초청하여 연회를 베풀고, 15일에는 한강에서 뱃놀이를 하는 것이 좋겠다. 전에 천사가 왔을 때 알성한 뒤에 뱃놀이를 하여 시간이 모자라 다음 날 다시 뱃놀이를 했다. 이번에는 하루 종일 뱃놀이를 하여 만족스럽게 하라.

－『중종실록』「천사 접대연에 대하여 정원에 전교하다」(34년 4월 3일)

'칙사 대접'은 마음과 힘을 다하여 정성스럽게 하는 대접을 뜻한다. 칙사는 조선 시대에 명나라 또는 청나라에서 황제의 칙서를 가지고 오는 중국의 사신이다. 칙사가 오면 온 나라가 떠들썩하도록 대접을 했다. 왕이 직접 마중을 나가 모화관에서 잔치를 열었다. 다음 날부터 세자를 비롯해 종친부, 의정부, 6조 등이 차례로 잔치를 열었다. 돌아갈 때도 왕이 참석하는 잔치를 열었다. 여기서 아주 극진히 대접한다는 의미의 칙사 대접이라는 말이 나왔다. 물론 칙사가 돌아갈 때에는 선물도 한 보따리 챙겨 주었다. 1429년(세종 11)에는 칙사에게 준 선물 궤짝이 200개였다. 궤짝마다 장정 8명이 달라붙은 행렬이 모화관에서 무악재까지 이어지는 장관을 연출했다. 조선 출신 칙사가 오면 대접은 더 화려하고 선물도 엄청났다. 1429년에 온 칙사도 윤봉이라는 조선 출신이었다. 그는 명에서 환관이 되어 여러 차례 칙사로 조선에 왔다. 올 때마다 조선 정부는 그의 본가에 선물을 주고 세금을 면제해 주었다. 인사 청탁도 들어 주었다. 그런데 조선 왕조는 왜 이렇게 조선 출신 칙사를 우대했을까? 환관으로 출세를 해서 칙사로 온 이들을 접대하는 것은 분명 아니꼽고 괴로운 일이었을 것이다. 하지만 이렇게 '칙사 대접' 해서 보내면 이들은 명과 외교적 현안을 원만하게 처리할 수 있게 주선과 협조를 아끼지 않았다.

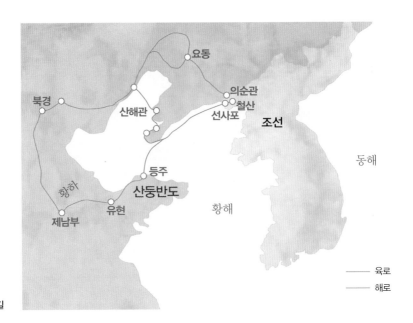

명나라 사신 길

    조선은 제후 국가로서 명의 연호를 사용하고 사대를 했다. 대신 책봉으로 왕권을 안정되게 하고 국제적인 위상도 확보할 수 있었다. 조선은 명에게 종이, 인삼 등을 조공품으로 보내고 서적, 비단, 약재 등을 받아 왔다. 조공의 형식을 빌려 경제와 문화 면에서 선진 문물을 받아들이는 실리를 챙긴 셈이다.

    조선은 정기 사절만 해마다 4차례 보냈다. 사절을 이렇게 자주 보낸 이유는 강요에 따른 것이 아니었다. 한때 명은 조선에 3년에 한 번만 사신을 보내라고 했다. 명은 조선을 비롯한 주변 나라가 사절을 자주 보내 오는 것을 좋아하지 않았다. 대국답게 사절을 대접하고 답례품을 보내는 데 많은 돈이 들었기 때문이다. 조선은 명과 외교 마찰을 빚으면서도 4차례 파견을 고집했다. 여기에 비정기 사절도 가능한 자주 파견했다. 책봉 조공 관계가 무조건 사대를 위한 것이 아니었음을 잘 보여 준다.

조선, 여진에 강온 양면 외교 정책을 펼치다

 조선은 건국 초부터 요동과 북방 지역에 관심이 많았다. 명과 사대 관계를 맺은 뒤에는 요동보다 압록강 중상류와 두만강 유역이 관심 지역이 되었다. 두 강 북쪽은 물론 남쪽 지역에도 여진족이 많이 살고 있었다. 이 때문에 이들을 어떻게 끌어안을 것인지가 중요했다.

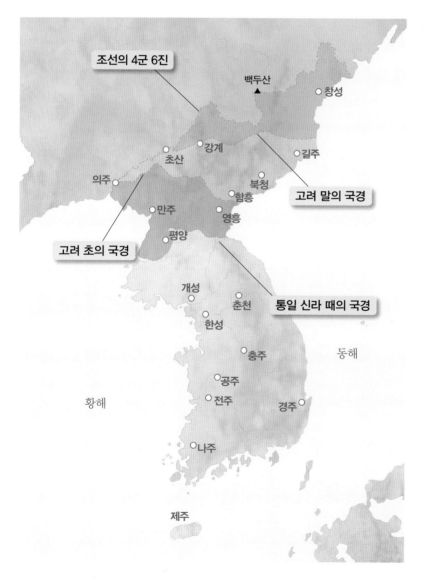

4군 6진으로 확정된 국경선과 시대별 국경선

강온
강함과 부드러움을 아울러 이르
는 말.

조선은 여진에 강온 양면 외교 정책을 펼쳤다. 우선 사절을 주고받으며 국경 부근에 무역소를 두었다. 말, 모피 등을 식량, 소금, 철 등과 바꿔 우호적인 관계를 유지하려 한 것이다. 더 적극적으로 여진족에 귀순을 장려하고 귀화하는 족장에게는 관직과 토지를 주기도 했다.

이런 온건책과 함께 여진족이 침탈하면 군대를 동원해 강력하게 토벌했다. 세종 때는 대규모 원정군을 보내 압록강 중상류와 두만강 하류 지역을 정벌했다. 여기에 4군과 6진을 설치하여 압록강과 두만강을 국경선으로 삼았다. 하지만 여기에는 우리나라 사람들이 많지 않았다. 이 때문에 삼남 지역 백성을 이주시키고, 유력 토착민을 토관으로 임명하여 민심을 안정시켰다.

조선, 일본과 교린 정책을 펴다

조선은 일본에게도 여진처럼 교린 정책을 폈다. 조선 정부와 일본 막부는 통신사와 일본 국왕사를 서로 파견했다. 통신사는 주로 일본 막부 장군이 계승을 하면 축하 사절로 갔다. 일본에 수출한 품목은 식량과 면포, 명주를 비롯하여 약재, 대장경, 서적 등이었다. 특히 면포는 아직 일본에서 생산되지 않아 경쟁적으로 수입해 갔다. 대장경도 중요한 관심 품목이었다. 일본 사신들은 팔만대장경 인쇄본은 물론 원판을 집요하게 요구하기도 했다. 수입품은 구리, 황 등 무기 원료와 향료, 후추, 약재 등이었다. 황은 화약을 만드는 데 꼭 필요했고, 후추는 귀한 향신료로 인기가 높았다.

이런 우호 관계를 유지하는 데 가장 큰 걸림돌은 왜구였다. 왜구는 조선 건국 뒤에도 계속 연안을 침탈했

유구국 지도
유구국은 일본 오키나와현 일
대에 있던 국가이다. 1443년(세
종 25) 일본에 다녀온 신숙주는
일본의 정치 · 외교 · 사회 · 풍
속 · 지리 등을 종합적으로 정
리하여 『해동제국기』를 펴냈다.
여기에 일본에서 받아온 유구
지도가 있다.

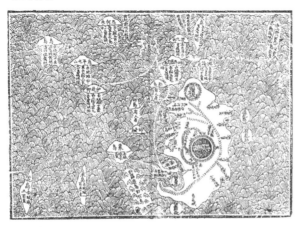

다. 조선 왕조는 화약 무기와 병선을 개량하여 왜구를 격퇴하는 한편 대마도 도주에게 무역에 대한 특권을 주면서 왜구를 통제하게 했다. 하지만 침략이 끊이지 않자 대마도를 토벌하고 일본과 교역을 끊었다.

그 뒤 일본 무로마치 막부가 안정되면서 왜구가 잦아들자 일본과 교역을 재개했다. 부산포^{동래}, 제포^{진해}, 염포^{울산}를 다시 열고 대마도 도주와 계해 약조를 맺어 제한된 무역을 허가했다.

일본과 무역은 3포에 설치한 왜관을 중심으로 이루어졌다. 왜관은 일본인이 와서 무역을 하던 곳이다. 이들을 상대하고 무역을 관장하기 위해 관청이 설치되었다. 교역이 재개된 뒤 3포에 거주하는 일본인은 갈수록 늘어났다. 자연히 교역량이 늘어나고 교역 확대를 요구하는 목소리가 커져 사회적 문제가 될 정도였다. 조선 정부가 이를 통제하면 일본인들은 3포 왜란, 을묘왜변 등을 일으키기도 했다. 이때마다 3포를 일시 폐쇄하거나 교역량을 줄이기도 했지만 교역은 계속했다.

조선, 유구 및 동남아시아 여러 나라와 교류하다

조선은 유구 및 시암, 자바 등 동남아시아에 있는 여러 나라와 교류를 했다. 이들은 각종 토산물을 보내고 조선에서 옷감과 면포, 문방구 등을 가져갔다. 특히 활발히 교류한 나라는 유구였다. 유구는 지리적 이점을 활용하여 일본, 중국, 동남아시아와 중계 무역을 하고 있었다. 이 때문에 동남아시아에서 나는 정향, 육두구, 후추 등 향신료는 일본과 함께 유구에서 주로 수입했다. 반면 조선이 보낸 유교 경전과 불경, 범종, 불상 등은 유구 문화 발전에 적지 않은 도움을 주었다.

	한국사	세계사
약 400만 년 전		오스트랄로피테쿠스 등장
약 70만 년 전	구석기 문화 시작	
약 2만 년 전		신석기 문화 시작
약 1만 년 전		농경과 목축 시작
약 8000년경	신석기 문화 시작	
기원전 3500년경		메소포타미아 문명, 이집트 문명
~2500년경		인더스 문명 중국 문명
		(청동기 문화)
기원전 2000년경	청동기 문화 시작	
~1500년경		
기원전 1800년경		함무라비, 메소포타미아 통일
기원전 1200년경		서아시아 철기 등장
기원전 1120년경		중국 주 건국
기원전 770년		중국 춘추 시대
기원전 671년		아시리아, 서아시아 통일
기원전 7세기경		석가모니 탄생
기원전 6세기경		공자 탄생
기원전 525년		페르시아, 오리엔트 통일
기원전 445년		그리스 페리클레스 시대
기원전 492년		페르시아 전쟁
기원전 431년		펠로폰네소스 전쟁
기원전 403년		중국 전국 시대
기원전 400년경	철기 문화 시작	
기원전 334년		알렉산드로스, 동방 원정
기원전 230년경		아소카, 인도 통일
기원전 221년		진, 중국 통일
기원전 108년	고조선(위만 조선) 멸망, 한 군현 설치	
기원전 27년		로마, 제정 시작
기원전 4년경		예수 탄생
25년		중국, 후한 건국
194년	고구려, 진대법 실시	
220년		중국, 삼국 시대 시작
260년	백제, 16관등과 공복 제정	

	한국사	세계사
280년		중국, 진 삼국 통일
313년	고구려, 낙랑군 몰아냄	로마, 크리스트교 공인
316년		중국, 5호 16국 시대 시작
320년		인도, 굽타 왕조 세워짐
325년		로마, 니케아 공의회 – 삼위일체설 채택
356년	신라, 내물 마립간 즉위	
371년	백제, 고구려 평양성 공격. 마한 병합	
372년	고구려, 불교 수용, 태학 설립	
373년	고구려, 율령 반포	
375년		유럽, 게르만 대이동
384년	백제, 불교 수용	
392년		로마, 크리스트교를 국교로 삼음
395년		로마, 동서로 분열
400년	고구려, 요동, 만주, 한강 이북 지역 장악 신라에 원군 파견 왜 격파	
427년	고구려, 평양 천도	
433년	백제, 신라 동맹 맺음	
439년		중국, 남북조 시대 시작
475년	백제, 웅진 천도	
476년		서로마 멸망
486년		유럽, 프랑크 왕국 세움
500년경		힌두교 창시
502년	신라, 우경 장려	
503년	신라, 국호를 신라로, 왕호를 왕으로 고침	
520년	신라, 율령 반포	
527년	신라, 불교 공인	
532년	신라, 금관가야 병합	
538년	백제, 사비 천도	
554년	백제, 성왕 전사(관산성 전투)	
562년	대가야 멸망	
570년경		무함마드 탄생
589년		수, 중국 통일
605년		중국, 대운하 건설 시작
610년		무함마드, 이슬람교 창시

한국사		세계사
612년	고구려, 살수 대첩	
618년		당 건국
622년		이슬람, 헤지라를 원년으로 삼음
624년		당, 균전제, 조용조 실시
645년	고구려, 안시성 전투 승리	일본, 다이카 개신
660년	나당 연합군, 부여 함락(백제 멸망)	
661년		일본, 백제 구원군 파견
663년	백강 전투(백제 부흥 운동 실패)	
668년	나당 연합군, 평양 함락(고구려 멸망)	
675년	신라, 매소성 전투 승리	
676년	신라, 기벌포 전투 승리(삼국 통일)	
685년	신라, 9주 5소경 설치	
698년	발해 건국	
722년	신라, 정전 지급	
726년		비잔티움 제국, 성상 숭배 금지령
732년	발해, 중국 산둥 지방 공격	투르 푸아티에 전투
751년	신라, 불국사 중창, 석굴암 착공	피핀, 프랑크 카롤링거 왕조 세움
771년	신라, 성덕대왕 신종 주조	
788년	신라, 독서삼품과 실시	
800년		프랑크 왕국, 서로마 제국 계승
818년	발해, 해동성국으로 발전	
822년	신라, 김헌창의 난	
828년	장보고 청해진 설치	
843년		베르됭 조약(프랑크 왕국 분열)
872년	발해, 오소도가 당 빈공과 수석 합격	
874년	신라, 최치원이 당 빈공과 수석 합격	
875년		당, 황소의 난 일어남
889년	원종, 애노의 난	
900년	견훤, 후백제 건국	
901년	궁예, 후고구려 건국	
907년		중국, 당 멸망
910년		클뤼니 수도원 설립
916년		거란 건국
926년	발해 멸망	

	한국사	세계사
935년	신라 멸망	
936년	고려, 후삼국 통일	
946년		거란, 요로 국호 바꿈
956년	광종, 노비안검법 실시	
958년	광종, 과거 제도 실시	
960년		중국, 송 건국
962년		서유럽 신성 로마 제국 성립
976년	경종, 전시과 실시	
982년	최승로, 시무 28조 건의	
983년	성종, 12목 설치	
992년	국자감 정비	
993년	거란 1차 침입, 강동 6주 획득	
1004년		요와 송, 전연의 맹 맺음
1009년	강조의 정변	
1014년	김훈, 최질의 난	
1019년	강감찬, 귀주에서 거란을 물리침(귀주 대첩)	
1033년	천리장성 축조	
1037년		셀주크 튀르크 건국
1054년		크리스트교 동서 분열
1066년		윌리엄, 영국 정복
1069년		송(왕안석), 신법 실시
1077년		카노사의 굴욕
1096년		십자군 전쟁 발발
1097년	의천, 천태종 개창	
1107년	윤관, 동북 9성 축조	
1115년		여진, 금 건국
1125년		금, 요 정복
1126년	이자겸의 난	
1127년		북송 멸망, 남송 건국
1135년	묘청, 서경 천도 운동	
1145년	김부식, 『삼국사기』 편찬	
1170년	무신 정변	
1190년	지눌, 수선사 결사	
1192년		일본, 가마쿠라 막부 들어섬

	한국사	세계사
1193년	이규보, 『동명왕편』 지음	
1196년	최충헌 집권	
1198년	만적의 난	
1206년		칭기즈 칸 몽골 통일
1215년		영국 대헌장 승인
1231년	몽골 1차 침입	
1232년	강화 천도	
1236년	팔만대장경 제작 시작	
1241년		한자 동맹 성립
1270년	개경 환도, 삼별초의 난	
1271년		원 제국 건국
1274년	고려 원 연합군, 1차 일본 원정	
1279년		남송 멸망
1281년	일연, 『삼국유사』 저술	
	고려 원 연합군, 2차 일본 원정	
1287년	이승휴, 『제왕운기』 저술	
1299년		오스만 제국 건국
1309년		아비뇽 유수
1314년	만권당 설치	
1336년		일본, 무로마치 막부 들어섬
1337년		영국과 프랑스, 백 년 전쟁 시작
1347년		유럽, 흑사병 크게 유행
1352년	공민왕, 정방 폐지	
1356년	쌍성총관부 탈환	
1359년	홍건적 1차 침입	
1363년	문익점, 원에서 목화씨 가져옴	
1366년	전민변정도감 설치(신돈)	
1368년		중국, 명 건국
1369년		서아시아 티무르 왕국 건국
1376년	최영, 홍산에서 왜구 크게 격파	
1377년	화통도감 설치(최무선)	
	『직지심체요절』 인쇄	
1378년		유럽, 교회 대분열 시작
1388년	이성계, 위화도에서 회군함	

	한국사	세계사
1389년	박위, 쓰시마 정벌	
1391년	과전법 제정	
1392년	조선 건국	
1394년	한양 천도	
1398년	1차 왕자의 난(정도전 사망)	
1405년		명, 정화가 대항해 출발
1415년		종교 개혁가 후스 처형
		대항해 시대 시작
1416년	4군 설치	
1419년	대마도 정벌(이종무)	
1429년	『농사직설』 간행	
1434년	6진 설치, 『삼강행실도』 간행	
1441년	측우기 제작	
1446년	훈민정음 반포	
1450년		구텐베르크 활판 인쇄 시작
1453년		비잔티움 제국 멸망
1455년	단종 폐위	
1466년	세조, 직전법 실시	
1467년		일본 전국 시대 시작
1485년	성종, 『경국대전』 반포	
1492년		이슬람 교도 유럽에서 축출당함
		콜럼버스 서인도 도착
1498년	무오사화	바스쿠 다가마 인도 항로 개척
1504년	갑자사화	
1510년	삼포왜란	
1517년		루터, 종교 개혁
1519년	현량과 실시, 기묘사화	마젤란, 세계 일주 항해 출발
1526년		인도, 무굴 제국 건국
1530년경		코페르니쿠스 지동설 확립
1534년		영국 종교 개혁
1536년		칼뱅 종교 개혁
1543년	백운동 서원 세움	
1545년	을사사화	
1554년	비변사, 독립 기관이 됨	

	한국사	세계사
1555년	을묘왜변	
1568년	이황, 『성학십도』 저술	
1575년	이이, 『성학집요』 저술	
1588년		영국, 스페인 무적함대 격파
1590년		일본, 도요토미 히데요시가 전국 시대 통일
1592년	임진왜란	
1597년	정유재란	

찾아보기

0

12공도	217
2군 6위	144, 145
3경 체제	143
3사	140, 141, 268, 269, 270, 281, 282, 283, 309
3성 6부	107
4군 6진	321, 343
4군현	35
5대 10국	128, 129, 148, 246
5도 양계	143, 270
5호 16국	46
6두품	73, 74, 82, 87, 90, 95, 100, 101, 130, 137, 138, 160
6조	265, 266, 267, 268, 269, 271, 341
8도	270, 271
8조법	29, 31
9서당 10정	89, 96, 112
9재 학당	217
9주 5소경	88

ㄱ

가마쿠라 막부	176, 260
가야	49~59, 86, 96~97, 118
간석기	18, 26, 33
갑인자	323
갑자사화	281, 285
강감찬	152~154

강동 6주	149~150, 154
강상죄	310, 312
강화도	171, 172, 227, 339
거란(-족)	54, 104~106, 109, 112, 120, 121, 128~130, 148~158, 170~171, 190, 198, 226~227, 237, 248~249, 255
경국대전	267
경연	266~267, 269~270, 279, 282, 332
계림 도독부	67
계미자	323
고려 불화	234, 254
고려 청자	232, 242~243
고려사	139, 153, 168, 207, 239, 266, 317, 332
고려사절요	216, 317
고려장	251
고분 벽화	83, 84~85, 117, 119, 125, 257
골품(-제)	73~74, 82, 87, 92, 96, 98, 100, 122, 123, 202
공노비	205, 305, 306,
공민왕	177, 179~183, 207, 217, 219, 224, 235, 237, 256~257, 261
공음전	160, 189~190, 203
공전	188
과거(-제, -시험)	124, 136, 140~141, 146~147, 160~161, 178, 180~181, 202~207, 214, 216~219, 236, 248, 252, 256, 276~281, 287, 290, 300~304,

	315, 331~333
과전(-법)	160, 190~191, 193, 203, 262, 263, 286~287, 290
관등(-제)	44, 48, 72~74, 96
관영 수공업	298
관학파	324~325, 331, 333~334
광개토왕	50~55, 77
교정도감	165
교종	99~100, 146, 220~223, 230
구석기	14~23
구제도감	208
국내성	37, 46~47
국자감	138, 145, 214, 216, 218, 236, 278
국학	90, 100
군역	145, 157, 185, 189, 205, 273, 288, 289, 292, 298
굴식 돌방무덤	117
궁예	132, 220
권문세족	177~183, 204, 224, 261~263
귀주 대첩	153
금관가야	49~52, 58, 118
금속 화폐	197~198
금속 활자	237~238, 322~323
금양잡록	296
기(이기론)	335
기묘사화	282, 285, 338
기생	206, 324
기인 제도	133
기호학파	336
기황후	178, 252
김부식	163~164, 218, 242
김유신	59, 70, 86
김춘추	59, 65, 86
껴묻거리	26, 29, 42, 85, 212

ㄴ

나당 동맹	64, 69

나전 칠기	90, 232~233, 254
나제 동맹	59~60, 115
낙랑군	35~36, 42~43, 46~48, 51, 114, 118
남당 회의	76
남송	158, 159, 170, 198, 239, 246, 248
남인	337
남진 정책	51, 54, 57
노론	337
노비안검법	136, 139
녹과전	190
농사직설	296, 332
농자천하지대본	294

ㄷ

다루가치	172, 175, 177
다포 양식	229, 240, 252
단군왕검	28, 31
단양 적성비	58
대가야	56, 58, 59
대납	185, 187, 196
대명률	310
대몽 항전	172, 174
대비원	208
대장경	154, 172~173, 220, 226~227, 237, 249, 344
대조영	104, 112
덧널	42, 212
도교	78~79, 115, 117, 212, 224~225, 327, 330~331, 333~334, 337~338
도래인	118~119
도첩	337
도화서	268, 325
독무덤	33
독서삼품과	92, 100
돌궐	61, 105, 121
돌덧널무덤	212

동녕부	177
동문선	324
동북 9성	156
동예	36~40
동이전	31, 38, 40, 47
동인	284, 337
두레	313
뗀석기	16, 18, 22~23

ㅁ

마한	38, 42, 47~48
만월대	228
만호부	177
말갈족	104, 109, 111, 112
명도전	32~33
모내기	193, 296
목화(─씨)	193, 252, 296
몽골 제국	170, 175, 249~251
묘청	163, 218, 225
무구 정광 대다라니경	97
무신 정변	166, 168~169, 181
무오사화	281
문벌 귀족	155, 157, 160~166, 177~178, 189~190, 197, 203~204, 216~218, 221~222, 224, 231
민무늬 토기	26, 33
민본주의	294, 316
민영 수공업	298

ㅂ

반상제	301, 303~304
반역죄	310
반원 자주 정책	261
발해 5도	107, 120~121
발해삼채	108, 111
방납	280, 291
배중손	174

배흘림기둥	229, 241
백정(고려)	205~206
백정(조선)	293, 301, 304
법상종	221~222
벽돌무덤	42, 113, 117
벽란도	196, 199
변한	38~39, 51
별무반	155, 157
병작반수(─제)	291, 304
봉수제	275
부곡	92, 143~144, 166, 172, 203, 205, 207, 270
부여	36~44, 56
부흥 운동	65~71, 130
북인	337
북진 정책	134, 149, 151, 154, 160~161, 225
분청사기	326
불교	45, 50, 56~57, 77~78, 80~81, 97~103, 108~109, 113, 116, 119, 121, 133, 137~138, 146~147, 155, 181, 195, 209, 211~216, 219~235, 248~251, 261, 317, 327, 330~334, 337~338
불국사 3층 석탑	97, 103
붕당	283~284, 336~337
비단길	67, 115, 249
비파형 동검	26~27

ㅅ

사간원	72, 265, 268~270
사노비	168~169, 203, 205~206, 301, 305~306
사대교린	340
사림	267, 280~285, 312, 317, 324, 326, 334~338
사서집주	331
사신도	79, 117, 119
사심관	133

사원 수공업	195	소론	337
사유 재산	20, 24, 29, 31, 35	소손녕	149
사전	188~191	솔거 노비	206, 305~306
사천대(서운관)	236, 320	수나라	61~63
사학파	333~334	수박희	212
사헌부	268~270, 312	수시력	237, 250, 252, 320
살수 대첩	62	승베찌르개	16, 22
삼강행실도	310, 316, 332	승탑	230
삼국유사	94	시무 28조	137, 215~216
삼국지	38, 40, 47	시전	195~196, 297
삼별초	166, 171, 173~174, 176	신공	206, 300, 305~306
삼한	36, 38~44	신기전	321~322
상감(－기법)	80, 232, 242~243	신돈	180
상민	292, 300~304, 309	신라방	120, 122
상수리 제도	89	신량역천	304
상정고금례	216	신분제 사회	74, 84, 111, 202, 209, 300, 326
상평창	208	신석기(－혁명)	17~21, 24, 27, 29
샤머니즘	21, 250	신유학	181, 331
서경 천도 운동	163~164, 225	신증동국여지승람	318
서압평	46	신진 사대부	180~183, 219, 224, 233, 260~264, 331
서역인	125, 200		
서원	278, 282~283, 313, 326	신찬팔도지리지	318
서인	284, 337	신흥 무인 세력	182~183, 261
서희	149~150, 256	실록	318
석굴암	95, 97, 231	쌍성총관부	177, 179, 262
선종	99~100, 130, 146, 155, 162, 220~224, 230	씨족(－공동체)	20~21, 40
성균관	180, 218~219, 262, 269, 277~278, 306, 332~333	**ㅇ**	
성리학	181, 207, 217, 218~219, 223~224, 263~267, 280~285, 313, 317, 323, 330~339	아라비아 상인	90, 200
		아스카 문화	119
		아프라시압 벽화	124
세조	175, 266~267, 274, 280, 285~286, 299, 317~318, 333, 337	악학궤범	125, 327
		안동 도호부	67~69
세종	266, 287, 290, 294~295, 307, 316, 318, 320~321, 326, 334, 337, 344	안향	207, 217, 219, 235
		애니미즘	21
세형동검	27	양규	151
소	143~144, 166, 203, 205, 270	양명학	339

양수척	206
양안(토지 대장)	184~186, 288
양인	136, 143, 146, 185, 202~205, 273, 277, 287, 300~306, 311
양전 사업	289, 294
양천제	300~301
여몽 연합군	176
여진(−족)	149, 150~151, 154~158, 161~162, 164, 170, 198, 211, 249, 298, 341, 343~344
역참	249~251, 275, 286
연개소문	63, 78, 124
연등회	133, 173, 212, 215~216, 220
연맹(−체, −국가)	29, 36, 38, 44, 47, 50~51, 58~59
연분 9등법	287, 290
연산군	281, 285, 299
오가작통제	308
오위도총부	273
옥저	36~40, 45
왕건	131~135, 137, 214, 220, 225, 231
왕오천축국전	99
왕자의 난	265
왜관	298, 345
외거 노비	205~206, 305~306
요	148, 151~152, 154, 156, 226~227, 246, 248~249, 255, 330
요동	45~46, 82, 104, 183, 261~262, 341, 343
요역	144, 185, 187, 288, 292, 298, 309
용비어천가	316
우산국	58
움집	17~18, 27, 41
웅진	56~57, 59, 117
웅진 도독부	67~68
원효	98, 101, 227
위만	34, 43, 47, 114
위화도	183, 262
유인원	14~15
유학(−자)	79~80, 90, 97, 100, 108~109, 116, 119, 121, 136, 138, 145~146, 155, 160, 163, 211, 214, 216, 218, 223~224, 226, 236, 248, 263~264, 266, 269, 270, 276~279, 282~283, 294, 302, 310, 313~314, 316~317, 320, 322~323, 326~327, 330~331, 333~334, 338~339
유향소	270, 273, 312
윤관	156, 161~162, 156~157, 161
율령	45, 48, 57, 116
을묘왜변	345
을사사화	282
음서	146~147, 160, 178, 202~203, 210, 276~277, 279, 301
응방	177
의상	98, 101
의정부	72, 265~267, 268~269, 341
의창	208
의천	155, 221~222, 227, 249
이(이기론)	335
이기론	335
이색	178, 180, 217, 219, 252, 263, 332
이성계	180, 182~183, 262~265, 332
이슬람	120, 236, 250, 252
이앙법	193
이이	137, 283~284, 292, 335~337
이자겸	161~164, 190, 203, 218
이제현	217, 251
이황	283~284, 335~337
인두세	45
일본 원정	176~177
입사 기술	232

ㅈ

장보고	92, 120, 122~123
장시	196, 297~298

재인	203, 206		직전법	286, 290~291
저화	197, 298, 300		직지심체요절	238, 244
전분 6등법	287		직파(-법)	193, 296
전시과	137, 154, 164, 187~190, 286		진	37
정도전	180, 219, 263~265		진(중국)	40, 46, 115
정동행성	177~179, 217		진골	59, 73~74, 81~82, 86~87, 90, 92, 95, 100, 122, 130, 160
정략결혼	133, 135~136			
정몽주	219, 263, 332		진대법	45, 75, 81
정지상	163~164		진한	37~38, 50
정혜 공주	110, 113		집현전	266~267, 316, 326, 332~334
정혜결사	223		찍개	16, 23
정혜쌍수	223			
정효 공주	110, 113		**ㅊ**	
제가(-회의)	36, 76		책봉	35, 178, 207, 256, 340~342
제위보	208		척준경	162~164, 242
제천 행사	39		천리장성	63, 154, 157
조공	35, 157, 198, 200, 213, 255, 298, 340~342		천민	74~75, 167~168, 193, 202, 205~206, 300~301, 304~305, 337
조광조	281~282, 285, 332			
조운(-로, -선)	185~186, 191, 196, 199, 239, 274, 276		천인	168, 202~203, 300~301, 303~304, 311
조준	263		천태종	221~223
주먹도끼	16, 22~23		철기	28, 32~34, 36~37, 44, 48, 51
주심포 양식	229, 240, 252		청동기	24~29, 32~33, 52
주자감	107~108		청해진	120, 122~123
주자(-학)	181, 207, 217, 251, 331, 339		초원길	115, 249
준왕	28, 34, 37		초파일	212
중류(-층, -계급)	202~204, 303		촌락 문서	89
중서문하성	140~142, 269		최무선	182, 238~239, 322
중앙 집권(-국가)	44~45, 47~48, 57, 59, 72, 77, 108, 130, 267, 273~275, 280, 318, 334		최영	182~183, 262
			최우	165, 171~173, 233
중인	272, 301, 303, 30		최충	155, 203, 217~218
중종	281~283, 285, 299, 318, 335, 337~338, 341		최충헌	165, 168~169, 178
			최치원	91, 100, 124, 137
중추원	140~142, 269		충주 고구려비	55
지눌	222~223		측우기	320
지주제	290, 293		칙사	341

칭기즈 칸	170	

ㅌ

탐라	211
탐라총관부	177
탑비	100, 222, 230
태학	48, 80, 145
태조(조선)	263, 265, 320, 337
태종(당)	63, 68, 82
태종(조선)	264, 265, 266, 309, 322, 332, 341
토기	19, 20, 26, 33, 52, 111, 118, 232, 243
토우	83,
토착(-사회, -신앙)	35, 43, 48, 77, 88, 107, 212, 215, 344
토테미즘	21
통신사	344
특산물	35, 39, 45, 90, 107, 177, 185~187, 211, 288, 291, 318, 334, 340

ㅍ

팔관회	133, 173, 211~212, 215~216, 220, 235
팔도지리지	332
풍수지리	163, 211~212, 225, 333, 338

ㅎ

한 군현	35~39, 42, 114
한사군	35, 46
해동성국	104~106, 111, 124
향	92, 143~144, 166, 203, 205, 270
향교	145, 214, 216, 278
향도	209, 312~313
향리	136, 138, 144, 146, 165, 181, 186~187, 189, 193, 203~204, 207, 270~273, 277, 301, 303, 312
향안	312

향약	282~283, 312~313
향약구급방	237
향약집성방	321
향촌(-자치)	270, 272~273, 280, 282~283, 308, 312~313, 333~334
혜민국	208
혜민서	309
호모 사피엔스	14~15
호모 에렉투스	15
호적	184~186, 211, 288~290, 306, 308~309, 313
호패(-제, -법)	265, 267, 308~309
혼일강리역대국도	318~319
홍건적	180, 181~183, 256, 260~262
홍문관	267, 268~270
화랑도	57, 81~82
화백 회의	76
화엄종	98~100, 101, 220~222
화쟁 사상	98
화척	203, 206
화통도감	238
환곡제	308
활인서	309
황남 대총	117
후삼국(-시대)	131, 133, 184, 214, 220, 225, 231
훈구파	267, 280~282, 285, 333, 336
훈민정음	266, 316~317
훈요 10조	133, 220
흑수말갈	105

참고 자료

『미래를 여는 한국의 역사 1·2·3』(역사문제연구소 기획, 강종훈 외 10명 지음, 웅진지식하우스, 2011)
『살아있는 한국사 교과서 1』(전국역사교사모임, 휴머니스트, 2019)
『신사임당 – 그림에 담은 자연 친구들』(김소연 지음, 권은정 미술놀이, 다림, 2016)
『한국 속의 세계』(정수일, 창비, 2005)
『혜초의 왕오천축국전』(혜초 지음, 정수일 옮김, 학고재, 2004)
「통일 신라 경주는 '메가시티'?」(노형석, 한겨레, 2014. 4. 22)
「14세기 침몰한 '신안선'…거대한 보물창고가 열리다」(박상현, 연합뉴스, 2016. 7. 25)
「정민의 세설신어(世說新語)-수경신(守庚申) 신앙」(정민, 조선일보, 2009. 8. 20)
「우리 문화재 지킴이 박병선 박사」(조이영, 동아일보, 2011. 11. 24)
「거시 생태 : 야생 동물과 가축」(김동진, 한국역사연구회, 2014. 6. 30)
「인간은 언제부터 정착 생활을 시작했을까?」(양병찬, BRIC, 2017. 3. 28)
〈역사스페셜-나는 노비이고 싶다 : 1586년 다물사리 소송 사건〉(KBS, 2010. 9. 25)

이미지 제공처

- 책에 실린 사진은 아래 기관 및 저작권자의 도움으로 사용할 수 있었습니다. 사진을 제공해 주신 분들께 감사드립니다.
- 저작권자를 찾지 못하여 게재 허락을 받지 못한 사진에 대해서는 확인되는 대로 허락을 받고 통상의 기준에 따라 사용 절차를 밟겠습니다.

고려대학교박물관 : 〈척경입비도〉(157쪽)
국립경주박물관 : 〈이차돈 순교비〉(77쪽)
국립부여박물관 : 〈산수 봉황 무늬 벽돌〉, 〈산수 풍경 무늬 벽돌〉(79쪽)
국립전주박물관 : 〈청동검·청동꺾창 거푸집〉(25쪽)
금강신문 : 〈팔관회 재현 행사〉(211쪽)
대성동고분박물관 : 〈동복〉, 〈청동 거울〉, 〈파형 동기〉(52쪽)
동북아역사재단 : 〈남포시 수산리 고분 벽화〉(84쪽)
서울대학교 규장각 한국학연구원 : 〈혼일강리역대국도지도〉(319쪽)
기타 제공처 : e-뮤지엄(강화역사박물관, 국립경주박물관, 국립민속박물관, 국립중앙박물관, 국립한글박물관, 소수박물관), 셔터스톡, 위키피디아